学说普通话

谷秀芳　编著

兰州大学出版社

图书在版编目（CIP）数据

学说普通话 / 谷秀芳编著. -- 兰州 : 兰州大学出版社, 2008.6 (2017.7重印)
ISBN 978-7-311-03036-0

Ⅰ. ①学… Ⅱ. ①谷… Ⅲ. ①普通话－口语－教材 Ⅳ. ①H193.2

中国版本图书馆CIP数据核字(2017)第152070号

责任编辑 魏鸿彪
封面设计 叶 蕾

书 名 学说普通话
作 者 谷秀芳 编著
出版发行 兰州大学出版社 （地址:兰州市天水南路222号 730000）
电 话 0931-8912613(总编办公室) 0931-8617156(营销中心)
0931-8914298(读者服务部)
网 址 http://www.onbook.com.cn
电子信箱 press@lzu.edu.cn
印 刷 兰州新华印刷厂
开 本 710 mm×1020 mm 1/16
印 张 18.5
字 数 318千
版 次 2008年6月第1版
印 次 2017年6月第2次印刷
书 号 ISBN 978-7-311-03036-0
定 价 58.00元

目　录

序

孙效东

谷秀芳老师装束应时而平常，说话不多而得体，举止间透出平素良好的职业修养。一个人能在内敛中展示自己，在退避时给人以强烈印象，那不是可以造作得了的，而必须是其内在品质的长期修炼和自然流露。初见面，不经意间，她含蓄却又明白地介绍了自己，说明了来意。

谷秀芳老师供职兰州商学院商务传媒学院，任高级讲师。二十多年从事语言文字教学桃李芬芳早有耳闻，更可贵的是钻研普通话教学造诣颇深。1994年10月，国家语言文字工作委员会、国家教育委员会、广播电影电视部联合发文作出《关于开展普通话水平测试工作的决定》，标志我国推广普通话工作步入科学化、规范化、制度化的轨道。谷秀芳老师作为国家级普通话水平测试员，当属这方面的国家专门人才。她想要我为其新近写成的《学说普通话》一书作序，我顿感慌恐。一个向来不作学问，只是在参加工作之初与教育教学工作沾一点边的人，怎能担当此任。

同时，我也感觉到一种不好推辞的无形力量，说白了就是对其人其事的好感和在意。

就凭对普通话学习那点粗浅的知识，我感到谷秀芳老师的《学说普通话》一书极具特点，全书叙写文字平实，表述精炼，深入浅出，针对性强，理论性、实用性、趣味性具佳，是一部难得的普通话教科书和教学参考书，也是广大社会读者学习普通话的好读物。一是理论性。作者论述学说普通话的意义，上溯到了清朝皇帝的御批；论述学说普通话的重要，引用到了我国现行《宪法》的精神原则；论述学说普通话的发音，引深到了人体发音器官的功用，等等。这不可谓不深刻。二是实用性。作为不同职性不同文化层次的读者共同实用的普通话教材，最核心的是语音，最难点也是语音，而该书最为精彩的恰好是语音部分。作者没有使用以往同类书籍习惯采用的国际音标注音法，而是采用描述的方法，即针对一般学习者发音的难点和普通话水平测试题型，结合自己教学中积累的独特方法技巧，全面、系统、细致地描述出来，使人既感轻松愉快，又易理解掌握。三是趣味性。作者讲理论简明扼要而时有创见，引导练习科学合理且妙趣横生。特别值得一提的是，几乎每一个声母、韵母及每一种声调都进行了辩证教学和练习。书中提供的练习材料非常丰富，大量幽默、生动的绕口令贯穿首尾，极易提起学习者的兴趣，使其在轻松活泼的语流中，获取发音技巧。使用该书做教材，一定可以让学员喜欢、教师省力，收到事半功倍的教学效果。

多年来关于普通话教学的书籍出版发行不算少，编著水平高、吸引读者多的却还是凤毛麟角。我衷心期待《学说普通话》一书发行顺畅，作用彰显，由此对国家的普通话推广事业乃至整个教育事业产生应有的深刻影响。

班门绝难论斧，行当所限，知之甚少，不敢多说，更无法深说，就此向谷秀芳老师交卷了，还望谅解！

2008 年 6 月

第一讲　普通话与普通话水平测试

《中华人民共和国宪法》规定："国家推广全国通用的普通话。"中国是世界上人口最多的国家，幅员辽阔，方言间分歧很大，方言区之间如果各用自己的家乡话进行交谈，常常是无法听懂的。为了消除语言隔阂，加强各民族、各地区之间的交流，促进社会交往，增强中华民族的凝聚力；为了促使语言文字信息处理技术的不断革新，社会主义市场经济的不断发展，文化事业的繁荣和社会的进步，人们须有一种普遍通用的共同语进行沟通。因此，国家以法律的形式规定推广普通话。

一　普通话与学习普通话

（一）什么是普通话

普通话是"以北京语音为标准音，以北方话为基础方言，以典范的现代白话文著作为语法规范"的现代汉民族共同语。是我国的国家通用语言。

"普通话"一词最早见于书面是1906年朱文熊的《江苏新字母》一书，他给普通话下的定义是"各省通行之话"。此后，鲁迅、瞿秋白、黎锦熙、陈望道等也先后在他们的著作和文章中提到过"普通话"。不过，那时所说的"普通话"还不是严格的学术用语，而是指与文言文和方言土语相对的各省之间的通用语，即所谓的"蓝青官话"，它以北方话为基础，但还没有严格的规范和标准。其实，中国的共同语渊源流长，虽历代有变化，但基本上一脉相承。早在春秋时期就有所谓的"雅言"，《论语》里记载："子所雅言，诗、书、执礼，皆雅言也。"可见，孔子在诵读《诗经》、《书经》和执行典礼的时候，都用雅言。"雅"即"正"的意思。"雅言"就是正确规范的语言，是大家应该遵循的语言。到明清时期的"官话"、"蓝青官话"，"五四"时期的"国语"，仔细研究，处处可见它们之间的传承关系。

历史上最早提出推广官方话（明清时期的通用语，普通话的前身）的官方文件是1728年9月9日（清雍正六年八月甲申日），雍正皇帝发布的一篇上谕。这篇上谕要求各级官员在执行公务的场合(如上殿陈奏、宣读训谕、审断词讼以及百姓参与公务活动等)必须使用官话,“不得仍前习为乡音”。雍正皇帝责成方言障碍严重的广东、福建等省份的督抚“转饬所属各府、州、县有司及教官,遍为传示,多方教导,务期语言明白”。同时他也注意到,语言的统一固然重要,但又是个长期艰巨的工程,所以他又指出“语言自幼习成,骤难改易,必徐加训导,庶几历久可通”。雍正这篇谕文的正文只有355个字,对官员为什么要通晓官话、在什么场合要说官话、怎样才能使读书求仕者掌握官话,都进行了明确阐述。此后,广东、福建两省在各地设立正音书院,正音蒙馆(类似于今天的普通话培训班),朝廷甚至作出“举人生员贡监童生不谙官话者不准送试”的规定。

新中国成立后,党和政府非常重视共同语的发展和普及。1955年10月召开的“全国文字改革会议”和“现代汉语规范问题学术会议”,确定“普通话”作为汉民族共同语的正式名称,代替过去通行的“国语”,并且制定了推广普通话的具体措施。1956年国务院发布的《关于推广普通话的指示》中对“普通话”的含义进行了调整补充,从此“普通话”成为有明确含义的术语。普通话的“普通”二字是“普遍通行”、“共通”的意思。

(二)怎样学好普通话

对于方言区的人来讲,学好普通话并不是一件容易的事,因为学说普通话,不但要标准规范,而且还要悦耳好听。

1. 学习普通话的主要障碍

(1) 心理障碍

许多人在学说普通话时,害怕出丑,不好意思,往往因自己生硬别扭的发音而难为情。他们的练习仅限于跟着集体随声附和,或是躲在一处偷偷诵读,因而对普通话缺乏足够的练习和深切的感受,学习进步缓慢。对于这种语言心态,我们何不学习语言大师肖伯纳的经验:固执地一味让自己出丑,直到习以为常。任何学习都有一个从笨拙到精熟的过程,学习普通话也必然要经过这一“尴尬”阶段。学习普通话一定要尽早克服这种“面子”心理,坦然面对自己,使自己尽早成为学习的成功者。

(2) 生理缺陷

有的人发音不准,这可能与发声器官上的生理疾病和生理缺陷有关,如过重的鼻炎、鼻窦炎、鼻息肉及鼻中隔弯曲等,都会使鼻腔共鸣不畅通而形成过重的鼻音。有的人由于舌头过大、过宽、过窄或过长,舌系带过短或舌尖畸形等难以克服的生理缺陷而形成发音上的障碍。

(3) 方言土语的影响

一个人方言土语的形成是所处的语言环境造就的。例如:一个甘肃庆阳人,当他开始呀呀学语时,妈妈就指着馒头告诉他说:“这叫馍馍!”上学后,老师指着黑板上的“人民(rénmín)”二字说:“跟(geng)我(-nge)念‘仍明’(rengming)。”同学找他玩时又说:“咱(qia)们(m)出去(qi)要(shua)。”这样,在他成长的环境里,从来就没有听过标准的普通话。因此,他的语音必定是地道的甘肃庆阳话。在这种根深蒂固的方言土语听说习惯的影响下,要培养全新的听说能力,也是有困难的。

(4) 不良的发音习惯

有一些人发音器官很健康,但认识上出了毛病。如有的人喜欢嗲声嗲气地说话,“谢谢(xièxiè)”非要说成“sèisèi”或“sièsiè”。有的人耷拉着舌根说话,有的则习惯咧着嘴说话,有的嘴懒,说话时嘴巴张不大、闭不全等等,这些毛病造成了语音上的错误、缺陷等问题。这些由于主观原因而造成的种种不良发声习惯,不但会导致语音上的错误、缺陷,还给学习普通话时的正音带来很大困难。

2. 学好普通话的方法

学习普通话,不同的人可以根据自身条件选择适合学习的方法。以下提供几种基本的学习方法,仅供参照。

(1) 语音知识做基础

学习普通话必须兼顾语音、语法、词汇三方面。如果语音比较正确,而用了方言中特殊的语法、特殊的词语,别人仍然听不懂。不过语法、词汇学习可以通过书面语进行规范,而语音的学习必须通过口、耳训练。

汉语方言的分歧突出地表现在语音方面,不但各大方言区的语音系统差别很大,就是一个方言区内也常常在语音方面有明显差异。普通话是在北方话的基础上建立起来的,它跟汉语其他方言在语法和词汇方面的差异是有限的。因此,方言区的人学习普通话完全不同于学习一种陌生的语言,突出的语音差异是造成学习困难的主要原因。

学习和了解普通话语音知识是学好普通话的基础和前提。掌握了语音知识就能知道每个音、每个字的正确发音是怎样的,音与音、字与字之间的发音差别是什么,它们之间是怎样一种正误关系,从而提高辨别和判断语音的能力,掌握正确的发音方法。

学习普通话语音,包括发音和正音两个方面。

发音是一种口、耳技能训练。要求掌握普通话的语音系统,即掌握普通话的声母、韵母、声调、音节以及轻声、儿化、变调等正确的发音要领。

要学好普通话语音就应该充分利用汉语拼音这个有效的正音工具。

正音是指掌握汉字、词语的普通话标准音，纠正受方言影响产生的偏离普通话的语音习惯，这属于一种记忆训练。方言同普通话语音的对应并不是毫无规律，了解了两者之间的规律，就不必一个字音一个字音地死记，而可以一批一批地去记。当然正音训练不仅仅体现在字和词语上，还要通过朗读、会话的训练逐步运用到实际口头语言中来。

(2) 多听多练多思考

听，是人们认识声音的唯一渠道，因为人学说话是从模仿开始的，听力是学好语言最重要的前提。可以多听电台、电视台标准普通话播音，多听多看普通话电影，也可以拿自己的录音与正确的普通话录音带对照着听，还可以请普通话语音老师适时给予正确的指点。听得多了，听得准了，自然也就说对了。

多想。什么字音发错了，什么字音发对了？是声母、韵母错了，还是声调错了？想想是发音错了，还是不到位(缺陷)？通过总结，清晰地归纳出自己发音的问题所在，做到心中有数，纠正起来才能做到有的放矢，避免盲目性。

多练。普通话语音学是一门实践性很强的学科，只有认真练，反复练，才能有效果。练，并不是一件轻松愉快的事，因为，你的嘴巴不一定能乖乖听你的支配，例如：明明知道“师”是翘舌声母“sh”，“暖”是鼻声母“n”，但在说话的时候，舌头却往往不能随心所欲地将它们与平舌声母“s”，边声母“l”区分开来，使你不能正确流畅地去表达。练，还要有针对性。发对的音，放过去；发不好的音，则要找出问题所在，反复练习。

下面介绍几种练习方法。

① 跟读

跟着普通话老师或普通话录音、录像带读，并且一定要听准后读。

② 对比练习

对于分辨不清的音，可以把它们放在一起，进行一对一地比较练习。如 in—ing，n—l，o—e 等，一对一地体会它们发音位置和方法上的不同。

③ 先找准位置后发音

面对一个发起来有困难的音，可先把唇舌固定到正确的发音位置上，然后再发音。例如：发“zh、ch、sh、r”时，可以先把舌尖卷上去，抵住硬腭前部，然后再发音，这是个容易掌握发音要领的方法。

④ 先小声后大声

先仔细地体会它们的发音位置和发音方法，小声读，体会准确后再大声读。

⑤ 心不急躁,唇舌放松

练习时,不要急于求成。心情急躁,致使唇、舌紧张,发音动作僵硬,结果适得其反,所以,练习时要平心静气,发音器官放松,动作轻松自如,做到字音轻弹。

⑥ 用手势带动发音

初学者如遇到难发准的音时,可以借助手势来带动发声。例如:可以用手代表舌,指尖为舌尖,指根前后为舌面,手掌后部为舌根。发 z、c、s 和 zh、ch、sh 时,可以用手指的平翘动作来带动舌头的平翘动作。发四声时,也可以用手势画出调形来带动声音的高低变化。这样可以帮助你体会,便于尽快发准字音。

(3) 掌握一定的用气发声技能

在口语交际过程中,人们都希望自己的语音准确、清晰、响亮、圆润,并具有一定的魅力。但在现实生活中,人们并不都能做到这一点。例如:有些教师,两堂课下来就感到口干舌燥,声音嘶哑,气喘吁吁;有的教师,人未老声先衰等。这种现象是不懂得科学用气发声造成的。所以,在口语交际中,掌握一些发声技能是非常必要的。

在日常生活中,人们仅仅依靠声带讲话的情形实际上是并不存在的。声带发出的声音既小又不优美,只有在气息的推动下,经过各共鸣腔体扩大音量、美化音色之后,才传出体外。因此,发声技能训练必须按照呼吸、共鸣控制、吐字归音三个步骤进行。

① 呼吸训练

"气乃音之本","气动则声发",呼吸是发声的动力。口语表达中的亮度、力度、清晰度以及音色的甜润、优美、持久等,主要取决于气息的控制和呼吸方式。一般的呼吸方式,是一种不受主观控制的自然神经反射活动,不是下意识的,不能满足发声训练的需要。发声练习所需要的呼吸方式是:有控制的胸腹联合式呼吸。

其特点是:

吸气量大。吸气时,两肋展开,横膈下降,胸腔容量扩大,因而进气快,部位深,气量大。

便于控制。呼气时,吸气肌肉群仍要持续工作,用两肋展开和小腹内收"拉住"呼出的气流,有控制地将气流均匀、平稳地呼出。

调节自如。这种呼吸方式可以因情因景、因实际需要自如地调节用气,使快慢、长短、松紧、上提、下松等多种气息状态,随着思想感情的变化而运动,从而引发出各种不同的声音形式,以达到“以情运气、以气托声、以声传情”的口语表达效果。

练习方法

a. 选些短小、平和、舒缓、轻快的诗词作为练习材料,如骆宾王的《咏鹅》:

鹅、鹅、鹅,曲项向天歌。

白毛浮绿水,红掌拨清波。

读第一遍时,一口气读一句;读第二遍时,先吸一口气读前两句,再吸一口气读后两句;读第三遍时,吸一口气将全诗四句读出。要读得平稳、舒缓、流畅,表现出白鹅嬉水的美妙情景。如此反复练习,直到自如地控制自己的呼吸状态。

b. 选择内容较复杂的长句进行练习,如《竞选州长》(节选):

那次做伪证的意图是要从一个贫苦的土著寡妇及其无依无靠的儿女手里夺取一块贫瘠的香蕉园,那是他们失去亲人之后的凄凉生活中唯一的依靠和唯一的生活来源。

读前吸气要深,量要大,读时要根据内容表达的需要,“拉”住气息,不能随意停顿和补气,否则,就会破坏语意的完整。

c. 用力吸进一口气,反复读下面一段绕口令,看一口气能读几句,再比较训练前后的不同。

有座面铺面朝南

有座面铺面朝南,门口挂个蓝布棉门帘。摘了蓝布棉门帘,看了看,面铺面朝南;挂上蓝布棉门帘,看了看,面铺还是面朝南。

② 共鸣控制练习

在口语表达中,人们主要运用的是以口腔为主,中、低、高三腔共鸣(共鸣:几个靠近的发音腔体,其中一个发声时,另外几个因靠得近产生共振,也会发声)的方式。口腔灵活多变,是人体最主要的共鸣腔体。口腔的开合,舌头的伸缩,软腭的升降等都可以改变口腔的形状,产生不同的音色,从而对共鸣产生重要的影响。例如:陇东人讲话,绝大部分人不善于用双唇,舌头前伸后缩、抬高降低不灵活,发音时,共鸣范围很小,听感上,哼哼叽叽的,含糊不清。

练习方法

a. 发韵母 i、u、e、o,把声音从喉咙中“吊”出来,使其(声波)通畅地到达口腔，并能在口腔中较大范围内流动，体会上下贯通的感觉，发出坚实、丰满的声音。

b. 打开口腔，放松胸部，鼻腔畅通，读“心—直—口—快”，“花—团—锦—簇”，“乘—风—破—浪”，“阳—光—明—媚”……每个音节要读得准确、坚实、丰满。

③ 吐字归音练习

朗读或口语交际中，有人常出现“吃字”、“倒字”、“丢音”等现象，大多是缺乏吐字归音的训练造成的。吐字归音是我国传统说唱艺术理论中咬字方法上运用的一个术语，它把一个音节的发音过程分为出字、立字和归音三个阶段。出字是声母和韵头(介音)的发音过程，要准确有力，即成阻部位准确，除阻有力。用力在声母上，口型要定在韵母的“开、齐、合、撮”上。立字是指韵腹(主要元音)的发音过程，在整个音节发音中最响，音程最长，乐音最丰满。立字要拉开立起，圆润饱满，关键是口腔开合适度，松紧相宜，音节才能坚实稳定。归音也叫收音，是指音节发音的收尾过程。归音不完整，音节界限便不清楚，字音也就不会清晰。收音要趋向鲜明，干净利索，且不可唇舌位置“不到家”，其关键是韵尾的处理。

练习方法

a. 唇舌练习

双唇练习：

一是双唇堵住气流，然后突然放开，爆发出 b 或 p 音。二是双唇紧闭，用力撅嘴，嘴角后拉，前后交替进行。三是双唇紧闭，撮起，上下左右交替进行。四是双唇紧闭，撮起，左转 360°，右转 360°，交替进行。

舌部练习：

一是刮舌面，舌尖抵住下齿背，用上门齿刮舌面，将嘴撑开。二是舌尖练习，力量集中在舌尖，与上齿龈用力接触，然后突然打开，爆发出 d、t 音。三是舌根练习，舌根用力抵住软腭，阻住气流，然后突然打开，爆发出 g、k 音。四是舌的力度练习，先闭上双唇，用舌尖顶住内颊，左右交替进行。然后，舌在唇齿之间左右环绕，交替进行；五是弹舌练习，用舌尖连续轻弹上齿，使舌部放松灵活。

b. 读音节

先慢速读“电”diàn、“跳”tiào、“快”kuài 三个音节，然后用正常语速读“电流”diànliú、“跳远”tiàoyuǎn、“快慢”kuàimàn 三个词语，体会发音过程。

c. 读绕口令

一个胖娃娃

一个胖娃娃,画了三个大花活蛤蟆,三个胖娃娃,画不出一个大花活蛤蟆。画不出一个大花活蛤蟆的三个胖娃娃,真不如画了三个大花活蛤蟆的一个胖娃娃。

二　普通话水平测试

(一) 普通话水平测试的性质和目的

1994 年 10 月国家语言文字工作委员会、国家教育委员会(现为教育部)、广播电影电视部(现为广播电影电视总局)联合发布了《关于开展普通话水平测试工作的决定》。它是我国推广普通话的工作逐步走向科学化、规范化、制度化的里程碑。2000 年 10 月,普通话水平测试正式写入《中华人民共和国国家通用语言文字法》,其中第十九条规定:"凡以普通话作为工作语言的岗位,其工作人员应当具备说普通话的能力。以普通话作为工作语言的播音员、节目主持人和影视话剧演员、教师、国家机关工作人员的普通话水平,应当分别达到国家规定的等级标准;对尚未达到国家规定的普通话等级标准的,分别根据情况进行培训。"第二十四条规定:"国务院语言文字工作部门颁布普通话水平测试等级标准。"这表明普通话水平测试是中华人民共和国国家级考试标准。

普通话水平测试是一种政府行为。它由国家和地方政府语言文字主管部门负责,由其所属的各级普通话水平测试机构具体实施的语言测试,具有科学性、严肃性和权威性。

普通话水平测试是应试人掌握普通话的规范程度和运用普通话能力的口语测试,它是以国家语言文字工作委员会颁布的《普通话水平测试大纲》为标准的目标参照性测试或者说是达标性测试。普通话水平测试是确认应试人个人普通话水平等级的能力性测试,而不是普通话系统知识的理论性考试,也不是文化水平考核或口才的评估。

(二) 普通话水平测试的内容及试卷构成

此测试采用口试的形式,以突出普通话口语运用能力为检测的特点。普通话有口语和书面语两种形式,测试分为有文字凭借和没有文字凭借两种方式进行。有文字凭借的测试项包括读单音节字词、读双音节词语、朗读文章。没有文字凭借的测试项是说话。

依照上述测试内容，普通话水平测试试卷也就包括四个部分：

1．读100个单音节字词

这部分主要考查应试人普通话声母、韵母和声调发音的准确度。总分为10分。读错一个声母、韵母或声调扣0.1分；语音有缺陷，每字扣0.05分。因此，本项测试对应试人来说，有两个难点：一是避免读音错误；二是避免读音缺陷。解决这两个难点的方法是：在普通话学习过程中做到声母发音部位、发音方法正确；韵母发音唇形、开口度正确，动程明显，韵尾归音到位；声调调值准确，音高协调统一。

试题内容是从《大纲》（国家或各省编）的"普通话常用字表"中，按试题内容的构成要求，选择100个单音节字词。答题限时3分钟。

2．读50个双音节词语

这部分除考查应试人声母、韵母和声调外，还要考查变调、儿化和轻声读音。总分为20分。读错一个声母、韵母或声调扣0.2分；语音有缺陷每字扣0.1分。对应试人来说本项测试难点有三：一是上声音节的读法；二是找出并读准轻声音节；三是读准儿化韵。解决这三个难点的方法是在平时学习中，除读准每个音节的声、韵、调外，还要掌握普通话变调、轻声和儿化韵等音变规律。读的技巧是，两个音节一气呵成，不能一字一顿，词与词之间注意停顿，语速适中。

试题的内容是从《大纲》（国家或各省编）"普通话常用字表"、"普通话常用词语表"、"普通话常用轻声、儿化词表"中，按试题内容的构成要求，选择50个双音节词语。答题限时3分钟。

3．朗读作品

这部分考查应试人用普通话朗读书面材料的水平。测试除检测应试人声、韵、调的准确度以外，重点检测连读音变、语气、语调、停连、全篇朗读语速和流畅程度。总分为30分。读错一个音节（指声、韵、调方面的错误）、漏读或增读一个音节均扣0.1分。方言语调按其轻重程度，分档次扣1—3分。停顿、连接不当或语调错误，每次扣0.5分。语速过快或过慢，一次性扣2分。超时扣1分。本项测试对于应试者来讲，应考难点除语音准确度以外，还有四个：一是语流音变知识在朗读中的正确应用；二是读得熟练、流畅；三是音译外来词以及数字的准确读法；四是语气、语调、停连、轻重的正确运用。解决这些难点的方法是在学习中注意这几方面的方法、技巧，尽量做到语音准确流畅、音变正确、语速适中，语气、语调恰当，停连合理，准确表达文意，同时还要做到不添字、不落字、不改字和不回读。

试题题目是从《大纲》(国家或各省编)选定的50篇作品任意抽取。答题限时3分钟。

4. 说话

本项测试的目的是,检测应试人在无文字凭借的情况下,说普通话的能力和达到的规范程度。着重检测语音标准程度,词汇语法规范程度和言语流畅度。总分为40分,其中语音标准度占30分,词汇、语法规范度占5分,言语流畅度5分。本项测试是在没有任何文字凭借的情况下应试人单向临场表达。因此,它的应考难点除语音准确度以外,还有两个:一是选择词语、句式符合普通话规范;二是言语流畅自然,突出口语化特点。解决这一难点的方法是克服应用普通话表达时的胆怯和不好意思心理,以积极的心态多练多说,努力使语音准确,语言自然流畅,用词规范得当,表意清楚明白。

试题题目是《大纲》(国家或各省编)给定的50则说话题目,应试人临考前抽取一个。答题时间4分钟,不少于3分钟。

普通话水平测试样卷

1. 读单音节字词100个

额 贵 装 自 惹 掐 枕 秦
挎 街 尝 啊 密 操 痣 习
润 翻 二 灾 涌 餐 杨 六(六月)
猜 熔 斩 曰 翁 乳 申 否(否定)
腻 犬 瓶 丢 框 铝 嘭 色(色彩)
胸 池 关 近 乖 莫 嘣 圈(猪圈)
舔 跃 零 荫 浆 涮 旬 晃(晃动)
聊 亏 段 渠 刁 踹 砣 曾(曾孙)
握 拨 面 幅 俊 鸥 索 画(油画)
口 舜 防 不 品 虐 司 胜(胜利)
供(供给) 石(石板)
并(合并) 委(委派)
朝(朝代) 叶(叶片)
刺(讽刺) 撒(撒播)
俩(咱俩) 那(口语音)
挑(挑战) 嘿(嘿嘿一笑)

屯(屯兵)	得(得一小时)
闷(苦闷)	咳(咳！真怪)
撇(撇开)	拗(拗不过)
降(降伏)	扎(扎裤脚)

2. 读双音节词语 50 个

小曲儿	罚款	脾气	血渍	知遇	动员
强度	死亡	下午	搅扰	亚军	婆婆
课本	舅舅	障碍	奶水	搜查	中间儿
分蘖	凶狠	特别	回头	修女	赞成
随时	快乐	穷人	帮忙	竹笋	民用
漂亮	安全	群体	没错		
劳驾	稳定	刮脸	匪首		
仍然	拐弯	陶瓷	侵略		
尺寸	恒星	广博	冲刷		
打嗝儿	因而	做活儿	命运		

3. 朗读作品

作品 49 号

4. 说话(任选一题,时间不得少于 3 分钟)

①我的业余爱好

②一次难忘的旅行

(三) 普通话水平测试的等级标准与评分

国家颁布的《普通话水平测试等级标准》将普通话水平划分为“三级六等”,即一级、二级、三级,每级里又分甲等、乙等。

一级普通话可以叫做标准的普通话,二级叫做比较标准的普通话,三级普通话可以叫做一般水平的普通话。以人的听觉经验判断,大概是,一级甲等相当于中央人民广播电台新闻播音员的水平,三级乙等则是能与不同方言区的人勉强交际而有时还会出现交际障碍的水平。

普通话水平三级六等的评定具有很强的科学性和可操作性,它根据普通话三要素——语音、词汇、语法制定了具体的评定标准。

一级甲等　朗读和自由交谈时,语音标准,词汇、语法正确无误,语调自然,表达流畅。测试总失分率在 3% 以内。

一级乙等　朗读和自由交谈时,语音标准,词汇、语法正确无误,语调自然,表达流畅。偶然有字音、字调失误。测试总失分率在 8% 以内。

二级甲等　朗读和自由交谈时，声韵调发音基本标准，语调自然，表达流畅，少数难点音有时出现失误。词汇、语法极少有误。测试总失分率13%以内。

二级乙等　朗读和自由交谈时，个别调值不准，声韵发音有不到位现象，难点音失误较多。方言语调不明显。有使用方言词、方言语法的情况。测试总失分率在20%以内。

三级甲等　朗读和自由交谈时，声韵发音失误较多，难点音超出常见范围。声调调值多不准，方言语调较明显。词汇、语法有失误。测试总失分率在30%以内。

三级乙等　朗读和自由交谈时，声韵调发音失误多，方言特征突出。方言语调明显。词汇、语法失误较多。外地人听其谈话有听不懂的情况。测试总失分率在40%以内。

各级各等分数按百分制计算，分别是：

一级甲等　97分以上

一级乙等　92—96.9分

二级甲等　87—91.9分

二级乙等　80—86.9分

三级甲等　70—79.9分

三级乙等　60—69.9分

思考题

1. 什么是普通话？为什么学习普通话要特别重视语音学习？

2. 怎样学好普通话？找出你学习普通话中存在的主要问题，制定一个学习计划，选择适合自己情况的练习材料、方法进行训练。

3. 谈谈你对普通话水平测试的看法。

第二讲 普通话语音概念概说

汉语方言的分歧突出地表现在语音方面。学习语音不仅要通过专门的口、耳训练,还要掌握普通话语音系统和普通话口头表达方式。这一讲,我们先来搞清楚普通话语音的基本问题与基本概念。

一 普通话语音的基本问题

(一) 语音是怎样发出来的

有声语言是人与人之间交流思想、传递信息的最有效的交际工具。语音作为语言的声音形式,是语言的物质外壳,是语义信息的载体,是直接记录思维活动的符号体系。那么,语音是怎样发出来的?

语音是由人的发音器官发出来的。我们发一个音,肺里要呼出气来,肺里的空气从气管通到喉头,由喉头到达口腔或鼻腔,再送到口腔外面。在这样的通路中,空气受到发音器官的节制,就构成种种不同的音。例如:我们说 pa(趴),双唇闭拢,然后放开,才能构成 pa 的音;说一个 da(搭),舌尖要抵住上齿龈,然后放开,才能构成 da 的音。倘若我们说一个 i(衣),我们就会觉得舌尖要向前移,说一个 u(乌)就会觉得舌头要向后移。说 i 的时候,唇向两边展开,说 u 的时候,双唇聚拢成为一个圆形,而且稍稍要紧一些。这些都说明语音是人的发音器官动作的结果。

肺是供给气流的器官,也是产生语音的动力站。喉头、口腔里各部分的器官,如声带、软腭、舌、唇等,都是构成各种声音的器官。从肺里呼出气来,脑的神经中枢使各部分做出不同的动作,这样就发出不同的声音。

(二) 发音器官的功能和语音的不同

语音多种多样,听起来各不相同,这是为什么?怎样发出一个标准音来?首先要学会分辨声音的异同,听得出来,才能说得出来。要做到这一点,就需要知道发音器官的构造和功用以及每一个拼音字母所代表的音是怎样发出来的。

人的发音器官如下图所示：

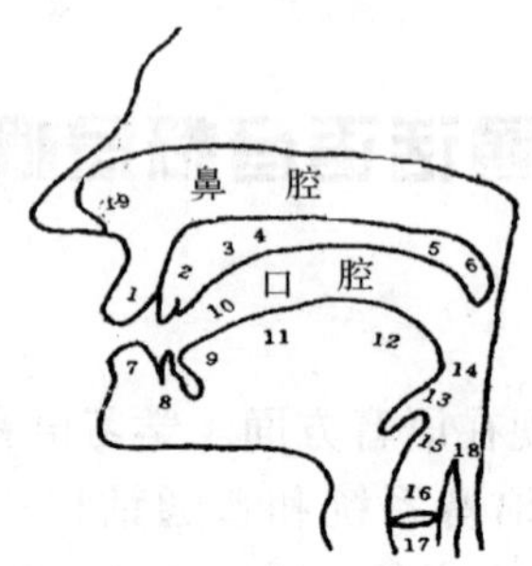

1. 上唇 2. 上齿 3. 齿龈 4. 硬腭 5. 软腭 6. 小舌 7. 下唇 8. 下齿 9. 舌尖 10. 舌叶 11. 舌面 12. 舌根 13. 咽头 14. 咽壁 15. 会厌 16. 气管 17. 声带 18. 食道 19. 鼻孔

人的发音器官，按照在发音中不同的作用可以分为三部分：呼吸器官；喉头和声带；喉头以上的咽头、口腔和鼻腔。

1. 呼吸器官包括肺和气管。在说话的时候，呼吸器官的作用是供给构成发音所需的空气。空气从肺里一股一股呼出，我们称为“气流”。气流从肺里呼出来，经过气管，通过喉头。

2. 喉头是气管上端的扩大部分，是由几块软骨和错综的筋肉构成的一个圆筒，其中最大的一块是甲状软骨，就是我们用手在喉结地方可以摸到的一块大软骨。声带有一端就系在这块软骨的里边。

声带是两条并列的肌肉，前端系在甲状软骨上，后端系在另外两块软骨上，这两块软骨叫杓状软骨。喉头软骨之间的肌肉可以牵引杓状软骨活动，使声带或松或紧，两声带之间就造成不同程度的开闭状态。

在构成声音时，声带的作用很大。它既可以闭拢，阻挡住气流，也可以张开，放出气流。呼吸的时候，声带是张开的，气流自由地通过，只能听到细微的摩擦声音。说话的时候，声带闭拢，使气流冲出，就构成了语音。声带是有弹性的，能紧能松，紧的时候，发出的音就高，松的时候，发出的音就低，因此可以构成高低不同的音。

3. 喉头以上有三个空腔，就是咽头、口腔和鼻腔。发音的时候，气流从喉头出来经过咽头，再达到口腔或鼻腔。咽头、口腔和鼻腔在发音上都是起共鸣作用的空间。由于发音器官的动作有种种不同，共鸣腔的大小和形状就有不同的变化，发出来的音在“音色”上就不一样。

口腔对于我们学习语音来说,是构成语音的最重要的发音器官。

口腔的前面是嘴唇和牙齿。上齿根部高起来的肉叫“齿龈”,由齿龈向里就是上腭。上腭的前部有骨头支撑着,是硬腭,后部是肌肉组成的,叫软腭,软腭可以上下活动。软腭上升时,贴在咽头后壁,就把气流通向鼻腔的路堵塞住了,气流只能从口腔出来,这样就构成“口音”。如果软腭下垂,就打开了气流通向鼻腔的孔道,气流从鼻腔放出,这样就构成“鼻音”。

口腔中最灵活的器官是舌头。它可以上升下降,前后移动,还可以构成各种不同的形状。由于舌头非常灵活,所以能构成各种不同的声音。舌头分为舌尖、舌面、舌根三部分。舌头可以使气流通路造成种种不同的阻碍而产生不同的音。例如:发 bān(班)、dān(丹)两个字音,我们可以听出它们不同,并发现其中的不同在于开头的那个音。b 是用双唇构成的音,d 是用舌尖和上齿龈构成的音,都是先闭塞,后放开。构成声音的部位不同,声音也会不同。例如:发 i(衣)和 ü(淤)两个音,听起来 i 是 i,ü 是 ü,音不一样。为什么音不一样呢? 发这两个音时,舌的位置是相同的,可是发 i 的时候唇是展开的,发 ü 的时候,唇是圆起来的。这是发音方法不同。在两种不同的情况下,气流通路的大小和形状不同,所以发出来的声音也就不同。因此,要分辨声音的异同,在了解发音器官的构造与功用的基础上,还要注意语音在发音部位和方法上是否一样,一样的地方在哪里,不一样的地方在哪里,这样就能发准每一个音,达到普通话的语音标准——北京语音。

二 普通话语音的基本概念

(一) 音素及其分类

学习语音,先要知道什么是音素,什么是元音,什么是辅音,什么是音位。

1. 音素

音素是从语音中划分出的最小语音单位。每个音素具有不同的音色。例如:“张(zhāng)”这个音节就有 zh、a、-ng 三个音素。“跳(tiào)”就有 t、i、a、o 四个音素。多数情况下一个字母表示一个音素,如 a、o、p、t,也有两个字母表示一个音素的,如 ng、ch、sh、er 等。

2. 元音与辅音

音素分为元音和辅音。

元音也称为母音，也叫乐音，这种音音浪节奏整齐。普通话有 6 个元音，即 a、o、e、i、u、ü。发音时声带是颤动的，气流从喉头出来以后，经过口腔，不受任何发音器官阻碍，噪音的成分很少。

发元音时，总是舌尖放在下齿附近，而舌面向上腭抬起。全部发音器官的紧张程度是比较均匀的。不同的元音，舌位的前后高低是不一样的。依照舌位的高低，也就是舌面向上腭抬起的高低，可以有高元音，低元音之分，如 i、u、ü 是高元音，a 是低元音。依照舌位的前后，也就是舌头向前移或向后移，又可以分为前元音、央元音、后元音，如 i 是前元音，e 是央元音，u 是后元音。依照唇的活动来看，有些元音发音时双唇聚拢成圆形，而且向前突出，如 u、ü。而有些元音在发音时双唇不聚拢，也不向前突出，如 i、a。前一种是圆唇元音，后一种是不圆唇元音。

辅音也叫子音，辅音一般都是噪音。普通话有 21 个辅音，即 b、p、m、f、d、t、n、l、g、k、h、j、q、x、z、c、s、zh、ch、sh、r。这种音发音时气流受到发音器官某一部位的阻碍，音浪节奏不整齐。另外，辅音发音时，发音器官不是全部紧张的，只有构成阻碍的地方发音器官才紧张。有的辅音发音时声带颤动，如 m、n、l、r，我们叫它们浊辅音；有的辅音发音时声带是不颤动的，如 b、p、f、d、t、g、k、h、j、q、x、z、c、s、zh、ch、sh，我们叫它们“清辅音”。普通话的清辅音中又有送气与不送气之分。所谓送气是指发 p、t、k、q、ch、c 时附带有强烈的气流送出；不送气是指发 b、d、g、j、z、zh 时没有强烈的气流送出。

（二）音位

音位是语言中能够区别词义的最小语音单位。例如：“八（bā）”、“趴（pā）”，其中的“b”和“p”同与“a”相拼，构成了不同的词义，“b”和“p”有了区别词义的作用，因此便是两个不同的音位，即两个不同的语音类型。音素实际上就是根据音位学的理论研究出来的结果，所以，一个音素，一般也就是一个音位。

（三）音节及其构成

1. 音节

音节是由一个或几个音素组成的，在听觉上最容易分辨出来的最自然的语音单位。换句话说，在语言里作为一个单位，用一股力量来说的一个音或一个组音，称为一个“音节”。例如：“飘（piāo）”，一听便知是一个音节，而“皮袄（pí'ǎo）”虽然与“飘”的音素完全相同，但一听便知是两个音节。再如“鲜（xiān）”与“西安（xī'ān）”，“换（huàn）”与“忽暗（hū'àn）”等音节都是凭听觉来加以区分的。

在汉语里，构成一个音节时，必须具备元音。一个音节可以是一个元音，例如：“āyí（阿姨）”中的“ā（阿）”，也可以是一个辅音加上一个元音，例如：“tā（他）”。在有些音节里有两个或三个元音，例如：“ái（挨）”和“jiāo（交）”。

一般来说，一个汉字就是一个音节（“花儿 huār”一类的词除外）。但是一个音节不一定就是一个词，有时一个词有两个或两个以上的音节。在拼写时，要把两个或两个以上的音节连在一起写，例如：“人民”（rénmín），“工业化”（gōngyèhuà），使人一看就知道是一个词。

2．音节的构成

普通话有400个音节，它们的构成比较简单，也比较整齐。对汉语音节的分析，至今沿袭着比较传统的方法，即把音节分为声母、韵母、声调三个部分。韵母内部又有韵头、韵腹、韵尾。汉语音节的结构类型举例分析如下：

例字（结构成分）	音节	声母	韵母				声调
			韵头（元音）	韵腹（主要元音）	韵尾		
					元音	辅音	
吴	wú	（零）		u			阳平
娃	wá	（零）	u	a			阳平
爱	ài	（零）		a	i		去声
游	yóu	（零）	i	o	u		阳平
允	yǔn	（零）		ü		n	上声
用	yòng	（零）	i	o		ng	去声
度	dù	d		u			去声
学	xué	x	ü	e			阳平
昆	kūn	k	u	(e)		n	阳平
拜	bài	b		a	i		去声
归	guī	g	u	(e)	i		阳平
庄	zhuāng	zh	u	a		ng	阳平

① 声母

声母是汉语音节开头的辅音。普通话有 21 个辅音声母，它们是 b、p、m、f、d、t、n、l、g、k、h、j、q、x、zh、ch、sh、r、z、c、s。

每个音节中的声母只有一个辅音充当，例如："姓张(xìngzhāng)"中的"x"和"zh"，"美丽"(měilì)中的"m"和"l"。如果音节开头的音素不是辅音而是元音，我们就称这样的音节为"零声母"音节，例如："眼窝(yǎnwō)"，这两个音节就是零声母音节。我们看到这两个音节开头的字母是 y、w，这是因为在汉语音节拼写规则中，以 i、u 开头的音节，拼写时把 i 换成了 y，u 换成了 w。y 和 w 在学校教学中称它们声母。

② 韵母

汉语音节中，声母后面的部分称为韵母。普通话韵母共有 39 个，其中单韵母 10 个：a、o、e、ê、i、u、ü、－i(前)、－i(后)、er；二合韵母 9 个：ai、ei、ao、ou、ia、ie、ua、uo、üe；三合韵母 4 个：iao、iou、uai、uei；鼻韵母 16 个，其中前鼻韵尾的韵母 8 个：an、en、ian、uan、üan、in、uen、ün，后鼻韵尾韵母有 8 个：ang、iang、uang、eng、ing、ueng、ong、iong。

我们可以看出，韵母有的由一个、二个或三个元音组成，有的韵母中也有辅音成分，但只出现在韵尾。韵母中开口度最大，声音最响亮的元音为韵腹，韵腹前面的元音为韵头，韵腹后面的元音为韵尾。汉语并非每一个音节中的韵母都具有韵头、韵尾，有的音节可能没有韵头，有的音节可能没有韵尾，但是都有韵腹，因为韵腹是音节中的主干成分。

③ 声调

声调是指音节的高低升降，例如："好(hǎo)"，读法是先降到最低处，然后再升到较高。由于一个音节就是一个汉字，所以声调也可以叫字调。

汉语声调的调型不外平、升、曲、降四种，也就是常说的阴、阳、上、去。每一种声调都有高度及长度的区分。

声调具有区别意义的作用。如"shi"这个音节，给它标注不同的声调，"shī(施)、shí(时)、shǐ(史)、shì(事)"，其汉字和意义就不一样了，所以，声调是汉字音节不可缺少的部分。

音节中元音占优势，乐音成分较多。清声母多，发音清脆。声母与韵母的拼合是有规律的，且声韵相互间隔，形成了鲜明的音节界限，使语言富有节律性，声调变化鲜明，具有高低抑扬的音乐色彩。

（四）音变

在人们的语言交际活动中，一连串的话语便形成了一定的语流。在语流中，人们说出的每个音节间相互影响、相互制约，便产生了一些语音上的细微变化，这就是音变，也叫语流音变。

通常我们所说的音变包括：变调、轻声、儿化、语气词啊(a)的音变，叠音形容词的音变，词语轻重格式。

(五) 汉语拼音方案

1958年2月11日，第一届全国人民代表大会第五次会议通过的《汉语拼音方案》，是根据普通话语音系统制定的，由以下五个部分组成。

1. 字母表

普通话也采用26个拉丁字母

字母：	Aa	Bb	Cc	Dd	Ee	Ff	Gg
名称：	ㄚ	ㄅㄝ	ㄘㄝ	ㄉㄝ	ㄜ	ㄝㄈ	ㄍㄝ
	Hh	Ii	Jj	Kk	Ll	Mm	Nn
	ㄏㄚ	ㄧ	ㄐㄧㄝ	ㄎㄝ	ㄝㄌ	ㄝㄇ	ㄋㄝ
	Oo	Pp	Qq	Rr	Ss	Tt	
	ㄛ	ㄆㄝ	ㄑㄧㄡ	ㄚㄦ	ㄝㄙ	ㄊㄝ	
	Uu	Vv	Ww	Xx	Yy	Zz	
	ㄨ	ㄪㄝ	ㄨㄚ	ㄒㄧ	ㄧㄚ	ㄗㄝ	

V只用来拼写外来语、少数民族语言和方言。

字母的手写体依照拉丁字母的一般书写习惯。

2. 声母表

b	p	m	f	d	t	n	l
ㄅ玻	ㄆ坡	ㄇ摸	ㄈ佛	ㄉ得	ㄊ特	ㄋ讷	ㄌ勒
g	k	h	j	q	x		
ㄍ哥	ㄎ科	ㄏ喝	ㄐ基	ㄑ欺	ㄒ希		
zh	ch	sh	r	z	c	s	
ㄓ知	ㄔ蚩	ㄕ诗	ㄖ日	ㄗ资	ㄘ雌	ㄙ思	

3. 韵母表

普通话韵母除表中的 35 个以外，还有 4 个特殊韵母：－i(前)、－i(后)、er、ê。

	i 丨　衣	u ㄨ　乌	ü ㄩ　迂
a ㄚ　啊	ia 丨ㄚ　呀	ua ㄨㄚ　蛙	
o ㄛ　喔		uo ㄨㄛ　窝	
e ㄜ　鹅	ie 丨ㄝ　耶		üe ㄩㄝ　约
ai ㄞ　哀		uai ㄨㄞ　歪	
ei ㄟ　诶		uei ㄨㄟ　威	
ao ㄠ　熬	iao 丨ㄠ　腰		
ou ㄡ　欧	iou 丨ㄡ　忧		
an ㄢ　安	ian 丨ㄢ　烟	uan ㄨㄢ　弯	üan ㄩㄢ　冤
en ㄣ　恩	in 丨ㄣ　因	uen ㄨㄣ　温	ün ㄩㄣ　晕
ang ㄤ　昂	iang 丨ㄤ　央	uang ㄨㄤ　汪	
eng ㄥ　亨的韵母	ing 丨ㄥ　英	ueng ㄨㄥ　翁	
ong (ㄨㄥ)　轰的韵母	iong ㄩㄥ　雍		

①“知、蚩、诗、日、资、雌、思”等七个音节的韵母用 i，即：知、蚩、诗、日、资、雌、思等字拼作：zhi，chi，shi，ri，zi，ci，si。

②韵母儿写成 er，用作韵尾的时候写作 r。例如：“儿童”拼作“ertong”，“花儿”拼作“huar”。

③韵母ㄝ单用的时候写成 ê。

④i 行的韵母，前面没有声母的时候，写成 yi(衣)，ya(呀)，ye(耶)，yao(腰)，you(忧)，yan(烟)，yin(因)，yang(央)，ying(英)，yong(雍)。

u 行的韵母，前面没有声母的时候，写成 wu(乌)，wa(蛙)，wo(窝)，wai(歪)，wei(威)，wan(弯)，wen(温)，wang(汪)，weng(翁)。

ü行的韵母,前面没有声母时,写成 yu(迂),yue(约),yuan(冤),yun(晕);ü上两点省略。

ü行的韵母跟声母 j,q,x 拼的时候,写成 ju(居),qu(区),xu(虚),ü上两点也省略;但是跟声母 n、l 拼的时候,仍然写成 nü(女),lü(吕)。

⑤iou,uei,uen 前面加声母的时候,写成 iu,ui,un。例如:niu(牛),gui(归),lun(论)。

⑥在给汉字注音的时候,为了使拼写式简短,ng 可以省作 ŋ。

4. 声调符号

阴平	阳平	上声	去声
ˉ	ˊ	ˇ	ˋ

声调符号标在音节的主要母音上,轻声不标。例如:

妈 mā	麻 má	马 mǎ	骂 mà	吗 ma
(阴平)	(阳平)	(上声)	(去声)	(轻声)

5. 隔音符号

a,o,e 开头的音节连接在其他音节后面的时候,如果音节的界限发生混淆,用隔音符号(')隔开,例如:pí'ǎo(皮袄)。

思考题

1. 语音为什么会有种种不同?
2. 什么是音素?什么是音节?
3. 什么是声母、韵母、声调?声韵与元音、辅音的关系怎样?
4. 什么是音变?
5.《汉语拼音方案》包含哪些内容?
6. 什么时候用“y”,什么时候用“w”,举例说明。
7. 哪三个韵母,在什么情况下可以简写为 iu、ui、un?

第三讲　声母发音训练

让我们来学习21个辅音声母。

声母发音的全过程可以划分为成阻、持阻、除阻三个阶段。

成阻，就是形成阻碍。也就是发音器官的某两个部位先靠拢形成阻碍，是为发音作准备的阶段。这两个靠拢成阻的发音器官，就叫某声母的发音部位，例如：b、p、m，在发音时，双唇先闭拢形成阻碍，双唇就是b、p、m三个声母的发音部位。

持阻，就是发音部位保持成阻状态。并蓄积一定的力量，同时让气息积聚在发音部位的后面，是为发音所作的最后准备。

除阻，就是气流冲破阻碍，最后发出声音的过程。发辅音声母时，构成阻碍和克服阻碍的方式是不同的：一类是发音器官闭塞形成阻碍，然后打开，让气流通过。如塞音、塞擦音；另一类是发音器官主动部分向被动部分接近，形成适度间隙，迫使气流摩擦经过，如擦音、边音、半元音。这种不同的成阻、除阻方式我们称之为辅音声母的发音方法。学习声母存在的问题，从大的方面讲有：不知道找发音部位、不注意发音方法，盲目凭感觉练。

下面我们按照发音部位和发音方法的异同状况来逐个学习声母的发音。

一　b　p　d　t　g　k

这一组辅音声母发音部位分别两两相同，发音方法稍有不同。

(一) b　p

1. 发音要领

b、p的发音部位是双唇，叫双唇音。是把上、下唇闭拢在一起，阻住气流，然后突然打开所造成的音。双唇闭合不太紧，同时软腭上升，关闭鼻腔通道，舌尖抵在下齿后。技巧是用双唇的最中间上、下一碰即可。

① 发音例字

b

捌 bā	拔 bá	爸 bà	靶 bǎ	霸 bà
玻 bō	博 bó	簸 bò	跛 bǒ	逼 bī
鼻 bí	比 bǐ	蔽 bì	掰 bāi	白 bái
百 bǎi	拜 bài	包 bāo	雹 báo	饱 bǎo
抱 bào	崩 bēng	绷 bēng	甭 béng	泵 bèng
迸 bèng	蹦 bèng	边 biān	扁 biǎn	遍 biàn
奔 bēn	本 běn	笨 bèn	榜 bǎng	棒 bàng

p

趴 pā	爬 pá	怕 pà	泼 pō	婆 pó
叵 pǒ	破 pò	批 pī	皮 pí	痞 pǐ
匹 pǐ	癖 pǐ	譬 pì	僻 pì	扑 pū
仆 pú	谱 pǔ	铺 pù	拍 pāi	牌 pái
派 pài	胚 pēi	赔 péi	配 pèi	袍 páo
跑 pǎo	泡 pào	飘 piāo	瓢 piáo	漂 piāo
票 piào	潘 pān	盘 pán	判 pàn	偏 piān
骗 piàn	拼 pīn	贫 pín	品 pǐn	聘 pìn
烹 pēng	朋 péng	捧 pěng	碰 pèng	乒 pīng
乓 pāng	平 píng	剖 pōu	撇 piē	砰 pēng
怦 pēng				

② 发音例词

b—b

把柄 bǎbǐng	百般 bǎibān	碧波 bìbō	壁报 bìbào
罢笔 bàbǐ	白班 báibān	摆布 bǎibù	败北 bàiběi
版本 bǎnběn	半百 bànbǎi	褒贬 bāobiǎn	包办 bāobàn
宝贝 bǎobèi	保镖 bǎobiāo	报表 bàobiǎo	暴病 bàobìng
抱病 bàobìng	卑鄙 bēibǐ	北边 běibiān	步兵 bùbīng
不必 bùbì	补白 bǔbái	病变 bìngbiàn	禀报 bǐngbào
兵变 bīngbiàn	冰雹 bīngbáo	表白 biǎobái	标榜 biāobǎng
标本 biāoběn	辨白 biànbái	辩驳 biànbó	臂膀 bìbǎng
弊病 bìbìng	鄙薄 bǐbó	本部 běnbù	辨别 biànbié

p—p

排炮 páipào	澎湃 péngpài	批判 pīpàn	批评 pīpíng
噼啪 pīpā	匹配 pǐpèi	偏僻 piānpì	偏旁 piānpáng

琵琶 pípa　　瓢泼 piáopō　　拼盘 pīnpán　　品评 pǐnpíng
乒乓 pīngpāng　　评判 píngpàn　　铺平 pūpíng　　平盆 píngpén
频谱 pínpǔ　　翩翩 piānpiān　　偏颇 piānpō　　爬坡 pápō

2. 发音辨正

这一组音和后面要讲到的 d、t,g、k 两组音,在发音方法上有一个共同点,那就是发音的时候,气流的通路起初受到阻塞,等到阻塞除去,才发出音来,这种音在语音学上称为“塞音”。但这里面 b 跟 p,d 与 t,g 和 k 又不一样。发 p、t、k 时伴随着有一股强烈的气流送出,发 b、d、g 就不如此。b、d、g 为不送气音,p、t、k 为送气音。

在汉语里,送气与不送气有区分意义的作用,例如:

扮(bàn)　　盼(pàn)
单(dān)　　滩(tān)
竿(gān)　　刊(kān)

左边和右边的韵母完全相同,声母的发音部位也完全相同,不同的仅仅是声母发音时左边的气流弱,右边的气流强,听起来声音不同,意义也就不同了。

陇东地区的人,在读送气与不送气声母时,会出现把个别不送气声母读成送气声母的情况。例如:把“bìng(病)”读作“ping”、“dùzi(肚子)”读成“tùzi(兔子)”,“jīdàn(鸡蛋)”读成“jītan”,“diézi(碟子)”读成“qiézi(茄子)”或“tiézi”,“bízi(鼻子)”读成“pízi(皮子)”等等。纠正这种方言语音的办法是:把方言中个别送气的字读成不送气的字记下来,换成普通话不送气声母,再注意发音方法上的区别就可以了。

b、p 与 o、e。声母 b、p 只和韵母 o 相拼,不能和韵母 e 相拼。陇东人常把“o”错读成“e”。纠正的方法是:在读“播”(bō)、“泼”(pō)、“摸”(mō)、“佛”(fó)时,要做一个圆唇动作,不能咧着嘴读成(bē、pē、mē、fé),例如:

播音 bōyīn　　波浪 bōlàng　　拨弄 bōnong　　菠菜 bōcài
玻璃 bōli　　搏斗 bódòu　　簸箕 bòji　　勃勃 bóbó
脖子 bózi　　婆婆 pópo　　笸箩 pǒluo　　迫害 pòhài
破浪 pòlàng　　活泼 huópo　　魄力 pòlì　　破涕 pòtì
泼墨 pōmò

① 准确读出下列字词

拔—爬　　败—派　　伴—盼　　惫—配　　避—僻
波—坡　　捕—普　　奔—喷　　倍—佩　　棒—胖

逼—迫　　摆—谱　　被—迫　　蹦—碰　　半—票
爆—破　　包—赔

② 读准下面的词语(先标注声母然后再读)

败兵—派兵　　鼻子—皮子　　部位—铺位　　辫子—骗子

③ 绕口令练习(注意:不送气音 b 和送气音 p 发音方法上的区别)

白猫与黑猫

白猫黑鼻子,黑猫白鼻子。黑猫的白鼻子碰破了白猫的黑鼻子。白猫的黑鼻子破了,剥个秕谷皮儿补鼻子;黑猫的白鼻子不破,不必剥秕谷皮儿补鼻子。

b、p

吃葡萄

吃葡萄不吐葡萄皮,不吃葡萄倒吐葡萄皮。

b、p

八百标兵奔北坡

八百标兵奔北坡,北坡炮兵并排跑;炮兵怕把标兵碰,标兵怕碰炮兵炮。

b、p

一平盆面

一平盆面,烙一平盆饼;饼碰盆,盆碰饼。

b、p

(二) d　t

1. 发音要领

d、t 是舌尖音,是舌尖抵住上齿龈,阻住气流,然后放开,同时软腭上升,关闭鼻腔通路所造成的音,只是 t 在除阻阶段声门大开,呼出一股较强烈的气流,例如:“低(dī)”、“单(dān)”、“党(dǎng)”、“读(dú)”、“塔(tǎ)”、“涕(tì)”、“躺(tǎng)”、“头(tóu)”等开头的辅音都是舌尖音。

① 发音例字

d

耷 dā	答 dá	打 dǎ	大 dà	多 duō
夺 duó	朵 duǒ	德 dé	跌 diē	叠 dié
低 dī	笛 dí	底 dǐ	弟 dì	嘟 dū
毒 dú	睹 dǔ	度 dù	呆 dāi	逮 dǎi
戴 dài	堆 duī	对 duì	刀 dāo	捣 dǎo
到 dào	刁 diāo	吊 diào	兜 dōu	抖 dǒu

豆 dòu	丢 diū	丹 dān	胆 dǎn	旦 dàn
颠 diān	典 diǎn	店 diàn	端 duān	短 duǎn
锻 duàn	敦 dūn	钝 dùn	当 dāng	党 dǎng
荡 dàng	灯 dēng	等 děng	瞪 dèng	丁 dīng
顶 dǐng	东 dōng	懂 dǒng	冻 dòng	

t

它 tā	塔 tǎ	踏 tà	拖 tuō	驼 tuó
妥 tuǒ	拓 tuò	特 tè	贴 tiē	铁 tiě
踢 tī	题 tí	体 tǐ	剃 tì	秃 tū
徒 tú	土 tǔ	兔 tù	胎 tāi	抬 tái
太 tài	推 tuī	颓 tuí	腿 tuǐ	退 tuì
滔 tāo	逃 táo	讨 tǎo	套 tào	挑 tiāo
条 tiáo	挑 tiǎo	跳 tiào	偷 tōu	头 tóu
透 tòu	滩 tān	谭 tán	坦 tǎn	炭 tàn
天 tiān	甜 tián	舔 tiǎn	掭 tiàn	湍 tuān
团 tuán	吞 tūn	屯 tún	汤 tāng	糖 táng
淌 tǎng	烫 tàng	腾 téng	听 tīng	亭 tíng
挺 tǐng	通 tōng	铜 tóng	统 tǒng	痛 tòng
脱 tuō	掏 tāo	陶 táo	淘 táo	贪 tān

② 发音例词

d—d

搭挡 dādàng	达到 dádào	答对 dáduì	大地 dàdì
打倒 dǎdǎo	打动 dǎdòng	打赌 dǎdǔ	大胆 dàdǎn
大度 dàdù	带动 dàidòng	单调 dāndiào	单独 dāndú
担待 dāndài	担当 dāndāng	当初 dāngchū	当代 dāngdài
当地 dāngdì	荡涤 dàngdí	导弹 dǎodàn	到达 dàodá
道德 dàodé	到底 dàodǐ	得当 dédàng	得到 dédào
等待 děngdài	滴答 dīdā	低档 dīdàng	敌对 díduì
抵挡 dǐdǎng	地点 dìdiǎn	地段 dìduàn	颠倒 diāndǎo
点滴 diǎndī	电灯 diàndēng	调度 diàodù	调动 diàodòng
叮当 dīngdāng	丁冬 dīngdōng	顶点 dǐngdiǎn	定单 dìngdān
丢掉 diūdiào	动荡 dòngdàng	动工 dònggōng	兜底 dōudǐ
斗胆 dǒudǎn	抖动 dǒudòng	独到 dúdào	独断 dúduàn
断定 duàndìng	对待 duìdài	对调 duìdiào	

t—t

塌台 tātái	抬头 táitóu	贪图 tāntú	痰桶 tántǒng
谈天 tántiān	谈吐 tántǔ	坦途 tǎntú	探讨 tàntǎo
探听 tàntīng	逃脱 táotuō	淘汰 táotài	疼痛 téngtòng
梯田 tītián	体态 tǐtài	体贴 tǐtiē	剃头 tìtóu
天体 tiāntǐ	天堂 tiāntáng	甜头 tiántou	调停 tiáotíng
跳台 tiàotái	贴题 tiētí	铁塔 tiětǎ	铁蹄 tiětí
厅堂 tīngtáng	听筒 tīngtǒng	通途 tōngtú	通体 tōngtǐ
头痛 tóutòng	吐痰 tǔtán	团体 tuántǐ	推托 tuītuō
吞吐 tūntǔ	脱逃 tuōtáo	妥贴 tuǒtiē	

2. 发音辨正

d 与 t 的根本区别在于 t 是送气音,d 是不送气音。前面讲 b 与 p 时已说到。庆阳地区有的地方在发这两个声母时会出现个别混读现象,如前面所讲把“jīdàn(鸡蛋)”读成“jitan”,“diézi(碟子)”读成“tiézi”,或读作“qiézi”等。另外,有些人在发“t”声母时,气流送不出,从听感上就差了。解决的方法是把个别混读的字,和普通话对照后记下来,读的时候,气流稍稍强一点。

① 准确读出下面字词

搭—他	打—塔	大—踏	多—拖	夺—驼
朵—妥	惰—拓	爹—贴	低—梯	敌—题
底—体	地—替	督—突	独—徒	堵—吐
度—兔	呆—胎	带—太	兑—退	刀—涛
到—套	吊—跳	逗—透	单—摊	颠—天
吨—吞	当—汤	钉—厅	东—通	冻—痛

② 准确读出下面词语(先标注声母然后再读)

大步—踏步	打架—塔架	怠慢—太慢	单独—贪图
掸子—毯子	淡化—炭化	氮气—叹气	稻子—套子
低橱—剔除	笛声—蹄声	敌视—提示	抵制—体制
地下—替下	颠覆—天赋	刁夫—挑夫	叼食—挑食
掉下—跳下	调离—跳离	跌进—贴近	鼎力—挺立
东风—通风	读书—图书	对话—蜕化	

③ 绕口令练习(注意:d、t 在发音方法上的不同)

断头台吊短单刀

断头台吊短单刀,歹徒登台投短刀,断头台塌盗跌倒,对对短刀叮当掉。

d、t

调到敌岛打特盗

调到敌岛打特盗，特盗太刁投短刀，挡推顶打短刀掉，踏盗得刀盗打倒。

d、t

谭家谭老汉

谭家谭老汉，挑蛋到蛋摊，卖了半担蛋，买了半担炭；挑蛋到炭摊，买了半担炭；满担是蛋炭。老汉往家赶，脚下绊一绊，跌了谭老汉。破了半担蛋，翻了半担炭，脏了新衣衫。老汉看一看，急得满头汗，炭蛋完了蛋，怎吃蛋炒饭。

d、t

(三) g　k

1. 发音要领

g、k 是舌面后音，舌面后部隆起抵住硬腭和软腭交界处，阻住气流，然后放开，同时软腭上升，关闭鼻腔通路所造成的音，例如："哥(gē)"、"盖(gài)"、"跟(gēn)"、"高(gāo)"、"科(kē)"、"开(kāi)"、"看(kàn)"、"康(kāng)"等前面的辅音都是舌面后音。

① 发音例字

g

郭 guō	国 guó	果 guǒ	过 guò	歌 gē
革 gé	葛 gě	个 gè	估 gū	骨 gǔ
故 gù	该 gāi	改 gǎi	盖 gài	乖 guāi
拐 guǎi	怪 guài	给 gěi	规 guī	鬼 guǐ
桂 guì	膏 gāo	稿 gǎo	告 gào	沟 gōu
购 gòu	甘 gān	敢 gǎn	关 guān	管 guǎn
贯 guàn	根 gēn	滚 gǔn	棍 gùn	钢 gāng
岗 gǎng	杠 gàng	光 guāng	逛 guàng	庚 gēng
梗 gěng	更 gèng	工 gōng	供 gòng	刮 guā
寡 guǎ	疙 gē	阁 gé	舸 gě	辜 gū
闺 guī	诡 guǐ	刽 guì		

k

卡 kǎ	垮 kuǎ	跨 kuà	括 kuò	苛 kē
渴 kě	客 kè	枯 kū	苦 kǔ	酷 kù

开 kāi　凯 kǎi　忾 kài　快 kuài　亏 kuī
葵 kuí　傀 kuí　愧 kuì　铐 kào　靠 kào
抠 kōu　叩 kòu　刊 kān　看 kàn　宽 kuān
款 kuǎn　啃 kěn　昆 kūn　捆 kǔn　困 kùn
糠 kāng　扛 káng　炕 kàng　筐 kuāng　狂 kuáng
况 kuàng　坑 kēng　空 kōng　控 kòng　孔 kǒng
堪 kān　瞰 kàn　壳 ké　坷 kě　恪 kè
匡 kuàng　旷 kuàng　窥 kuī　魁 kuí　溃 kuì

② 发音例词

g—g

改革 gǎigé　改观 gǎiguān　盖棺 gàiguān
干戈 gāngē　干股 gāngǔ　赶工 gǎngōng
感官 gǎnguān　感光 gǎnguāng　钢管 gāngguǎn
杠杆 gànggǎn　高歌 gāogē　搞鬼 gǎoguǐ
歌功 gēgōng　更改 gēnggǎi　梗概 gěnggài
公告 gōnggào　公馆 gōngguǎn　攻关 gōngguān
供稿 gōnggǎo　巩固 gǒnggù　共管 gòngguǎn
勾股 gōugǔ　沟灌 gōuguàn　够格 gòugé
孤高 gūgāo　古怪 gǔguài　股骨 gǔgǔ
故宫 gùgōng　瓜葛 guāgé　拐棍 guǎigùn
灌溉 guàngài　归根 guīgēn　规格 guīgé
贵干 guìgàn　果敢 guǒgǎn　尴尬 gāngà

k—k

开课 kāikè　开阔 kāikuò　开口 kāikǒu
坎坷 kǎnkě　苛刻 kēkè　慷慨 kāngkǎi
可口 kěkǒu　刻苦 kèkǔ　空旷 kōngkuàng
苦口 kǔkǒu　夸口 kuākǒu　宽阔 kuānkuò
亏空 kuīkōng　困苦 kùnkǔ　克扣 kèkòu
矿坑 kuàngkēng

2. 发音辨正

g 与 k 的根本区别在于 g 是不送气声母，k 是送气声母，除阻时，舌面后部用力弹开，有一股较强的气流随之冲破阻碍，发出送气音 k。

① 读准下面字词

规—亏　公—空　怪—快　过—扩　关—宽

棍—困　光—筐　工—空　耕—坑　刚—康
歌—科　革—咳　隔—渴　个—客　估—枯
鼓—苦　故—酷　该—开　改—凯　盖—忾
糕—考　告—靠　勾—抠　狗—口　购—叩
甘—刊　敢—砍　干—看　管—款　亘—啃
挂—挎

② 读准下面词语(先标注声母然后再读)

挂上—跨上　米缸—米糠　关心—宽心　勾住—抠住
天公—天空　孤树—枯树　怪事—快事　改革—开课
改过—开阔　干果—坎坷　慷慨—杠杆　挂钩—夸口

③ 绕口令练习

哥挎瓜筐过宽沟

哥挎瓜筐过宽沟,赶快过沟看怪狗,光看怪狗瓜筐扣,瓜滚筐空哥怪狗。

g、k

老爷堂上一面鼓

老爷堂上一面鼓,鼓上一只皮老虎。皮老虎抓破了鼓,拿块破布往上补。只见过破布补破裤,哪见过破布补破鼓。

g、k

练习:

1. 读 b、d、g 三个字母,注意它们的发音部位有什么不同。再读 b、d、g 和 p、t、k,注意这两组声母的发音方法有什么不同。

2. 给下面的汉字注音,并熟练地读出来。

逼(　　)　鼻(　　)　笔(　　)　避(　　)
批(　　)　皮(　　)　匹(　　)　辟(　　)
低(　　)　敌(　　)　底(　　)　弟(　　)
梯(　　)　提(　　)　体(　　)　替(　　)
八(　　)　拔(　　)　把(　　)　霸(　　)
搭(　　)　达(　　)　打(　　)　大(　　)
歌(　　)　革(　　)　葛(　　)　个(　　)
科(　　)　咳(　　)　可(　　)　课(　　)

二　f　s　sh　r　h

这几个声母有一个共同特点，就是在发音时气流的通路很狭窄，但不完全阻塞住，让气流摩擦而出。这种音叫“擦音”。

（一）f　h

1. 发音要领

f 是下唇向上齿靠拢，不完全阻塞，使气流从唇齿之间摩擦而出形成的。“发（fā）”、“非（fēi）”、“翻（fān）”、“芬（fēn）”几个字音里的声母就是 f。

h 是舌面后部隆起接近硬腭与软腭的交界处，形成间隙，使气流摩擦而出形成的音，跟 g、k 的发音部位相同。发这个音时，舌尖放在下齿跟齿龈之间。“喝（hē）”、“黑（hēi）”、“忽（hū）”、“欢（huān）”几个字的声母就是 h。

① 发音例字

f

发 fā　罚 fá　法 fǎ　夫 fū　扶 fú
浮 fú　抚 fǔ　富 fù　馥 fù　飞 fēi
肥 féi　匪 fěi　费 fèi　否 fǒu　翻 fān
凡 fán　樊 fán　贩 fàn　纷 fēn　坟 fén
粉 fěn　奋 fèn　方 fāng　防 fáng　仿 fǎng
放 fàng　丰 fēng　冯 féng　讽 fěng　奉 fèng
妃 fēi　菲 fēi　忿 fèn　枫 fēng　筏 fá

h

哈 hā　孩 hái　海 hǎi　亥 hài　酣 hān
憨 hān　邯 hán　罕 hǎn　旱 hàn　夯 hāng
航 háng　蒿 hāo　豪 háo　郝 hào　昊 hào
喝 hē　禾 hé　贺 hè　嘿 hēi　痕 hén
狠 hěn　恨 hèn　哼 hēng　恒 héng　轰 hōng
弘 hóng　哄 hǒng　讧 hòng　喉 hóu　吼 hǒu
逅 hòu　忽 hū　弧 hú　浒 hǔ　沪 hù
花 huā　滑 huá　桦 huà　徊 huái　坏 huài
欢 huān　环 huán　缓 huǎn　宦 huàn　荒 huāng
皇 huáng　谎 huǎng　晃 huàng　挥 huī　蛔 huí

茴 huí　悔 huǐ　毁 huǐ　诲 huì　绘 huì
荤 hūn　浑 hún　诨 hùn　豁 huō　活 huó
伙 huǒ　货 huò

② 发音例词

f—f

发放 fāfàng　发奋 fāfèn　繁复 fánfù　反复 fǎnfù
犯法 fànfǎ　方法 fāngfǎ　防范 fángfàn　防腐 fángfǔ
仿佛 fǎngfú　非法 fēifǎ　肺腑 fèifǔ　分发 fēnfā
粪肥 fènféi　丰富 fēngfù　蜂房 fēngfáng　夫妇 fūfù
福分 fúfèn　伏法 fúfǎ　复方 fùfāng　奋发 fènfā

h—h

海涵 hǎihán　憨厚 hānhòu　含混 hánhùn
含糊 hánhu　喊话 hǎnhuà　行话 hánghuà
行会 hánghuì　航海 hánghǎi　豪华 háohuá
好汉 hǎohàn　浩瀚 hàohàn　呵护 hēhù
合乎 héhū　合欢 héhuān　合伙 héhuǒ
和好 héhǎo　和缓 héhuǎn　河口 hékǒu
荷花 héhuā　贺函 hèhán　黑话 hēihuà
哼哈 hēnghā　横祸 hénghuò　后话 hòuhuà
后患 hòuhuàn　呼号 hūhào　呼唤 hūhuàn
互惠 hùhuì　花卉 huāhuì　化合 huàhé
惶惑 huánghuò　宦海 huànhǎi　恍惚 huǎnghū
挥霍 huīhuò　浑厚 húnhòu　祸患 huòhuàn

2. 发音辨正

有些方言地区的人发 h 时，发成了 f。有一位领导在视察工作时说："我们一定要倾听群众的夫声(呼声)。"就属 f、h 不分。问题是发 h 时位置过于偏前，口腔开口度小，造成上齿和下唇相接触，发出近似 f 的音。

发唇齿音 f 时，上齿和下唇内缘接近，唇向两边展开。发舌根音 h 时，舌头后缩，舌根抬起，接近软腭，注意唇齿部位不能接触。

① 准确读出下面的字词

发—哈　烦—寒　方—夯　粉—很　冯—横
父—户　斧—虎　防—杭　愤—恨　饭—汗
扶—壶　夫—呼

② 准确读出下面词语(先标注声母然后再读)

理发—理化	发现—花线	舅父—救护	附注—互助
防虫—蝗虫	斧背—虎背	飞机—灰鸡	复员—互援

③ 绕口令练习

风吹灰飞

风吹灰飞，灰飞花上花堆灰。风吹花灰灰飞去，灰在风里飞又飞。

f、h

丰丰和芳芳

丰丰和芳芳，上街买混纺。红混纺，粉混纺，灰混纺。红花混纺做裙子，粉花混纺做衣裳。穿上新衣多漂亮，丰丰和芳芳喜洋洋。感谢叔叔和阿姨，多纺红、粉、灰、黄好混纺。

f、h

笼子里面有三凤

笼子里面有三凤，黄凤红凤粉红凤。忽然黄凤啄红凤，红凤反嘴啄黄凤，粉红凤帮啄黄凤，你说是红凤啄黄凤，还是黄凤啄粉红凤。

f、h

(二) s　sh　r

1. 发音要领

s是舌尖接近上门齿背，上下齿间只留很小的缝，使气流从小缝里挤出来而形成的音。如“苏(sū)”、“搜(sōu)”、“三(sān)”、“桑(sāng)”几个字音里的声母就是s。

sh是一个卷舌音。发sh时，舌尖前部上举，靠近硬腭接近上齿龈的地方，留出很小的间隙，使气流摩擦而出。“杀(shā)”、“奢(shē)”、“稍(shāo)”、“收(shōu)”几个音里的声母都是sh。念sh的时候，唇不向外突出。

r的舌位和sh相同，也是一个卷舌音，不过声带有颤动。“揉(róu)”、“然(rán)”、“仍(réng)”、“荣(róng)”几个音里的声母都是r。

① 发音例字

s

仨 sā	洒 sǎ	飒 sà	腮 sāi	赛 sài
叁 sān	伞 sǎn	散 sàn	桑 sāng	嗓 sǎng
丧 sàng	骚 sāo	嫂 sǎo	臊 sào	涩 sè
森 sēn	僧 sēng	厮 sī	死 sǐ	寺 sì
松 sōng	耸 sǒng	讼 sòng	馊 sōu	擞 sǒu

嗽 sòu　酥 sū　俗 sú　夙 sù　酸 suān
蒜 suàn　虽 suī　绥 suí　髓 suǐ　隧 suì
孙 sūn　损 sǔn　梭 suō　锁 suǒ　塑 sù

sh

沙 shā　啥 shá　傻 shǎ　煞 shà　晒 shài
杉 shān　闪 shǎn　苫 shàn　殇 shāng　赏 shǎng
尚 shàng　稍 shāo　勺 sháo　少 shǎo　哨 shào
赊 shē　舌 shé　舍 shě　涉 shè　谁 shuí
伸 shēn　神 shén　审 shěn　渗 shèn　慎 shèn
笙 shēng　绳 shéng　省 shěng　剩 shèng　施 shī
拾 shí　使 shǐ　仕 shì　守 shǒu　寿 shòu
殊 shū　赎 shú　蜀 shǔ　戍 shù　刷 shuā
耍 shuǎ　衰 shuāi　甩 shuǎi　帅 shuài　栓 shuān
涮 shuàn　霜 shuāng　爽 shuǎng　水 shuǐ　税 shuì
吮 shǔn　瞬 shùn　硕 shuò　烁 shuò　疏 shū
薯 shǔ　枢 shū　绶 shòu　侍 shì

r

然 rán　冉 rǎn　嚷 rāng　瓤 ráng　壤 rǎng
让 ràng　饶 ráo　扰 rǎo　绕 rào　惹 rě
热 rè　仁 rén　忍 rěn　刃 rèn　扔 rēng
仍 réng　日 rì　茸 róng　冗 róng　柔 róu
茹 rú　儒 rú　汝 rǔ　入 rù　阮 ruǎn
睿 ruì　闰 rùn　嵘 róng　韧 rèn　妊 rèn

② 发音例词

s—s

洒扫 sǎsǎo　缫丝 sāosī　色素 sèsù
僧俗 sēngsú　思索 sīsuǒ　四散 sìsàn
松散 sōngsǎn　送死 sòngsǐ　搜索 sōusuǒ
随俗 suísú　飒飒 sàsà　洒洒 sǎsǎ

sh—sh

杀伤 shāshāng　杀生 shāshēng　霎时 shàshí
山水 shānshuǐ　山势 shānshì　闪烁 shǎnshuò
膳食 shànshí　伤逝 shàngshì　赏识 shǎngshí
上述 shàngshù　烧伤 shāoshāng　少数 shǎoshù

舍身 shěshēn	设施 shèshī	射手 shèshǒu
涉世 shèshì	深山 shēnshān	神圣 shénshèng
审慎 shěnshèn	生疏 shēngshū	声势 shēngshì
盛世 shèngshì	尸首 shīshǒu	失事 shīshì
诗史 shīshǐ	适时 shìshí	舒适 shūshì
赎身 shúshēn	熟识 shúshí	戍守 shùshǒu
顺势 shùnshì	瞬时 shùnshí	

r—r

嚷嚷 rāngrang	忍让 rěnràng	忍辱 rěnrǔ
仍然 réngrán	容忍 róngrěn	荣辱 róngrǔ
柔软 róuruǎn	柔弱 róuruò	濡染 rúrǎn

2. 发音辨正

s 与 sh 的区别在于，发 s 时，舌尖放在上齿背后，而发 sh 的时候舌尖一定要翘起与硬腭前端接触。因此，前者叫平舌音，后者叫翘舌音（卷舌音）。这是陇东方言区的人发音时的一组难点音，他们常常 s、sh 混读，例如：把“老师（shī）”读成“老师（sī）”，“狮子”读成“（sī）狮子”，“时（shí）间”读成“时（sí）间”等。纠正的方法是：找准 s 和 sh 发音时舌尖的位置，同时把方言中容易误读的字词，跟普通话对照后，记下来。

r 和 sh 都是卷舌音，不过发 r 时声带颤动，且摩擦程度不如 sh 强。

① 准确读出下面的字词

洒—傻	色—社	寺—是	赛—晒	嫂—少
搜—收	三—山	桑—伤	僧—生	酥—书
缩—说	酸—栓	损—顺	碎—睡	森—身
冉—闪	壤—赏	让—上	饶—韶	扰—少
惹—舍	热—社	仁—神	扔—生	日—仕
肉—寿	汝—熟	睿—税	闰—顺	弱—烁

② 准确读出下面的词语（先标注声母然后再读）

三色—山色	私人—诗人	桑树—商数	司长—师长
食宿—识数	桑叶—商业	僧人—生人	仨人—杀人
近似—近视	搜集—收集	死记—史记	散光—闪光
丧生—上升	随礼—水里		
如若—数数	蠕动—输通	乳汁—熟知	辱骂—属马
睿智—税制	润滑—顺滑	锐利—水利	人人—神圣
忍让—神伤	惹人—晒绳		

③ 绕口令练习(注意:练习时,要找准 s、sh 的舌尖的位置)

四是四,十是十

四是四,十是十,十四是十四,四十是四十,谁能说准四十、十四、四十四,谁来试一试,谁说十四是四四,就打谁十四,谁说四十是细席,就打谁四十。

s、sh

山前有四十四棵死涩柿子树

山前有四十四棵死涩柿子树,山后有四十四只石狮子,山前的四十四棵死涩柿子树,涩死了山后的四十四只石狮子,山后的四十四只石狮子,咬死了山前的四十四棵死涩柿子树,不知是山前的四十四棵死涩柿子树涩死了山后的四十四只石狮子,还是山后的四十四只石狮子咬死了山前的四十四棵死涩柿子树。

s、sh

练习:

1. 拼读下列的音节

ba pa fa bu pu fu bo po fo se she he sa sha ha su shu hu

2. 给下列音节填上汉字

sǎ(　　) shǎ(　　) sè(　　) shè(　　)
sù(　　) shù(　　) hū(　　) fū(　　)
hú(　　) fú(　　) hǔ(　　) fǔ(　　)
hù(　　) fù(　　)

3. 准确读出下列字词

发　罚　拨　泼　布　补　读　渡
秃　图　哭　苦　喝　和　射　舌
布匹　朴素　瀑布　附属　地图　土地
孤独　舒服　糊涂　克服　私塾　深邃

三 j q x

1. 发音要领

j、q、x 都是舌面前音。发音时,舌面也就是舌的中间偏前位置,抬高隆起向硬腭前部接触,阻塞住气流的通路,然后很快地放开,留出一个小缝,使气流挤出。这样的音,在发音过程中是先闭塞,后摩擦,称“塞擦音”。它与塞音 b、d、g 的区别在于塞音除阻以后是突然爆发的,而塞擦音由闭塞到摩擦是一个很快的过渡,闭塞之后没有突然爆发,只除去阻塞,留出一个小缝来,使气流挤出。

这一组音发音的时候,舌尖放在下齿后面,舌面前部接近硬腭的前部,留一个小缝,使气流摩擦而出,也称为舌面音。例如:“基(jī)”、“期(qī)”、“西(xī)”几个音里的声母就是舌面音。

j 和 q 发音部位相同,不过 j 是不送气音,q 是送气音,x 是一个摩擦音。

① 发音例字

j

机 jī	极 jí	挤 jǐ	记 jì	佳 jiā
颊 jiá	假 jiǎ	驾 jià	笺 jiān	茧 jiǎn
饯 jiàn	姜 jiāng	奖 jiǎng	匠 jiàng	娇 jiāo
侥 jiǎo	轿 jiào	皆 jiē	孑 jié	姐 jiě
戒 jiè	金 jīn	锦 jǐn	浸 jìn	畸 jī
棘 jí	脊 jǐ	剂 jì	嘉 jiā	戛 jiá
贾 jiǎ	价 jià	奸 jiān	俭 jiǎn	鉴 jiàn
浆 jiāng	桨 jiǎng	降 jiàng	胶 jiāo	狡 jiǎo
窖 jiào	秸 jiē	劫 jié	解 jiě	届 jiè
筋 jīn	谨 jǐn	晋 jìn	荆 jīng	径 jìng
窘 jiǒng	纠 jiū	玖 jiǔ	厩 jiù	旌 jīng
警 jǐng	竞 jìng	迥 jiǒng	揪 jiū	韭 jiǔ
舅 jiù	拘 jū	鞠 jū	菊 jú	咀 jǔ
惧 jù	捐 juān	卷 juǎn	倦 juàn	掘 jué
钧 jūn	峻 jùn			

q

七 qī	祁 qí	乞 qǐ	契 qì	掐 qiā
洽 qià	签 qiān	潜 qián	遣 qiǎn	纤 qiàn
羌 qiāng	锵 qiāng	墙 qiáng	抢 qiǎng	呛 qiàng
蔷 qiáng	跄 qiàng	悄 qiāo	侨 qiáo	栖 qī
颀 qí	岂 qǐ	憩 qì	骞 qiān	虔 qián
浅 qiǎn	茜 qiàn	敲 qiāo	瞧 qiáo	巧 qiǎo
俏 qiào	切 qiē	茄 qié	且 qiě	惬 qiè

钦 qīn	秦 qín	寝 qǐn	沁 qìn	倾 qīng
擎 qíng	顷 qǐng	罄 qìng	穹 qióng	邱 qiū
蚯 qiū	囚 qiú	驱 qū	瞿 qú	曲 qǔ
圈 quān	痊 quán	蜷 quán	犬 quǎn	券 quàn
缺 quē	瘸 qué	鹊 què	裙 qún	芹 qín
渠 qú	娶 qǔ	趣 qù	卿 qīng	晴 qíng
请 qǐng	庆 qìng			

x

夕 xī	袭 xí	洗 xǐ	隙 xì	虾 xiā
匣 xiá	夏 xià	仙 xiān	咸 xián	险 xiǎn
陷 xiàn	湘 xiāng	降 xiáng	饷 xiǎng	巷 xiàng
逍 xiāo	淆 xiáo	晓 xiǎo	孝 xiào	歇 xiē
谐 xié	写 xiě	泄 xiè	刑 xíng	醒 xǐng
姓 xìng	汹 xiōng	熊 xióng	羞 xiū	朽 xiǔ
绣 xiù	嚣 xiāo	效 xiào	屑 xiè	薪 xīn
衅 xìn	型 xíng	杏 xìng	须 xū	徐 xú
许 xǔ	旭 xù	轩 xuān	玄 xuán	癣 xuǎn
眩 xuàn	靴 xuē	穴 xué	雪 xuě	谑 xuè
勋 xūn	旬 xún	喧 xuān	旋 xuán	选 xuǎn
绚 xuàn	逊 xùn	熏 xūn	询 xún	驯 xùn

② 发音例词

j—j

积极 jījí	激进 jījìn	击剑 jījiàn
机警 jījǐng	集结 jíjié	即将 jíjiāng
寂静 jìjìng	计较 jìjiào	寄居 jìjū
加紧 jiājǐn	嘉奖 jiājiǎng	嫁接 jiàjiē
间架 jiānjià	艰巨 jiānjù	检举 jiǎnjǔ
健将 jiànjiàng	将就 jiāngjiu	僵局 jiāngjú
奖金 jiǎngjīn	交际 jiāojì	胶卷 jiāojuǎn
焦距 jiāojù	矫健 jiǎojiàn	脚尖 jiǎojiān
结晶 jiéjīng	节俭 jiéjiǎn	竭尽 jiéjìn
经济 jīngjì	究竟 jiūjìng	拘谨 jūjǐn

q—q

凄切 qīqiè	祈求 qíqiú	弃权 qìquán

恰巧 qiàqiǎo	牵强 qiānqiáng	前驱 qiánqū
欠缺 qiànquē	抢亲 qiǎngqīn	窃取 qièqǔ
亲戚 qīnqi	清漆 qīngqī	轻巧 qīngqiǎo
情趣 qíngqù	请求 qǐngqiú	求全 qiúquán
取巧 qǔqiǎo	缺勤 quēqín	确切 quèqiè
娶亲 qǔqīn	求签 qiúqiān	

x—x

嬉笑 xīxiào	习性 xíxìng	喜讯 xǐxùn
细心 xìxīn	洗心 xǐxīn	瞎信 xiāxìn
下旬 xiàxún	下陷 xiàxiàn	下泄 xiàxiè
先贤 xiānxián	鲜血 xiānxuè	纤细 xiānxì
闲心 xiánxīn	显现 xiǎnxiàn	险些 xiǎnxiē
现象 xiànxiàng	详细 xiángxì	想象 xiǎngxiàng
信箱 xìnxiāng	兴修 xīngxiū	行销 xíngxiāo
凶险 xiōngxiǎn	雄心 xióngxīn	喧嚣 xuānxiāo
修仙 xiūxiān	悬心 xuánxīn	巡幸 xúnxìng
寻隙 xúnxì	血型 xuèxíng	

2. 发音辨正

普通话声母 j、q、x 是舌面前音,发音的主要问题是:有些人发这组音时,把舌面中部隆起,直接硬腭中部,接触面很大,整个发音部位靠后;另一种情况是发音部位靠前,接近舌尖前音 z、c、s。如把"积极(jījí)"读成"(zēizéi)","简捷(jiǎnjié)"读成"(zǎnzié)","自己(zìjǐ)"说成"记己(jìjǐ)"等。还有一种情况是干脆把 j、q、x 跟 g、k、h 混读。如把"街(jiē)"读成"(gāi)","腔(qiāng)"读成"(kāng)","鞋(xié)"读成"(hái)"等。

纠正的方法是:找准 j、q、x,z、c、s 与 g、k、h 的发音部位。j、q、x 的发音部位要比 z、c、s 靠后,是舌面前部与硬腭前部形成阻碍,而 g、k、h 则是舌根声母。记住这类字的普通话拼读规律:i、ü 或以 i、ü 起头的韵母不与 z、c、s 和 g、k、h 相拼。

① 准确读出下面的字词

鸡—资	挤—紫	计—自	举—祖	居—祖
揪—邹	叫—造	旧—奏	减—攒	七—疵
齐—词	起—此	气—次	去—醋	钱—残
欠—灿	劝—窜	勤—岑	群—存	枪—仓
晴—层	庆—蹭	西—思	洗—死	细—四

虚—苏　蓄—素　凶—松　香—桑　宣—酸
休—搜　先—三　小—扫　心—森

② 准确读出下面的词语(先标注声母然后再读)

资金　资格　字迹　积极　字句　自己　自觉
瓷器　刺激　词句　赐教　词汇　藏下　仓库
刺绣　思想　思绪　私交　死角　四季　扫雪
私下　寻思　熏醋　举足　谦词　细瓷　缉私
祭祀　下策　僵化　气候　枪库　棋会　洗脚
字画　举国　计划　集资　丝线　须子

③ 绕口令练习

七巷一个漆匠

七巷一个漆匠,西巷一个锡匠,七巷漆匠偷了西巷锡匠的锡,西巷锡匠拿了七巷漆匠的漆;七巷漆匠气西巷锡匠偷了漆,西巷锡匠讥七巷漆匠拿了锡。请问漆匠和锡匠,谁拿了谁的锡?谁偷了谁的漆?

j、q、x

稀奇稀奇真稀奇

稀奇稀奇真稀奇,麻雀踩死老母鸡,蚂蚁身长三尺六,八十岁的老头躺在摇篮里。

j、q、x

练习:

1. 对着小镜子读 ji、qi、xi,要掌握正确的发音部位和方法。注意:舌尖要放在下齿的后面。

2. 快速准确地读下列词语

机器 jīqì　打击 dǎjī　技术 jìshù　集体 jítǐ
笔记 bǐjì　书籍 shūjí　戏剧 xìjù　巨大 jùdà
和谐 héxié　阶级 jiējí　机械 jīxiè　拘束 jūshù
结束 jiéshù　解决 jiějué　谢谢 xièxie　学习 xuéxí

3. 填写下面的汉字的读音

急(　)　几(　)　拘(　)　局(　)
举(　)　欺(　)　起(　)　渠(　)
取(　)　洗(　)　虚(　)　徐(　)
序(　)　街(　)　借(　)　撅(　)
倔(　)　茄(　)　窃(　)　缺(　)

瘸(　　)	确(　　)	瘸(　　)	鞋(　　)
谢(　　)	靴(　　)	血(　　)	切(　　)

四　z　c

1. 发音要领

z、c 与 s 的发音部位相同。不过 s 是擦音，z、c 是塞擦音。发 z、c 这两个音时，舌尖抵住上门齿背，形成阻塞，然后很快地放开，留一个小缝，使气流挤出。

z、c 两声母发音时的区别在于，z 是不送气声母，c 是送气声母。

① 发音例字

z

扎 zā	砸 zá	咋 zǎ	栽 zāi	宰 zǎi
再 zài	簪 zān	咱 zán	攒 zǎn	暂 zàn
赃 zāng	脏 zàng	糟 zāo	凿 záo	藻 zǎo
皂 zào	责 zé	贼 zéi	怎 zěn	增 zēng
杂 zá	灶 zào	枣 zǎo	咨 zī	籽 zǐ
渍 zì	棕 zōng	总 zǒng	纵 zòng	走 zǒu
奏 zòu	租 zū	卒 zú	阻 zǔ	钻 zuān
纂 zuàn	嘴 zuǐ	醉 zuì	尊 zūn	昨 zuó
佐 zuǒ	座 zuò	紫 zǐ	姿 zī	综 zōng

c

擦 cā	嚓 cā	猜 cāi	裁 cái	彩 cǎi
踩 cǎi	蔡 cài	餐 cān	蚕 cán	残 cán
惨 cǎn	灿 càn	舱 cāng	仓 cāng	藏 cáng
糙 cāo	槽 cáo	草 cǎo	测 cè	恻 cè
参 cēn	岑 cén	曾 céng	蹭 cèng	疵 cī
祠 cí	此 cǐ	刺 cì	匆 cōng	丛 cóng
淙 cóng	凑 còu	粗 cū	醋 cù	氽 cuān
悴 cuì	村 cūn	存 cún	忖 cǔn	寸 cùn
搓 cuō	矬 cuó	措 cuò		

② 发音例词

z—z

杂字 zázì	崽子 zǎizi	栽赃 zāizāng	再造 zàizào

再则 zàizé	在座 zàizuò	簪子 zānzi	脏字 zāngzì
藏族 zàngzú	遭罪 zāozuì	造作 zàozuò	自在 zìzài
自尊 zìzūn	宗族 zōngzú	总则 zǒngzé	曾祖 zēngzǔ
走卒 zǒuzú	租子 zūzi	祖宗 zǔzōng	罪责 zuìzé
座子 zuòzi	做作 zuòzuò	最早 zuìzǎo	

c—c

猜测 cāicè	残存 cáncún	苍翠 cāngcuì
仓促 cāngcù	草丛 cǎocóng	草刺 cǎocì
参差 cēncī	从此 cóngcǐ	层次 céngcì
催促 cuīcù	匆促 cōngcù	措辞 cuòcí
粗糙 cūcāo	寸草 cùncǎo	

2. 发音辨正

不论是北方还是南方,都有一些地方会出现 z、c、s 和 zh、ch、sh 不分(平翘不分)。s 与 sh 前面已作了辨正。z、c 与 zh、ch 在我们学习了 zh、ch 之后,放在一起练习。

五　zh　ch

1. 发音要领

zh、ch 是两个塞擦辅音声母,发音部位和 sh、r 一样,舌尖也是卷起来的。虽然写作两个字母,实际代表一个音。z、c 后面的 h 是一个记号,不读为 g、k、h 的 h。

发这一组音时,嘴微开,舌头前部上举,舌尖抵在硬腭最前端,形成阻塞。在形成阻塞的部位后积蓄气流,突然解除阻塞,在原来形成阻塞的部位之间保持适度距离,使气流从间隙透出而成声。

学习这一组声母存在的问题是:

发音部位靠前。发音人往往舌尖对着上齿龈发音。正确的是舌尖稍稍后缩,舌头前部上举,舌尖接触或接近硬腭的前端,要体会到"翘舌"的感觉。

舌的肌肉过于紧张,常伴有拢唇动作。发音时要注意放松舌的肌肉,不紧张,使舌尖轻巧地接触或接近硬腭前端。

舌尖过于后卷,或者接触上腭面积过大,或把舌尖放在下门齿后,舌面前端隆起,接近、接触硬腭前端,都会造成发音不正确。

① 发音例字

zh

渣 zhā　闸 zhá　眨 zhǎ　诈 zhà　斋 zhāi
宅 zhái　窄 zhǎi　债 zhài　毡 zhān　崭 zhǎn
栈 zhàn　彰 zhāng　掌 zhǎng　帐 zhàng　昭 zhāo
着 zháo　沼 zhǎo　肇 zhào　蜇 zhē　哲 zhé
褶 zhě　蔗 zhè　侦 zhēn　珍 zhēn　诊 zhěn
枕 zhěn　昼 zhòu　臻 zhēn　甄 zhēn　震 zhèn
振 zhèn　镇 zhèn　赈 zhèn　狰 zhēng　拯 zhěng
郑 zhèng　枝 zhī　执 zhí　旨 zhǐ　秩 zhì
朱 zhū　竹 zhú　煮 zhǔ　筑 zhù　衷 zhōng
肿 zhǒng　仲 zhòng　舟 zhōu　轴 zhóu　肘 zhǒu
宙 zhòu　酌 zhuó　知 zhī　侄 zhí　咫 zhǐ
掷 zhì　株 zhū　竺 zhú　瞩 zhǔ　铸 zhù
抓 zhuā　拽 zhuài　砖 zhuān　转 zhuǎn　赚 zhuàn
妆 zhuāng　撞 zhuàng　锥 zhuī　坠 zhuì　谆 zhūn
准 zhǔn　拙 zhuō　灼 zhuó　烛 zhú　嘱 zhǔ
贮 zhù　粥 zhōu　轴 zhóu　诌 zhōu　帚 zhǒu
绽 zhàn　摘 zhāi　炸 zhà　扎 zhā　栅 zhà

ch

插 chā　茶 chá　碴 chá　叉 chā　察 chá
查 chá　诧 chà　刹 chà　岔 chà　拆 chāi
柴 chái　搀 chān　掺 chān　禅 chán　谗 chán
阐 chǎn　谄 chǎn　颤 chàn　昌 chāng　偿 cháng
徜 cháng　惝 chǎng　场 chǎng　倡 chàng　畅 chàng
抄 chāo　超 chāo　巢 cháo　炒 chǎo　车 chē
扯 chě　澈 chè　彻 chè　沉 chén　忱 chén
呈 chéng　称 chēng　秤 chèng　痴 chī　匙 chí
齿 chǐ　炽 chì　斥 chì　充 chōng　忡 chōng
崇 chóng　宠 chǒng　抽 chōu　踌 chóu　酬 chóu
稠 chóu　瞅 chǒu　臭 chòu　初 chū　储 chǔ
畜 chù　揣 chuāi　穿 chuān　传 chuán　喘 chuǎn
纯 chún

② 发音例词

zh—zh

扎针 zhāzhēn	债主 zhàizhǔ	辗转 zhǎnzhuǎn
长者 zhǎngzhě	招展 zhāozhǎn	招致 zhāozhì
昭彰 zhāozhāng	昭著 zhāozhù	找辙 zhǎozhé
照直 zhàozhí	折纸 zhézhǐ	折皱 zhézhòu
褶皱 zhézhòu	真正 zhēnzhèng	真挚 zhēnzhì
诊治 zhěnzhì	争执 zhēngzhí	政治 zhèngzhì
执照 zhízhào	指正 zhǐzhèng	制止 zhìzhǐ
忠贞 zhōngzhēn	种植 zhòngzhí	周转 zhōuzhuǎn
蜘蛛 zhīzhū	主张 zhǔzhāng	注重 zhùzhòng
住宅 zhùzhái	助长 zhùzhǎng	专职 zhuānzhí
转折 zhuǎnzhé		

ch—ch

叉车 chāchē	插翅 chāchì	查抄 cháchāo
查处 cháchǔ	拆除 chāichú	产出 chǎnchū
铲除 chǎnchú	长城 chángchéng	超常 chāocháng
超出 chāochū	车厂 chēchǎng	车床 chēchuáng
撤除 chèchú	晨炊 chénchuī	称臣 chēngchén
成虫 chéngchóng	城池 chéngchí	乘除 chéngchú
驰骋 chíchěng	唇齿 chúnchǐ	赤诚 chìchéng
充斥 chōngchì	重唱 chóngchàng	冲床 chōngchuáng
抽查 chōuchá	惆怅 chóuchàng	愁肠 chóucháng
踌躇 chóuchú	臭虫 chòuchóng	出差 chūchāi
初创 chūchuàng	初春 chūchūn	穿插 chuānchā
传唱 chuánchàng	春潮 chūncháo	馋虫 chánchóng
橱窗 chúchuāng		

2. 发音辨正

不管是南方还是北方的方言中，多数方言是 zh、ch、sh、混入 z、c、s。例如：把“师、炸、寨”等字读成“私、杂、在”。s 和 sh 的发音区别在前一节中已讲过，这里只说 z、c 与 zh、ch 发音中存在的问题。

z、c 与 zh、ch 的根本区别在于前一组发音时，舌尖平伸，抵住上门齿背，后一组发音时，舌尖翘起，抵住硬腭的最前端。

两组声母发音容易出现的错误及缺陷有：

z 组声母发音时舌尖前伸过多，发成了齿尖音；舌身略后缩，抵住或接近上齿龈，发音介于平舌音、翘舌音之间；舌身略后缩，舌尖翘起，抵住或接近硬腭前部，发成了翘舌音。

zh组声母发音时舌尖前伸，抵住或接近上齿背，发成了平舌音；舌尖略后缩，抵住或接近上齿龈，发音介于平舌音、翘舌音之间；舌身后缩过多，舌尖明显后卷，发音卷得过后。

① 准确读出下列字词

匝—扎　则—折　咋—浊　租—朱　灾—斋
最—坠　遭—钊　走—肘　躁—诏　赞—沾
怎—枕　脏—章　搓—戳　策—彻　词—池
匆—冲　才—柴　醋—处　摧—吹　操—抄
凑—臭　参—搀　篡—串　岑—陈　村—春
仓—猖　蹭—秤　私—诗　洒—傻　色—社
苏—疏　腮—筛　岁—税　扫—少　搜—收
叁—衫　酸—拴　森—深　桑—伤　僧—生
缩—说　损—吮　算—涮

② 准确读出下面的词语（先标注声母然后再读）

张嘴　振作　赈灾　杂志　栽种　在职　正在　知足
职责　增长　资助　自治　治罪　主宰　铸造　总账
阻止　罪状　遵照　坐镇　作战　载重　宗旨　转赠
装载　追踪　准则　沼泽　差错　长辞　场次　财产
采茶　残喘　操场　操持　草创　车次　陈醋　成才
冲刺　磁场　促成　错处　彩绸　餐车　辞呈　粗茶
仓储　出操　除草　穿刺　纯粹　船舱　尺寸　揣测
蠢才　春蚕　初次

③ 绕口令练习

晒白菜

大柴和小柴，帮助爷爷晒白菜，大柴晒的是大白菜，小柴晒的是小白菜。大柴晒了四十四斤四两大白菜，小柴晒了三十三斤三两小白菜。大柴和小柴，一共晒了七十七斤七两大大小小的白菜。

c、s、ch、sh

辨读

找到不念早到，遭到不念早稻，乱草不念乱吵，制造不念自造，收不念搜，流不念牛，无耐别念无赖，恼羞别说老朽。

z、c、s、zh、ch、sh

抱子看报纸

报纸是报纸,抱子是抱子,报纸、抱子两件事,抱子不是报纸,看报纸不是看抱子,只能抱子看报纸。

z、zh

湿字纸

刚往窗上糊字纸,你就隔着窗户撕字纸。一次撕下横字纸,一次撕下竖字纸,横竖两次撕了四十四张湿字纸。是字纸你就撕字纸,不是字纸,你就不要胡乱地撕一地纸。

z、c、s、zh、sh

练习:

1. 要把 zh、ch、sh、r 和 z、c、s 这两组辅音声母读对,必须牢记它的发音部位和发音方法。练习读:

zh—ch—sh—r	z—zh—zh—z
zh—ch—zh—r	c—ch—ch—c
z—c—s	s—sh—sh—s

2. 读准下面音节,并填上词语

guīhuà(　　)	shèhuì(　　)	guójiā(　　)
huǒchái(　　)	huàxué(　　)	túhuà(　　)
shōuhuò(　　)	huāduǒ(　　)	shǐguò(　　)
hàozhào(　　)	kǎochá(　　)	chēzhóu(　　)
qìchē(　　)	shuìjiào(　　)	hòutuì(　　)
duōshǎo(　　)	duǒbì(　　)	páihuái(　　)
hǎochu(　　)	huàichu(　　)	chūqu(　　)
guàzhe(　　)	shōuhuò(　　)	hēchá(　　)
chǎocài(　　)	chúcǎo(　　)	kāihuì(　　)
zhège(　　)	chàbuduō(　　)	

六　m　n　l

1. 发音要领

m、n、l 这三个辅音都是浊声母,发音的时候,声带都是颤动的。

m 是双唇闭拢发出来的鼻音,发音部位跟 b、p 相同。发音时,双唇闭合，软腭下垂，打开鼻腔通路，声带颤动，气流同时到达口腔和鼻腔，在双唇受到阻碍，气流从鼻腔透出成声。如“妈(mā)”、“蒙(méng)”、“帽(mào)”。

n是舌尖抵住上齿龈发出来的鼻音，发音部位与d、t相同。发音时，舌尖抵住上齿龈，形成阻塞，软腭下垂，打开鼻腔通路，声带颤动，气流同时到达口腔和鼻腔，在口腔受到阻碍，气流从鼻腔透出成声。如“那(nà)”、“恼(nǎo)”、“嫩(nèn)”。

l的发音部位和d、t相同。发l声母的时候，舌尖抵住上齿龈，造成阻塞，使气流从舌的两边流出，因此这个音称为“边音”。如“拉(lā)”、“老(lǎo)”、“愣(lèng)”。

浊音中还有一个音要讲一下，因为，在测试培训中，有许多人不认识它，即 – ng。– ng是舌面后部抵住软腭发出来的鼻音，发音部位与g、k相同。虽然写作两个字母，实际代表一个音。这个辅音只用在a、e、i、o的后面，不用作一个音节开头的辅音声母。读这个音并不难，可以先准备念g，然后软腭前移，发出鼻音，就是 – ng。

① 发音例字

m

抹mā　麻má　码mǎ　骂mà　摸mō
摩mó　抹mǒ　末mò　眯mī　迷mí
米mǐ　密mì　猫māo　毛máo　卯mǎo
帽mào　喵miāo　苗miáo　秒miǎo　庙miào
朦méng　萌méng　猛měng　梦mèng　明míng
酩mǐng　命mìng　茫máng　莽mǎng　民mín
敏mǐn　眠mián　免miǎn　面miàn　慢màn
蛮mán　满mǎn　门mén　闷mèn　煤méi
美měi　妹mèi　埋mái　买mǎi　卖mài
灭miè　暮mù

n

拿ná　哪nǎ　捺nà　挪nuó　糯nuò
捏niē　孽niè　虐nüè　你nǐ　腻nì
奴nú　努nǔ　怒nù　女nǚ　乃nǎi
耐nài　馁něi　内nèi　挠náo　恼nǎo
闹nào　鸟niǎo　尿niào　妞niū　牛niú
扭niǔ　难nán　蔫niān　年nián　碾niǎn

念 niàn	暖 nuǎn	嫩 nèn	您 nín	娘 niáng
酿 niàng	能 néng	宁 níng	拧 níng	农 nóng
弄 nòng	奶 nǎi	昵 nì	拈 niān	

l

拉 lā	旯 lá	喇 lǎ	辣 là	俩 liǎ
罗 luó	裸 luǒ	洛 luò	勒 lè	乐 lè
烈 liè	略 lüè	梨 lí	礼 lǐ	利 lì
卢 lú	鲁 lǔ	路 lù	驴 lǘ	旅 lǚ
绿 lǜ	来 lái	赖 lài	雷 léi	累 lěi
捞 lāo	牢 láo	老 lǎo	涝 lào	撩 liāo
聊 liáo	了 liǎo	料 liào	搂 lǒu	楼 lóu
漏 lòu	溜 liū	流 liú	柳 liǔ	拦 lán
懒 lǎn	烂 làn	联 lián	脸 liǎn	炼 liàn
卵 luǎn	乱 luàn	林 lín	吝 lìn	抡 lūn
轮 lún	论 lùn	郎 láng	朗 lǎng	浪 làng
良 liáng	两 liǎng	辆 liàng	棱 léng	冷 lěng
愣 lèng	零 líng	领 lǐng	令 lìng	龙 lóng
垄 lǒng				

② 发音例词

m

麻木 mámù	骂名 màmíng	埋没 máimò
买卖 mǎimai	麦苗 màimiáo	卖命 màimìng
冒名 màomíng	冒昧 màomèi	眉目 méimù
美满 měimǎn	美貌 měimào	门面 ménmiàn
蒙昧 méngmèi	牧民 mùmín	木棉 mùmián
渺茫 miǎománg	描摩 miáomó	面目 miànmù
密码 mìmǎ	米面 mǐmiàn	弥漫 mímàn
迷漫 mímàn		

n

奶娘 nǎiniáng	奶牛 nǎiniú	男女 nánnǚ
难能 nánnéng	能耐 néngnai	泥淖 nínào
泥泞 nínìng	袅娜 niǎonuó	农奴 nóngnú

l

拉力 lālì	蜡疗 làliáo	来历 láilì

来路 láilù	劳累 láolèi	劳力 láolì
老路 lǎolù	磊落 lěiluò	理疗 lǐliáo
利率 lìlǜ	历来 lìlái	料理 liàolǐ
琉璃 liúlí	流露 liúlù	履历 lǚlì
拉拢 lālǒng	来临 láilín	牢笼 láolóng
理论 lǐlùn	露脸 lòuliǎn	拦路 lánlù
联络 liánluò	邻里 línlǐ	凌乱 língluàn

2. 发音辨正

l 跟 m、n、ng 虽然都是浊音，可 m、n、ng 是鼻音，l 是口音。发鼻音的时候，软腭下垂，气流从鼻腔流出。发口音的时候，软腭抵住咽头后壁，使气流不能流入鼻腔，只能流入口腔。有些地区的人 n、l 分不清。发 n、l 时舌头的位置相同，只是发音方法不同。练习时可以找出声旁为鼻声母或边音声母的字，类推记忆。如果是少量 n 声母混入 l 声母，可以摘出来单独记忆。

① 读准下面的字词

那—辣	讷—乐	奈—赖	馁—磊	内—类
孬—捞	挠—牢	脑—老	闹—烙	南—蓝
难—兰	囊—狼	你—里	逆—立	聂—裂
鸟—了	尿—料	妞—溜	碾—脸	念—恋
娘—凉	奴—炉	努—鲁	怒—路	挪—罗
糯—洛	暖—卵	女—吕	虐—略	

② 读准下面的词语（先标注声母然后再读）

奶酪	耐劳	脑力	内力	内陆	奴隶	努力
女郎	能量	年历	年龄	暖流	鸟类	农林
农历	冷暖	留念	流年	老年	老衲	老娘
老牛	老农	来年	烂泥	凌虐	利尿	

③ 绕口令练习

牛郎恋刘娘

牛郎年年恋刘娘，刘娘连连念牛郎，牛郎恋刘娘，刘娘念牛郎，郎恋娘来娘念郎。

n、l

牛和柳

河边有棵柳，柳下一头牛。牛要去顶柳，柳条缠住了牛的头。

n、l

伊犁马

大门外有四匹伊利马,你爱拉哪俩拉哪俩。门外有四辆四轮大马车,你爱拉哪两辆,你就拉哪两辆。

n、l

七　零声母

1. 发音要领

每个汉语音节都可划分为声母、韵母、声调三部分。没有辅音声母的音节称为“零声母”音节。“零声母”也是一种声母。零声母的“零”不等于“没有”,它占一个位置,这个位置是个“虚位”。

声母表里没有设计出字母来表示零声母,汉语拼音方案的韵母表中规定了零声母音节用隔音字母 y、w。目前小学拼音教学把它们当作声母教,实际就是 21 个辅音声母加上了 2 个零声母。

y、w 是两个半元音。y 相当于 i,w 相当于 u。i、u 是元音,元音是不带摩擦的,但是 y、w 两个字母所代表的音是带有轻微摩擦的 i、u,所以称为“半元音”。

北京语音里,一个音节开头如果是 i、u,而 i、u 之前没有辅音声母的时候,i、u 念起来总带有轻微的摩擦,因此,我们把独立成为一个音节的 i、u 写成 yi、wu,把以 i、u 开头而前面没有辅音声母的音节中的 i 写作 y,u 写作 w。如“衣(yī)”、“牙(yá)”,“夜(yè)”、“有(yǒu)”、“央(yāng)”、“五(wǔ)”、“瓦(wǎ)”、“外(wài)”、“翁(wēng)”。这种规定的写法,不仅接近实际语音,并且在多音节词里有分别音节的作用。如“义务”(yìwù),如果不用 y 和 w,写成 iù,就分不出是两个音节。

ü、üe、üan、ün 几个音节,如果前面没有辅音声母的时候,一律加 y,ü 上两点去掉。如“迂(yū)”、“约(yuē)”、“冤(yuān)”、“晕(yūn)”。

① 发音例字

零声母

依 yī	壹 yī	医 yī	揖 yī	伊 yī
宜 yí	颐 yí	姨 yí	遗 yí	仪 yí
移 yí	疑 yí	怡 yí	椅 yǐ	已 yǐ
意 yì	益 yì	抑 yì	音 yīn	阴 yīn
银 yín	饮 yǐn	隐 yǐn	印 yìn	应 yīng
英 yīng	营 yíng	蝇 yíng	颖 yǐng	硬 yìng

庸 yōng	咏 yǒng	涌 yǒng	用 yòng	忧 yōu
游 yóu	邮 yóu	友 yǒu	诱 yòu	迂 yū
娱 yú	愉 yú	语 yǔ	遇 yù	鸳 yuān
源 yuán	缘 yuán	远 yuǎn	院 yuàn	约 yuē
悦 yuè	阅 yuè	跃 yuè	晕 yūn	匀 yún
允 yǔn	运 yùn	孕 yùn	挖 wā	洼 wā
瓦 wǎ	袜 wà	歪 wāi	外 wài	剜 wān
弯 wān	玩 wán	顽 wán	惋 wǎn	挽 wǎn
汪 wāng	亡 wáng	枉 wǎng	妄 wàng	望 wàng
威 wēi	危 wēi	为 wéi	违 wéi	惟 wéi
伪 wěi	委 wěi	未 wèi	位 wèi	温 wēn
闻 wén	稳 wěn	翁 wēng	瓮 wèng	窝 wō
我 wǒ	握 wò	沃 wò	污 wū	屋 wū
吴 wú	武 wǔ	侮 wǔ	误 wù	务 wù

② 发音例词

零声母—零声母

恩爱 ēn'ài	偶尔 ǒu'ěr	阿姨 āyí	安逸 ānyì
熬夜 áoyè	恶意 èyì	扼要 èyào	而已 éryǐ
欧阳 ōuyáng	安稳 ānwěn	安慰 ānwèi	额外 éwài
讹误 éwù	耳闻 ěrwén	哀怨 āiyuàn	按语 ànyǔ
阿谀 ēyú	厄运 èyùn	恩怨 ēnyuàn	沿岸 yán'àn
阴暗 yīn'àn	银耳 yín'ěr	幼儿 yòu'ér	因而 yīn'ér
友爱 yǒu'ài	婴儿 yīng'ér	诱耳 yòu'ěr	演义 yǎnyì
艳阳 yànyáng	洋溢 yángyì	扬言 yángyán	谣言 yáoyán
摇曳 yáoyè	耀眼 yàoyǎn	野营 yěyíng	医药 yīyào
抑扬 yìyáng	阴影 yīnyǐng	营业 yíngyè	悠扬 yōuyáng
友谊 yǒuyì	油印 yóuyìn	眼窝 yǎnwō	厌恶 yànwù
延误 yánwù	要闻 yàowén	夜晚 yèwǎn	业务 yèwù
依偎 yīwēi	医务 yīwù	遗忘 yíwàng	疑问 yíwèn
贻误 yíwù	以外 yǐwài	译文 yìwén	异物 yìwù
因为 yīnwèi	引文 yǐnwén	鹦鹉 yīngwǔ	游艺 yóuyì
言语 yányǔ	沿用 yányòng	演员 yǎnyuán	眼晕 yǎnyùn
养育 yǎngyù	仰泳 yǎngyǒng	遥远 yáoyuǎn	业余 yèyú
医院 yīyuàn	遗愿 yíyuàn	疑云 yíyún	抑郁 yìyù

异域 yìyù　音乐 yīnyuè　隐约 yǐnyuē　英勇 yīngyǒng
应用 yìngyòng　忧郁 yōuyù　优越 yōuyuè　犹豫 yóuyù
外耳 wài'ěr　顽偶 wán'ǒu　晚安 wǎn'ān　万恶 wàn'è
巍峨 wēi'é　问安 wèn'ān　外延 wàiyán　外因 wàiyīn
蜿蜒 wānyán　喂养 wèiyǎng　丸药 wányào　汪洋 wāngyáng
威严 wēiyán　偎依 wēiyī　文艺 wényì　乌鸦 wūyā
呜咽 wūyè　无疑 wúyí　武艺 wǔyì　外屋 wàiwū
玩味 wánwèi　忘我 wàngwǒ　威望 wēiwàng　文物 wénwù
无畏 wúwèi　蛙泳 wāyǒng　委员 wěiyuán　无援 wúyuán
余额 yú'é　鱼饵 yú'ěr　悦耳 yuè'ěr　员额 yuán'é
庸医 yōngyī　用意 yòngyì　鱼鹰 yúyīng　语音 yǔyīn
雨衣 yǔyī　寓言 yùyán　预约 yùyuē　鸳鸯 yuānyang
园艺 yuányì　原野 yuányě　远洋 yuǎnyáng　愿意 yuànyi
怨言 yuànyán　月牙 yuèyá　乐音 yuèyīn　运营 yùnyíng
用武 yòngwǔ　鱼网 yúwǎng　欲望 yùwàng　冤枉 yuānwang
援外 yuánwài　云雾 yúnwù　韵味 yùnwèi　永远 yǒngyuǎn
踊跃 yǒngyuè　愉悦 yúyuè　运用 yùnyòng　孕育 yùnyù

2. 发音辨正

甘肃方言将一部分零声母字读成了有辅音声母的字。如“安、挨、傲、恩、欧、爱”等字前加辅音声母 n;“文、我、尾、歪、忘、翁”等字前加辅音字母 v;“牙、眼、硬、业、咬”等字前加舌面浊鼻音 n[ȵ]。正确的做法是先弄清楚这个零声母音节开头的元音是“谁”。再相应地去运用唇和舌,读准每个音节。还要记住普通话中没有“v”、“[ȵ]”这两个声母。

例如,开头韵母是:

i:发这个音的零声母音节时要展唇,同时舌应靠前抬高。野营、意义、阴影,这些词就是。

ü:发这个音的零声母音节时,双唇撮成紧圆,同时舌应靠前抬高。运用、孕育、御用、愉悦、愿意,这些词就是。

u:发这个音的零声母音节时,双唇拢圆稍突出。乌鸦、无畏、外屋、顽味,这些词就是。

练习:

1. 注意分辨 n、l。让舌尖抵住上齿龈不放,使气流从鼻腔出来就是 n;用手把鼻子捏住,让舌尖抵住上齿龈不放,使气流从舌的两侧流出来就是 l。试读下列音节。

ná(拿)	lǎ(喇)	ní(泥)	lí(离)	nú(奴)
lú(炉)	nǚ(女)	lǚ(吕)	náo(挠)	láo(劳)
niǎo(鸟)	liǎo(了)	nuó(挪)	luó(骡)	niú(牛)
liú(留)				

2. 念下面一些词,画出含有 y、w 的音节。

一块儿	一点儿	一会儿	衣服	医生
疑问	意思	艺术	牙齿	鸭子
压力	野外	血液	工业	要求
动摇	优秀	自由	研究	经验
电影儿	运动	我们	歌舞	希望
错误	对于	范围	稳定	袜子

第四讲　韵母发音训练

韵母是汉字字音结构中声母后面的部分。

普通话韵母可以分成三大类:单韵母、复韵母、鼻韵母。

单韵母是由单元音充当的韵母。普通话有10个:a、o、e、ê、i、u、ü、-i(前)、-i(后)、er。

复韵母是由复合元音充当的韵母。普通话有13个:ai、ei、ao、ou、ia、ie、ua、uo、üe、iao、iou、uai、uei。

鼻韵母是由元音带上鼻辅音韵尾构成的。普通话有16个:an、en、in、ün、ang、eng、ing、ong、ian、uan、üan、uen、iang、uang、ueng、iong。

这三大类韵母的发音是不相同的。

一　单韵母发音练习

发单韵母要考虑到三方面的条件:舌位的高低(升降);舌位的前后;唇形的圆展及开口度的大小。

(一)舌位的高低是指舌面和上腭的距离。距离近叫舌位"高",距离远叫舌位"低"。一般把高低分为"高"、"半高"、"半低"、"低"(或称为"升"、"半升"、"半降"、"降")四度。

(二)舌位的前后是指舌头的前伸或后缩。舌面前伸隆起部分对着硬腭前端的时候,称作"前";舌面后缩隆起部分对着软腭的时候,称作"后";舌面不前不后处于中间,隆起部分对着硬腭和软腭之间的时候,称作"央"。

(三)唇形的圆展是指嘴唇形状的变化。唇形有各种变化,这里只把它分为"圆唇"和"不圆唇"两类。

下面这个图是国际语音学会认定的元音舌位图。图形上宽下窄,表示舌头前后的活动范围上面大、下面小。图形前宽后窄,表示舌头高低的活动范围前头大、后头小。线上各个小圆点表示标准元音的坐标。前后两条竖线左边标展唇音,右边标圆唇音。

陇东地区的人受方言影响,发单韵母时,舌位该高的不高,该低的不低,该前的不前,该后的不后;唇形该圆的不圆,该展的不展。一句话,不

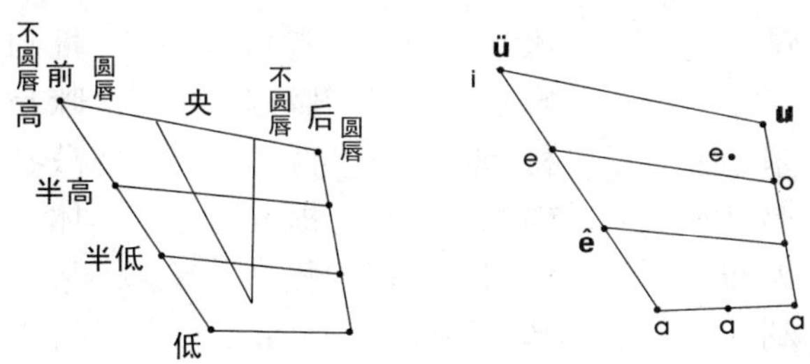

善于用唇舌。因此，学习单韵母时一定要注意单韵母的发音要求。

单韵母由一个元音组成，发音时舌位、唇形摆好后，直接发。发音过程中舌位、唇形不变。

（一）i　e　a

1. 发音要领

i、e、a 这三个单韵母都是元音，但舌位的前、后、高、低不同，开口度的大小也不同。

发 i 这个音的时候，舌尖抵住下齿背，舌面前部向硬腭前部隆起，并向前移，双唇向两边展开，呈扁平形，上下齿对齐。如"一"、"衣"。

发 e 这个音的时候，舌位偏后一点，舌头中部隆起和软腭相对，隆起的高度没有发 i 时高，舌身后缩，舌尖离下齿背较远。口腔开口度要比发 i 时大（半开），双唇处于自然状态。如"特"、"科"、"车"。

发 a 时，舌面放得很低，舌尖抵住下齿根部，舌面中部偏后微微隆起，和硬腭后部相对。口腔比发 e 要大，即口大开，双唇也是自然状态。

i、e、a 三个单韵母的舌位前后高低和口腔开口度的大小都不同。i 的舌位偏前，e 的舌位居中，a 的舌位偏后。i 是前元音，e 是央元音，a 是后元音。再从舌位高低看，i 最高，e 半高，a 最低。i 是高元音，e 是半高元音，a 是低元音。可以用下图来表示：

前后 / 高低	前元音	央元音	后元音
高元音	i		
半高元音		e	
半低元音			
低元音			a

① 发音例字

i

逼 bī　鼻 bí　比 bǐ　避 bì　批 pī
疲 pí　匹 pǐ　癖 pǐ　僻 pì　眯 mī
迷 mí　米 mǐ　秘 mì　低 dī　敌 dí
底 dǐ　弟 dì　梯 tī　提 tí　体 tǐ
替 tì　泥 ní　你 nǐ　腻 nì　梨 lí
理 lǐ　利 lì　基 jī　急 jí　挤 jǐ
济 jì　妻 qī　齐 qí　启 qǐ　器 qì
希 xī　习 xí　喜 xǐ　戏 xì　衣 yī
姨 yí　椅 yǐ　亿 yì

e

得 dé　特 tè　勒 lè　乐 lè　搁 gē
歌 gē　胳 gē　革 gé　割 gē　隔 gé
舸 gě　各 gè　科 kē　咳 ké　渴 kě
课 kè　喝 hē　合 hé　贺 hè　遮 zhē
折 zhé　者 zhě　浙 zhè　车 chē　扯 chě
彻 chè　奢 shē　蛇 shé　舍 shě　社 shè
惹 rě　热 rè　则 zé　策 cè　色 sè
鹅 é　饿 è

a

八 bā　跋 bá　把 bǎ　霸 bà　啪 pā
耙 pá　帕 pà　妈 mā　麻 má　马 mǎ
骂 mà　发 fā　乏 fá　法 fǎ　搭 dā
达 dá　打 dǎ　大 dà　他 tā　獭 tǎ
榻 tà　拿 ná　纳 nà　拉 lā　喇 lǎ
辣 là　嘎 gā　尬 gà　渣 zhā　闸 zhá
眨 zhǎ　炸 zhà　插 chā　查 chá　碴 chá
诧 chà　沙 shā　啥 shá　傻 shǎ　煞 shà
匝 zā　杂 zá　擦 cā　洒 sǎ　萨 sà
啊 a

② 发音例词

i—i

鼻涕 bítì　比例 bǐlì　笔记 bǐjì
笔译 bǐyì　鄙弃 bǐqì　激励 jīlì
积极 jījí　基地 jīdì　机器 jīqì

皮衣 píyī	匹敌 pǐdí	迷离 mílí
谜底 mídǐ	密闭 mìbì	低级 dījí
敌意 díyì	底细 dǐxì	地基 dìjī
弟媳 dìxí	提起 tíqǐ	拟议 nǐyì
离奇 líqí	礼仪 lǐyí	棋迷 qímí
启迪 qǐdí	稀奇 xīqí	细腻 xìnì
洗涤 xǐdí		

e—e

特色 tèsè	乐得 lède	车辙 chēzhé
隔阂 géhé	割舍 gēshě	各色 gèsè
合格 hégé	苛刻 kēkè	塞责 sèzé
客车 kèchē	色泽 sèzé	特色 tèsè
折合 zhéhé	折射 zhéshè	舍得 shěde
这个 zhège		

a—a

疤瘌 bāla	耷拉 dāla	打靶 dǎbǎ
打岔 dǎchà	打发 dǎfa	大法 dàfǎ
大妈 dàmā	大厦 dàshà	发达 fādá
蛤蟆 háma	哈达 hǎdá	喇叭 lǎba
马达 mǎdá	哪怕 nǎpà	沙发 shāfā

2．发音辨正

i是不圆唇的前高元音，在元音中舌面隆起部位与硬腭前部的距离最窄。发音时容易出现的问题是：(1)舌位偏低或偏后；(2)舌面前部隆起部分与上腭前部贴得太紧，矫枉过正，出现摩擦音；(3)双唇未展开，开口度和e差不多。这些问题克服起来比较容易。首先要能听辨出这种细微的差别，舌位低了，可将口微微闭拢；舌位偏后，则要使舌面的隆起部位再向前移；贴得紧了可将舌位稍落低一点，使气流通过时不出现摩擦为止。记住双唇一定是展的。

e发音时容易出现的问题是：(1)舌位过高，接近后高元音。纠正的办法是要增大开口度，上下齿之间要能容得下一个小指的距离，同时，舌位也要随之下降。(2)舌位偏前，甚至接近前元音区。纠正的方法是：利用音节de、te、le；ge、ke、he；zhe、che、she训练，发音过程中，要体会到舌身后缩。

a的发音不是难点，但受方言影响，北方方言区的人发a时，舌位偏前、偏高。纠正的方法是:舌尖约可触及下齿背,而不能抵得太紧,也不能离得太远,舌面中后部适当隆起,开口度最大。

① 读准下面的字词

低—哥—八　　敌—革—拔　　底—葛—把　　弟—个—霸

梯—科—搭　　提—咳—达　　体—可—打　　替—课—大

② 读准下面的词语(先标注韵母然后再读)

鼻涕—隔热—嗒嗒　　比例—折射—蛤蟆　　极力—合格—马达

棋迷—合辙—打发　　提议—苛刻—沙发　　细腻—客车—哪怕

仪器—隔阂—大法　　基地—特色—大妈

③ 绕口令练习

喇嘛和哑巴

打南边来了个喇嘛,手里提着五斤鳎目;打北边来了个哑巴,腰里别着个喇叭。

南边提鳎目的喇嘛要拿鳎目换北边别喇叭的哑巴的喇叭,哑巴不乐意拿喇叭换提鳎目的喇嘛的鳎目,喇嘛非要拿鳎目换别喇叭的哑巴的喇叭。喇嘛抡起鳎目抽了别喇叭的哑巴一鳎目,哑巴摘下喇叭打了提鳎目的喇嘛一喇叭。

也不知是提鳎目的喇嘛抽了别喇叭的哑巴一鳎目,还是别喇叭的哑巴打了提鳎目的喇嘛一喇叭。

喇嘛炖鳎目,哑巴嘀嘀哒哒吹喇叭。

ɑ、e、i

妈妈抱麻

妈妈抱麻骑马,马嫌麻乱,妈妈理麻骂马。

ɑ

(二) ü　u　o

1. 发音要领

ü、u、o 这三个单韵母也是元音,但它们跟 i、e、ɑ 不同,发 i、e、ɑ 时,唇是不圆的,读 ü、u、o 时,唇是要圆拢起来的,因此,称为“圆唇元音”。

ü、u、o 虽都是圆唇音,可做圆唇动作时,唇聚拢的程度不同,舌位的前后高低也不一样。

ü 是一个前元音。发 ü 时,舌位和 i 基本上一样,保持 i 的舌位,同时两唇突出,聚拢成圆形,如“居(jū)”、“区(qū)”、“虚(xū)”。

u 是一个后元音。发 u 时,舌后缩,舌面后部高高隆起,和软腭相对,舌尖垂在下牙齿的底下,同时两唇突出,聚拢成圆形,但肌肉没有 ü 那么紧张,圆唇程度比 ü 松一些,如“孤(gū)”、“枯(kū)”、“呼(hū)”。

o 是一个后元音。舌位比 u 低,发 o 时,上下唇自然拢圆,不突出,肌肉并不紧张,同时,舌身后缩,舌面后部隆起,和软腭相对,舌尖垂在下牙齿的底部,舌位介于半高和半低之间,如“播(bō)”、“坡(pō)”、“摸(mō)”。

ü、u、o 这三个单韵母,从舌位的前后来看,ü 最前,u 靠后,o 更后一些。从舌位的高低来看,ü、u 是高元音,o 的舌位比 u 要低,是半高元音。从圆唇程度来看,ü 聚拢最紧,u 没有 ü 紧,o 最松。看下表:

单韵母 发音	ü	u	o
舌位的前后	前	后	后
舌位的高低	高	高	半高
圆唇程度	最紧	紧	较松

① 发音例字

ü

淤 yū　于 yú　雨 yǔ　玉 yù　女 nǚ
驴 lǘ　吕 lǚ　绿 lǜ　居 jū　局 jú
举 jǔ　巨 jù　区 qū　渠 qú　曲 qǔ
去 qù　虚 xū　徐 xú　许 xǔ　叙 xù

u

补 bǔ　布 bù　扑 pū　仆 pú　普 pǔ
铺 pù　母 mǔ　暮 mù　夫 fū　扶 fú
府 fǔ　富 fù　都 dū　独 dú　赌 dǔ
度 dù　秃 tū　徒 tú　土 tǔ　兔 tù
奴 nú　努 nǔ　怒 nù　卢 lú　鲁 lǔ
路 lù　姑 gū　骨 gǔ　故 gù　枯 kū
苦 kǔ　库 kù　呼 hū　湖 hú　虎 hǔ
互 hù　猪 zhū　竹 zhú　煮 zhǔ　助 zhù
初 chū　除 chú　楚 chǔ　处 chù　书 shū
黍 shǔ　树 shù　如 rú　入 rù　租 zū
族 zú　祖 zǔ　粗 cū　醋 cù　苏 sū
俗 sú　素 sù　乌 wū　无 wú　伍 wǔ
雾 wù

o

玻 bō　　博 bó　　跛 bǒ　　簸 bò　　泼 pō
婆 pó　　笸 pǒ　　破 pò　　摸 mō　　馍 mó
抹 mǒ　　末 mò　　佛 fó

② 发音例词

ü—ü

区域 qūyù　　旅居 lǚjū　　雨具 yǔjù　　须臾 xūyú
序曲 xùqǔ　　女婿 nǚxu

u—u

瀑布 pùbù　　鼓舞 gǔwǔ　　图书 túshū　　互助 hùzhù
服务 fúwù　　出路 chūlù

o—o

磨墨 mómò　　磨破 mópò　　薄膜 bómó　　婆婆 pópo
默默 mòmò　　勃勃 bóbó

2. 发音辨正

o 与 e 的根本区别在于前者是圆唇单韵母,后者为不圆唇单韵母。陇东方言区的人发 o 时,由于少了一个圆唇动作,把"o"读成"e",如把"播音(bōyīn)"读成"bēyīn","破坏(pòhuài)"读成"pèhuài"。

前面已讲过,声母 b、p、m、f 只和韵母 o 相拼,不能和韵母 e 相拼[me(么、嚜)除外],而 e 除不与 b、p、m、f 相拼外,和其他声母都能拼。

i 和 ü 的相同点是舌位相同,都是前高元音,区别在于 ü 是一个圆唇音,且双唇要撮紧、突出,而 i 是展唇元音,双唇呈扁平形。有的人发 ü 时嘴懒或不习惯做圆唇动作,往往读 ü 和读 i 从听感上很接近,造成发音缺陷。纠正的办法是:发 ü 时,一定要有一个撮唇的动作。

① 读准下面的字词

女—你　　驴—梨　　居—积　　聚—寄　　渠—棋
趣—器　　徐—习　　许—洗　　迂—依　　宇—椅

② 读准下面的词语(先标注韵母然后再读)

拨款　波浪　波折　剥落　菠菜　播种　伯乐
驳斥　丝帛　勃发　博大　博学　薄弱　坡度
泼辣　泼墨　叵测　迫使　破格　魄力　摸底
模仿　模范　膜拜　磨破　魔窟　抹煞　末尾
陌路　蓦然　莫非　体育　戏曲　喜剧　继续
例句　义举　秩序　提取　利率　其余　依据
器具　移居　细雨　戏剧　疑虑　比喻　聚集

语义　曲艺　举例　雨衣　预计　拘泥　雨季
距离　淤泥　虚席　躯体　履历　娶妻　举旗

③ 绕口令练习

女小吕和女老李

这天下雨，体育运动委员会穿绿雨衣的女小吕，去找计划生育委员会不穿绿雨衣的女老李。体育运动委员会的穿绿雨衣的女小吕，没找着计划生育委员会不穿绿雨衣的女老李，计划生育委员会的不穿绿雨衣的女老李，也没有见着体育运动委员会穿绿雨衣的女小吕。

i、ü

一匹布一瓶醋

肩背一匹布，手提一瓶醋，走了一里路，看见一只兔。卸下布，放下醋，去捉兔。跑了兔，丢了布，洒了醋。

i、u

练习：

1. 连读 i、e、a 三个单韵母，比较三个音口腔开放度的大小和舌的前后高低。

2. 连读 ü、u、o 三个单韵母，比较三个音的圆唇程度。

3. 读准下面的字词

低　匹　劈　格　刻　搭　拔　霸　课
个体　答题　大抵　鼻涕　打靶　速度
宿舍　姑姑　辜负　答复　布谷

(三) -i(前)　-i(后)　ê　er

1. 发音要领

-i(前)、-i(后)代表两个舌尖元音。“前”指的是舌尖对着上齿背所发的元音，“后”是舌尖翘起来对着硬腭前缘所发的元音，且都不圆唇。

发 -i(前)时，口微开，嘴角向两边展开，舌尖跟上齿背相对，保持适当距离。这个韵母在普通话里只出现在 z、c、s 声母的后面，如汉字“自”、“刺”、“私”。有些人记不住这个读音，可以读“私”这个汉字，延长音程，尾音便是 -i(前)的读音。

发 -i(后)时，口微开，嘴角向两边展开，舌前端抬起和硬腭前缘相对。这个韵母在普通话里只出现在 zh、ch、sh、r 声母后面，如汉字“知”、“吃”、“诗”。也有人记不住这个音的读法，可以读汉字“师”，延长音程，尾音便是－i(后)的读音。

发 ê 时,口腔半开,舌尖贴在下齿背后,嘴角微展。舌面向前部隆起与硬腭相对应,发不圆唇音 ê。韵母 ê 除在语气词“欸”中单用外,一般不单用,只在复韵母 ie、üe 中出现(发音例字词见后面复韵母 ie、üe 中)。如果不能准确记住它的读音,只要记住叹词“欸”的读音即可。

er 是一个卷舌音。在发元音 e 的时候,舌尖卷起来,对着硬腭前部,这样发出来的音就是 er,如“耳”、“二”(发音例字、词见后面“音变”中的“儿化”)。

① 发音例字

－i(前)

资 zī	紫 zǐ	字 zì	疵 cī	辞 cí
此 cǐ	刺 cì	私 sī	死 sǐ	肆 sì

－i(后)

织 zhī	侄 zhí	止 zhǐ	志 zhì	吃 chī
迟 chí	耻 chǐ	斥 chì	湿 shī	石 shí
史 shǐ	世 shì	日 rì		

② 发音例词

－i(前)——i(前)

孜孜 zīzī	自此 zìcǐ	自私 zìsī	恣肆 zìsì
刺字 cìzì	私自 sīzì	字词 zìcí	此次 cǐcì
四次 sìcì	次子 cìzǐ	赐死 cìsǐ	祠寺 císì

－i(后)——i(后)

支持 zhīchí	知事 zhīshì	直至 zhízhì	值日 zhírì
只是 zhǐshì	指使 zhǐshǐ	制止 zhìzhǐ	吃食 chīshí
迟滞 chízhì	失事 shīshì	失职 shīzhí	知识 zhīshi
史诗 shǐshī	实施 shíshī	史实 shǐshí	矢志 shǐzhì
世事 shìshì	试制 shìzhì	适时 shìshí	逝世 shìshì

2. 发音辨正

① i 与－i(前)、－i(后)。i 是一个舌尖前高元音,前面讲第一组单韵母时已经说过。这里的－i(前)、－i(后)跟 i 不同。从历史来源上看,这两个音原来都是舌尖前元音 i,－i(前)在 z、c、s 后面,受了 z、c、s 的影响,变成一个辅音化的舌尖前元音;同样－i(后)跟在 zh、ch、sh、r 后面,受了 zh、ch、sh、r 的影响,变成一个辅音化的舌尖后元音,所以用一个字母来代表,称为“舌尖元音”,也称为“声化元音”。

在普通话培训测试中，会发现有人常常把 - i（前）、- i（后）都认作是 i，当然是不对的。

② ê 与 e，也有人混为 e。e 的发音在讲第一组单韵母时已说过。ê 是舌面前半低不圆唇元音，e 是舌面后半高不圆唇元音。ê 单用除表示应答或招呼的叹词"欸"外，总是与 i、ü 构成复韵母，写作"ie"、"üe"，头上的"帽子"省去不写。

③ 绕口令练习

这是蚕

这是蚕，那是蝉。蚕常在叶里藏，蝉藏在树里唱。

- i（后）

紫瓷盘 盛鱼翅

紫瓷盘，盛鱼翅。一盘生鱼翅，一盘熟鱼翅。迟小池拿了一把瓷汤匙，要吃清蒸美鱼翅。一口鱼翅刚到嘴，鱼刺刺进齿缝里，疼得小池拍腿挠牙齿。

- i（前）、- i（后）

四老师

石、斯、施、史四老师，天天和我在一起。石老师教我大公无私，斯老师给我精神粮食；施老师叫我遇事三思，史老师送我知识钥匙。我感谢石、斯、施、史四老师。

- i（前）、- i（后）

练习：

1. 分辨左右两组的读音

zhi：	支 枝 之 直 植 职 止 址 只 纸 指 志 智 至 制 质 治	zi：	姿 滋 子 姊 自 字
chi：	池 持 齿 尺 耻 赤 斥 翅	ci：	雌 词 辞 慈 瓷 此 次 刺 赐
shi：	诗 师 尸 施 失 湿 时 十 识 食 实 史 使 始 是 士 示 视 世 市 柿 试 事 式 室 释 适	si：	思 私 丝 死 四 似 寺 祀

2. 读 er,舌尖要翘起,舌身向后移动,舌位比 zhi、chi、shi、ri 的元音稍后稍低。读下面四个音。

ēr ér ěr èr

二 复韵母发音练习

复韵母是由复合元音充当的韵母,有的是两个元音复合而成,如 ai、ou、ie、uo 称为“二合元音”;有的是三个元音复合而成,如 uai、uei 称为“三合元音”。

复韵母的发音和单韵母不同,单韵母发音时,舌位和唇形没有明显移动变化,所以发出的声音是单一纯正的单音色。复韵母发音过程中舌位和唇形移动变化,所以,发出的声音是一个以韵腹为主的动态复合音色,我们把这种舌位、口形的移动变化过程称作动程。例如:读 ai 的时候,我们就感觉到口腔逐渐关闭,舌位逐渐升高,唇形逐渐变扁,从 a 到 i 中间有好多音滑过去,最高时只听见近似 i 的声音。可见,复韵母并不是几个单韵母的简单、机械的相加,而是由一串元音音素复合而成的。发音过程存在一个元音舌位向另一个元音舌位滑动的过程及唇形开合、圆展的变化。复韵母里面,各个成分的响度、强弱、长短是不同的。其中韵腹是复韵母的重心,声音比较响亮、清晰,占的时间长些。韵头、韵尾在音节中声音比较微弱、模糊,占的时间短些。

二合元音用两个字母标音,表示由一个元音的舌位向另一个元音舌位的方向直线移动,唇形、开口度也由一种状态变化成另一种状态。如果舌位出现曲折移动,就成为三合元音了。标音用三个字母,如 uai 中间的字母表示元音舌位移动的折点。根据韵腹位置的不同,可把复韵母分为前响复韵母、中响复韵母和后响复韵母。

(一) ai ei ao ou

1. 发音要领

这一组复韵母是前响复合元音。ai、ei 的第二个元音都是 i,i 没有 a、e 响亮。ao 的第二个元音是 o,o 没有 a 响亮;ou 的第二个元音是 u,u 也没有 o 响亮;所以称为前响复合元音。

ai 里的 a 比前面所说的 a 舌位偏前,它是一个前元音。读 ai 的时候，舌位由 a 移向 i，但没有达到 i 那样的高度，舌尖抵在下齿背后。双唇由开变为展唇（i 的双唇状态）。如“该（gāi）”、“来（lái）”、“开（kāi）”、“埋（mái）”。

读 ei 时，舌尖抵在下齿背后，舌位由前半高 e 的低位向接近 i 的高位移动隆起。最后收音时，达到 i 的双唇状态。口腔开口度比 ai 要小一些，双唇微展。如“杯（bēi）”、“非（fēi）”、“雷（léi）”、“眉（méi）”。

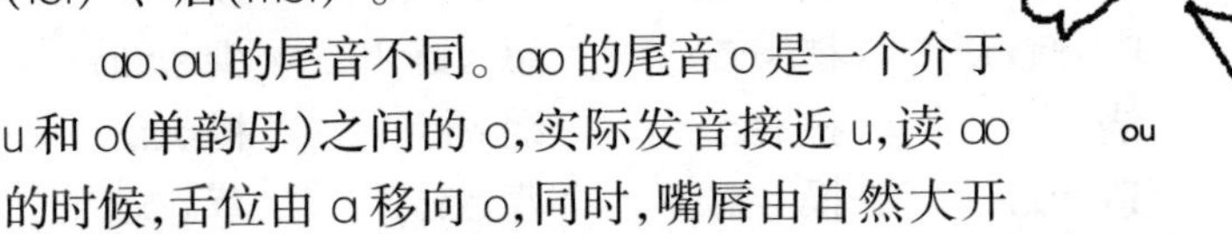

ao、ou 的尾音不同。ao 的尾音 o 是一个介于 u 和 o（单韵母）之间的 o，实际发音接近 u，读 ao 的时候，舌位由 a 移向 o，同时，嘴唇由自然大开（不圆唇）变为圆唇 o（较松圆）。读 ou 的时候，起点音比单元音 o 略低略前，接近央元音 e 舌，位向 u 的方向滑动上升，移到接近 u 的地位，圆唇程度由松圆 o 变为较紧的圆 u，双唇始终是圆的，且 ou 中的 o 没有 ao 中的 a 起始时开口度大。如“包（bāo）”、“刀（dāo）”、“偷（tōu）”、“钩（gōu）”。

① 发音例字

ai

哀 āi　　皑 ái　　矮 ǎi　　艾 ài　　掰 bāi
白 bái　　摆 bǎi　　拜 bài　　拍 pāi　　排 pái
派 pài　　埋 mái　　买 mǎi　　卖 mài　　呆 dāi
歹 dǎi　　代 dài　　胎 tāi　　抬 tái　　太 tài
奶 nǎi　　耐 nài　　来 lái　　赖 lài　　该 gāi
改 gǎi　　盖 gài　　开 kāi　　慨 kǎi　　忾 kài
孩 hái　　海 hǎi　　害 hài　　斋 zhāi　　宅 zhái
债 zhài　　拆 chāi　　柴 chái　　晒 shài　　栽 zāi
崽 zǎi　　再 zài　　猜 cāi　　财 cái　　彩 cǎi
菜 cài　　腮 sāi　　赛 sài

ei

杯 bēi　　背 bèi　　胚 pēi　　赔 péi　　配 pèi
煤 méi　　美 měi　　媚 mèi　　非 fēi　　肥 féi
匪 fěi　　费 fèi　　馁 něi　　内 nèi　　雷 léi
累 lěi　　给 gěi　　黑 hēi　　谁 shéi　　贼 zéi
这 zhè　　勒 lēi

ao

凹 āo	熬 áo	袄 ǎo	傲 ào	包 bāo
雹 báo	宝 bǎo	报 bào	抛 pāo	袍 páo
跑 pǎo	泡 pào	猫 māo	毛 máo	卯 mǎo
冒 mào	刀 dāo	岛 dǎo	道 dào	挠 náo
脑 nǎo	闹 nào	捞 lāo	牢 láo	老 lǎo
涝 lào	高 gāo	稿 gǎo	告 gào	考 kǎo
铐 kào	蒿 hāo	豪 háo	好 hǎo	号 hào
招 zhāo	着 zháo	找 zhǎo	罩 zhào	抄 chāo
潮 cháo	吵 chǎo	梢 shāo	韶 sháo	少 shǎo
绍 shào	饶 ráo	扰 rǎo	绕 rào	糟 zāo
早 zǎo	造 zào	操 cāo	曹 cáo	草 cǎo
骚 sāo	扫 sǎo	臊 sāo		

ou

欧 ōu	藕 ǒu	呕 òu	剖 pōu	谋 móu
某 mǒu	否 fǒu	兜 dōu	抖 dǒu	豆 dòu
偷 tōu	头 tóu	透 tòu	搂 lǒu	楼 lóu
篓 lóu	漏 lòu	钩 gōu	狗 gǒu	够 gòu
抠 kōu	口 kǒu	叩 kòu	侯 hóu	吼 hǒu
后 hòu	周 zhōu	轴 zhóu	肘 zhǒu	咒 zhòu
抽 chōu	绸 chóu	丑 chǒu	臭 chòu	收 shōu
手 shǒu	瘦 shòu	柔 róu	肉 ròu	邹 zōu
走 zǒu	奏 zòu	凑 còu	搜 sōu	

② 发音例词

ai—ai

爱戴 àidài	白菜 báicài	海带 hǎidài	开采 kāicǎi
拍卖 pāimài	买卖 mǎimài	晒台 shàitái	采摘 cǎizhāi
彩排 cǎipái	摆开 bǎikāi	拆台 chāitái	灾害 zāihài
再来 zàilái	赖债 làizhài	百害 bǎihài	开赛 kāisài
爱才 àicái	挨宰 áizǎi	海派 hǎipài	抬爱 tái'ài
择菜 zháicài	债台 zhàitái	带来 dàilái	皑皑 áiái

ei—ei

肥美 féiměi	配备 pèibèi	贝类 bèilèi	非得 fēiděi
飞贼 fēizéi	蓓蕾 bèilěi	给谁 gěishéi	累累 lěilěi

贼眉 zéiméi	杯内 bēinèi	北美 běiměi	北非 běifēi

ao—ao

报告 bàogào	号召 hàozhào	高超 gāochāo	草包 cǎobāo
操劳 cāoláo	草帽 cǎomào	高傲 gāoào	高烧 gāoshāo
祷告 dǎogào	老少 lǎoshào	跑道 pǎodào	讨好 tǎohǎo
早稻 zǎodào	劳保 láobǎo	报考 bàokǎo	骚扰 sāorǎo
糟糕 zāogāo	冒号 màohào	早操 zǎocāo	高考 gāokǎo
懊恼 àonǎo	报到 bàodào	稻草 dàocǎo	高潮 gāocháo
号啕 háotáo	毫毛 háomáo	牢靠 láokào	

ou—ou

口头 kǒutóu	守候 shǒuhòu	收购 shōugòu	筹谋 chóumóu
漏斗 lòudǒu	口授 kǒushòu	叩头 kòutóu	瘦肉 shòuròu
欧洲 ōuzhōu	丑陋 chǒulòu	走漏 zǒulòu	兜售 dōushòu
够受 gòushòu	走狗 zǒugǒu	偷走 tōuzǒu	抖擞 dǒusǒu
豆蔻 dòukòu	斗殴 dòuōu	露头 lòutóu	扣肉 kòuròu
熟肉 shóuròu	收受 shōushòu		

2. 发音辨正

ai、ei 的尾音都是 i，但 ai 的主要元音是 a，ei 的主要元音是 e，a 比 e 的舌位低，口腔开口度大，所以 ai、ei 的口腔开口度是不一样的。ai 比 ei 口腔要张得大些，收音时口腔状态是一样的，只是一个“宽窄”的问题。“宽窄”指的是舌位动程的大小之间的对比关系。宽窄不同的复韵母（复合元音），主要表现在韵腹（韵母中响亮清晰的部分）的元音舌位高低的对比上，而处在韵头韵尾的元音音素是相同的。复韵母除 üe 外，都有这种对比关系，共有 6 对：ai—ei、ao—ou、ia—ie、ua—uo、iao—iou、uai—uei。舌位动程宽的在前，舌位动程窄的在后。陇东方言区的人，发这样的复韵母，大多都存在动程不够的问题。原因是发音时不注意舌位、口形的变化，把复合元音发得像单元音。因此，读这种音时，既要明确要领，又要注意体会。

ao、ou 这组音和上面一样，除注意“宽窄”变化（ao 比 ou 开口度稍大）外，收音音素不要发得过于突出。前响复合元音收尾的元音音素只有 -i 和 -u(o) 两个，相对起点元音音素来说是轻短模糊的，终点也不确定。

① 读准下面的字词

百—北　　排—培　　买—美　　来—雷　　改—给

咳—黑　在—贼　凹—欧　抛—剖　毛—谋
到—斗　套—透　老—搂　高—沟　靠—扣
好—吼　朝—周　超—抽　少—首　绕—肉
造—奏　草—凑　扫—擞

② 读准下面的词语

白费　百倍　败北　带累　代培　败类　海内
排雷　栽培　采煤　暖昧　悲哀　背带　被袋
黑白　擂台　内海　内胎　内在　内债　胚胎
佩带　包头　保守　报仇　报头　操守　刀口
倒手　到头　高手　稿酬　好受　毛豆　矛头
套购　遭受　招手　招收　酬报　逗号　构造
厚道　后脑　口号　口哨　柔道　手套　寿桃
偷盗　头脑　投考　投靠　周报

③ 绕口令练习

岳伯伯特有德

岳伯伯特有德，读书千百册，摘要写心得，博学阅历多，跟谁也和谐。岳伯伯不在家中坐，要上街去买笔和墨，遇见好友祝玉国，玉国拉着伯伯进宅把水喝，二人谈得很随和，话就格外多。岳伯伯和祝玉国一谈谈到鸡上窝，伯伯也没买成笔和墨。

e、o、u、ai、ei、ao、ou

黄狗咬我手

清早上街走，走到周家大门口，门里跳出大黄狗，朝着我哇啦哇啦吼。我拾起石头打黄狗，黄狗跳上来就咬我的手。也不知我手里的石头打没打着周家的大黄狗？也不知周家的大黄狗咬没咬着我的手？

ao、ou

(二) ia　ie　ua　uo　üe

1. 发音要领

这一组复韵母都是后响复韵母。发音特点是舌位由高向低滑动，舌位的起点和终点比较稳定；起点元音不太响亮，比较短促，止点元音响亮清晰。起点元音 i、u、ü 是韵头，发音要短；止点元音 a、o、ê 是韵腹，发音清晰响亮，时间稍长。

ia 比较好读。先是舌位高，唇形扁，发出轻短的 i 音，接着舌位降低，口形张大，发出响而长的 ia。如“家(jiā)”、“假(jiǎ)”、“虾(xiā)”、“夏

(xià)”。

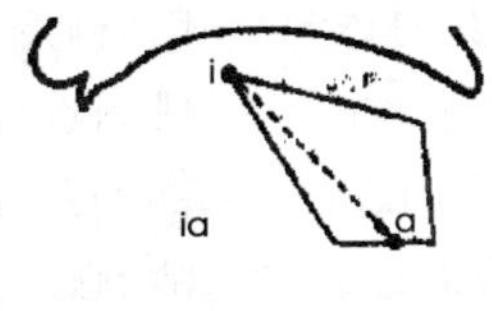

ua、uo 这一组音,前(ua)宽后(uo)窄。韵头都是 u。发音起始,口形都是稍紧的圆,然后,一个由 u 迅速向 a 滑动,一个由 u 向 o 滑动,就出现了动程上的宽窄之分。

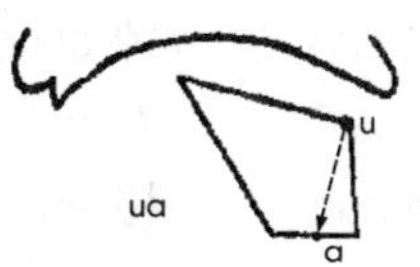

发 ua 时,先发 u 音,读得要短。接着舌位降低,唇形展开,发出响而长的 a。唇形由一个稍紧的圆,变为自然状态,开口度由小圆变为大开。如“瓜(guā)”、“夸(kuā)”、“花(huā)”。发 uo 时,也是先发 u 音,读得要短。接着舌位降低,发响而长的 o。唇形由稍紧的小圆,变为较大的松圆。如“多(duō)”、“托(tuō)”、“锅(guō)”、“阔(kuò)”。

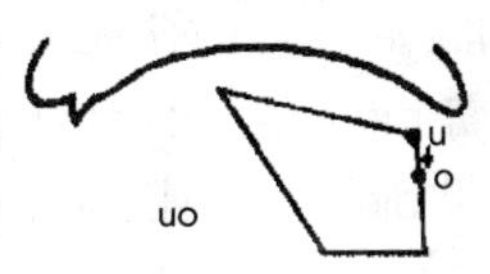

ie、üe 这一组后响复韵母的相同点是,韵腹都是 ê。读 ie 时,先发出较短的 i 音,接着舌位下降到前半低位置,发出响而长的 ie。口形由扁平变为半开。如“街(jiē)”、“切(qiē)”、“别(bié)”、“贴(tiē)”。

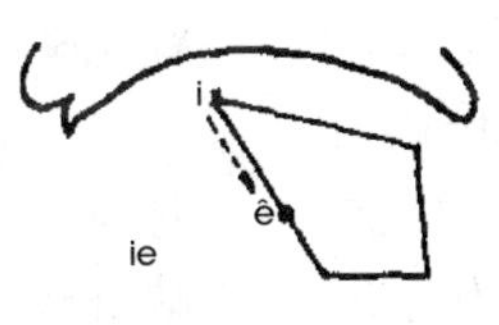

发 üe 时,先是双唇撮圆,舌头前伸抬高,发出 ü 音,接着唇形逐渐展开,舌位降到前半低位置,发出响而长的 üe。如“缺(quē)”、“靴(xuē)”、“月(yuè)”、“决(jué)”。

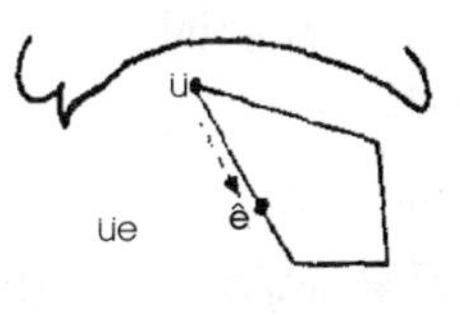

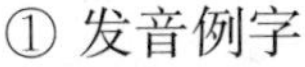
① 发音例字

ia

鸦 yā　芽 yá　雅 yǎ　讶 yà　俩 liǎ

家 jiā　荚 jiá　贾 jiǎ　嫁 jià　掐 qiā

卡 qiǎ　恰 qià　虾 xiā　匣 xiá　下 xià

ua

哇 wā　娃 wá　瓦 wǎ　袜 wà　瓜 guā

寡 guǎ　挂 guà　夸 kuā　垮 kuǎ　跨 kuà

花 huā　华 huá　化 huà　抓 zhuā　爪 zhuǎ

刷 shuā　耍 shuǎ

uo

窝 wō　我 wǒ　卧 wò　多 duō　夺 duó

朵 duǒ	惰 duò	拖 tuō	驼 tuó	妥 tuǒ
拓 tuò	挪 nuó	糯 nuò	罗 luó	裸 luǒ
洛 luò	锅 guō	国 guó	果 guǒ	阔 kuò
豁 huō	活 huó	火 huǒ	过 guò	桌 zhuō
浊 zhuó	绰 chuò	说 shuō	硕 shuò	弱 ruò
昨 zuó	左 zuǒ	作 zuò	搓 cuō	座 zuò
错 cuò	梭 suō	锁 suǒ		

ie

耶 yē	爷 yé	野 yě	业 yè	憋 biē
鳖 biē	别 bié	瘪 biě	撇 piē	灭 miè
爹 diē	谍 dié	贴 tiē	铁 tiě	捏 niē
孽 niè	列 liè	街 jiē	洁 jié	姐 jiě
借 jiè	切 qiē	茄 qié	且 qiě	怯 qiè
歇 xiē	鞋 xié	写 xiě	谢 xiè	

üe

约 yuē	月 yuè	虐 nüè	略 lüè	决 jué
倔 jué	缺 quē	瘸 qué	确 què	靴 xuē
学 xué	雪 xuě	穴 xué		

② 发音例词

ia—ia

加价 jiājià	下牙 xiàyá	恰恰 qiàqià	假牙 jiǎyá
家家 jiājiā	压价 yājià	下嫁 xiàjià	架下 jiàxià
贾家 jiǎjiā	加压 jiāyā		

ua—ua

挂花 guàhuā	花袜 huāwà	娃娃 wáwa	耍滑 shuǎhuá
哇哇 wāwā	画画 huàhuà	挂画 guàhuà	

uo—uo

哆嗦 duōsuo	堕落 duòluò	国货 guóhuò	过错 guòcuò
过火 guòhuǒ	活捉 huózhuō	火锅 huǒguō	骆驼 luòtuo
落座 luòzuò	挪窝 nuówō	懦弱 nuòruò	硕果 shuòguǒ
锁国 suǒguó	脱落 tuōluò	着落 zhuóluò	做作 zuòzuò
错过 cuòguò	蹉跎 cuōtuó	阔绰 kuòchuò	罗锅 luóguō

ie—ie

斜街 xiéjiē	结业 jiéyè	贴切 tiēqiè	歇业 xiēyè

爷爷 yéye	姐姐 jiějie	借鞋 jièxié	趔趄 lièqie
铁鞋 tiěxié	鞋业 xiéyè	节烈 jiéliè	窃窃 qièqiè

üe—üe

约略 yuēlüè	决绝 juéjué	缺略 quēlüè	雀跃 quèyuè
雪月 xuěyuè	乐阕 yuèquè		

2. 发音辨正

ia 和 ie 的区别是前宽后窄，ia 的开口度比 ie 大。

ua 和 uo 的明显差别在开口度上。ua 的开口度大，uo 的开口度小而圆。

ie 和 üe 的差别在于 üe 有一个撮唇动作，而 ie 没有。有的人发 üe 时由于少了一个撮唇动作，常把 üe 发得听起来像 ie。

o 和 uo 在汉语声韵配合上，韵母 o 只和 b、p、m、f 相拼，不能和其他声母拼，而韵母 uo 恰恰不和 b、p、m、f 相拼。在发音上，如果不注意 uo 的动程，就会发成单韵母 o。发 o 时，舌位与开口度和 e 几乎一样，只是 o 要稍稍将唇拢圆一点。

e 和 uo 在陇东地区，有不少人常将 e 发作 uo，如"河、和、喝、棵、哥、禾"等音节的韵母 e，均发成 uo。这些字只是少量的，只要把它们和普通话相比较，摘出来，单个记忆就可以了。

① 读准下面的字词

亚—业	加—阶	恰—切	下—谢	
瓜—郭	寡—果	挂—过	跨—阔	花—豁
华—活	化—获	抓—桌	刷—说	蛙—窝
瓦—我	袜—卧			
掖—约	咽—越	孽—虐	列—略	洁—倔
切—缺	茄—瘸	怯—确	歇—靴	鞋—穴
写—雪	屑—谑			

剥	渤	坡	笸	摩	沫	佛	哆
躲	驼	拓	挪	诺	罗	裸	锅
果	阔	伙	或	卓	浊	绰	硕
若	挫						

② 读准下面的词语

家业	假借	嫁接	下贴	下野	押解
花朵	话说	滑波	帛画	多寡	国画
国花	火花	说话	月夜	确切	雪夜

缺页	学业	决裂	解决	节约	孑孓
协约	谢绝	剥夺	薄弱	婆娑	破获
破落	摸索	摩托	末座	没落	活佛
活泼	落魄	说破	萝卜	落墨	琢磨
唾沫	戳破				

③ 绕口令练习

墙头上有个老南瓜

墙头上有个老南瓜，掉下来打着胖娃娃，娃娃叫妈妈，妈妈摸娃娃，娃娃骂南瓜。

ua

打南来了个瘸子

打南来了个瘸子，手里托着个碟子，碟子里装着茄子。地下钉着个橛子，绊倒了瘸子，撒了碟子里的茄子。气得瘸子撇了碟子，拔了橛子，踩了茄子。

ie、üe、uo

练习：

1. 给下面词语注音，再读一读，注意 ie、üe 在发音上的区别。

姐姐（　　）　谢谢（　　）　解决（　　）　学业（　　）

2. 给下面字注音，读一读，看看 uo、o 在拼写上的区别。

锁（　　）　坡（　　）　或（　　）　沫（　　）　锅（　　）
剥（　　）　座（　　）　末（　　）　萝（　　）　驳（　　）
破（　　）　获（　　）

（三）iao　iou　uai　uei

1. 发音要领

这一组复韵母的共同点是由三个元音复合而成，并且中间的元音在发音中响亮清晰，所以，称为中响复韵母。发音特点是舌位由高向低滑动，再由低向高滑动。起点元音较短，不太响亮；折点元音较长，响亮清晰；止点元音轻短模糊。起点元音是韵头，折点元音是韵腹，终点元音是韵尾。发音过程中，不仅舌位有一个相对长的变化过程，开口度、唇形也随舌位的变化从一种状态变到另一种状态。

发 iao 时，舌位由 i 降到 a，再由 a 升到接近 u 的位置。也可以先发 i，紧接着发 ao。唇形由开始 i 的微展到 a 的自然状态，再到松圆 o。开口度由扁平到大开再到半开的圆。如“交(jiāo)”、“敲(qiāo)”、“脚(jiǎo)”、“巧(qiǎo)”。

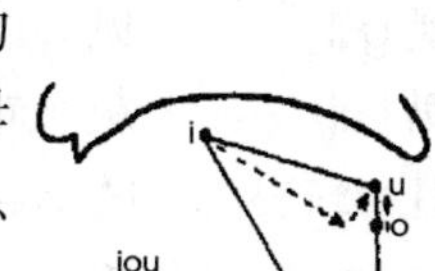

发 iou 时,舌位由 i 降到 o,再由 o 升到 u,唇形由微展到圆。这个圆是一个由较松的圆到较紧的圆的过程,开口度也由微开变为半开。iou 同声母相拼时,中间的 o 省写,简写成 iu。如“丢(diū)、“秋(qiū)”、“纽(niǔ)”、“柳(liǔ)”。

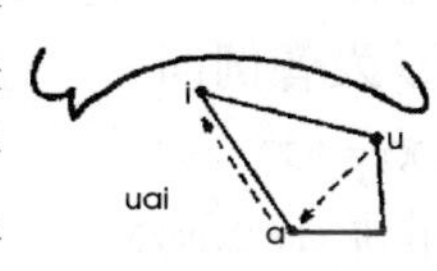

uai、uei 的韵头、韵尾相同,就是说发音过程中,起始音和收音时舌位、开口度、唇形的状态是一样的。区别在于中间音的开口度、舌位,uai 开口度大,uei 开口度小,而动程长短差不多。在拼写时 uei 省写为 ui。如“怪(guài)”、“快(kuài)”、“坏(huài)”、“堆(duī)”、“催(cuī)”、“随(suí)”。

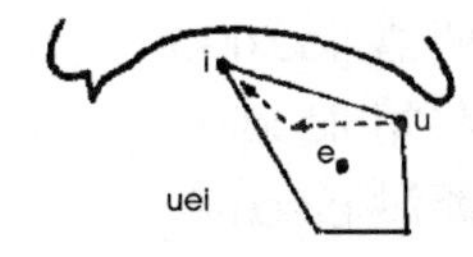

① 发音例字

iao

腰 yāo　咬 yǎo　药 yào　标 biāo　裱 biǎo
飘 piāo　瓢 piáo　瞟 piǎo　票 piào　喵 miāo
苗 miáo　秒 miǎo　庙 miào　碉 diāo　钓 diào
挑 tiāo　条 tiáo　跳 tiào　鸟 niǎo　尿 niào
撩 liāo　聊 liáo　了 liǎo　料 liào　焦 jiāo
嚼 jiáo　狡 jiǎo　叫 jiào　敲 qiāo　侨 qiáo
巧 qiǎo　峭 qiào　销 xiāo　淆 xiáo　晓 xiǎo
效 xiào

iou

优 yōu　邮 yóu　悠 yōu　尤 yóu　友 yǒu
幼 yòu　谬 miù　丢 diū　牛 niú　扭 niǔ
溜 liū　刘 liú　柳 liǔ　六 liù　揪 jiū
久 jiǔ　旧 jiù　秋 qiū　球 qiú　修 xiū
朽 xiǔ　绣 xiù

uai

歪 wāi　外 wài　乖 guāi　拐 guǎi　怪 guài
筷 kuài　怀 huái　坏 huài　揣 chuāi　踹 chuài
摔 shuāi　衰 shuāi　甩 shuǎi　帅 shuài

uei

威 wēi　围 wéi　伟 wěi　喂 wèi　堆 duī
对 duì　推 tuī　颓 tuí　腿 tuǐ　退 tuì
规 guī　鬼 guǐ　跪 guì　亏 kuī　葵 kuí
愧 kuì　灰 huī　回 huí　毁 huǐ　汇 huì
追 zhuī　坠 zhuì　吹 chuī　垂 chuí　水 shuǐ
睡 shuì　蕊 ruǐ　锐 ruì　嘴 zuǐ　最 zuì
催 cuī　脆 cuì　虽 suī　绥 suí　穗 suì

② 发音例词

iao—iao

吊桥 diàoqiáo　吊销 diàoxiāo　吊孝 diàoxiào
佼佼 jiǎojiǎo　脚镣 jiǎoliào　缴销 jiǎoxiāo
叫嚣 jiàoxiāo　教条 jiàotiáo　疗效 liáoxiào
料峭 liàoqiào　秒表 miǎobiǎo　渺小 miǎoxiǎo
飘渺 piāomiǎo　飘摇 piāoyáo　巧妙 qiǎomiào
小苗 xiǎomiáo　迢迢 tiáotiáo　调教 tiáojiào
调料 tiáoliào　逍遥 xiāoyáo　小桥 xiǎoqiáo
小调 xiǎodiào　笑料 xiàoliào　苗条 miáotiao

iou—iou

优秀 yōuxiù　悠久 yōujiǔ　悠悠 yōuyōu
有救 yǒujiù　久留 jiǔliú　秋游 qiūyóu
求救 qiújiù　咎由 jiùyóu　绣球 xiùqiú
牛油 niúyóu　有求 yǒuqiú　旧友 jiùyǒu
牛柳 niúliǔ

uai—uai

乖乖 guāiguāi　踹坏 chuàihuài　怀揣 huáichuāi
快甩 kuàishuǎi　摔坏 shuāihuài　外快 wàikuài
外踝 wàihuái　拽坏 zhuàihuài

uei—uei

归回 guīhuí　鬼祟 guǐsuì　汇兑 huìduì
会徽 huìhuī　荟萃 huìcuì　魁伟 kuíwěi
溃退 kuìtuì　愧对 kuìduì　灰堆 huīduī
推委 tuīwěi　尾随 wěisuí　追回 zhuīhuí
未遂 wèisuì　追悔 zhuīhuǐ　坠毁 zhuìhuǐ

嘴碎 zuǐsuì　　醉鬼 zuìguǐ　　摧毁 cuīhuǐ

最贵 zuìguì

2. 发音辨正

iao 与 iou 的主要差别在韵腹上。iao 的开口度比 iou 的开口度略大，但都是圆的。iao 宽 iou 窄，读的时候要仔细体会它们的细微差别。

uai 与 uei 的主要差别也在韵腹上。uai 的开口度及舌位动程应比 uei 大一些，即 uai 宽 uei 窄。

① 读准下面的字词

腰—悠　杳—友　药—诱　妙—谬　雕—丢

鸟—纽　聊—刘　焦—揪　敲—秋　笑—秀

晓—朽　歪—威　外—喂　乖—规　怪—桂筷—愧　槐—回　坏—惠　拽—坠　揣—吹

甩—水　帅—税

② 读准下面的词语

掉队　交流　郊游　娇羞　料酒　飘流　飘游　校友

要求　药酒　表舅　丢掉　就要　柳条　遛鸟　牛角

求救　袖标　油条　邮票　有效　幼苗　酒药　幼小

怪罪　快慰　快嘴　衰退　衰微　外汇　怪味　怀揣

摔碎　率队　汇兑　毁坏　外围　对外　鬼怪　追怀

最坏

③ 绕口令练习

借绿豆

出南门，走六步，见着六叔和六舅。叫声六叔和六舅，借我六斗六升好绿豆。过了秋，打了豆，还我六叔六舅六斗六升的好绿豆。

ou　iu

老老道小老道

高高山上有座庙，庙里住着俩老道。一个年纪老，一个年纪小，庙前长着许多草。有时候老老道煮药，小老道采药；有时候小老道煮药，老老道采药。

ao　iao

数青蛙

一只青蛙一张嘴，两只眼睛四条腿，扑通一声跳下水。两只青蛙两张嘴，四只眼睛八条腿，扑通扑通两声跳下水。三只青蛙三张嘴，六只眼睛十二条腿，扑通扑通扑通三声跳下水。四只青蛙四张嘴，八只眼睛十六条腿,扑通扑通扑通扑通四声跳下水。五只青蛙五张嘴,十只眼睛二十条腿,扑通扑通扑通扑通扑通五声跳下水。

uei

舅舅捉鸠

舅舅捉鸠,鸠飞,舅舅揪鸠。

iu

妞妞撵牛

妞妞撵牛,牛拗,妞妞扭牛,牛抵妞妞。

iu

三　鼻韵母发音训练

鼻韵母是一个或两个元音加上一个鼻辅音韵尾构成的韵母,如 an、in、un、eng、iong、uang。普通话鼻韵母只有两个辅音鼻韵尾 -n、-ng。韵尾 -n 的发音同声母 n- 基本相同,只是 -n 的部位比 n- 靠后,一般是舌面前部向硬腭接触(参见《普通话发音图谱》),为了教学的方便,仍把它看成是舌尖中鼻音。从受阻的情况看,声母 n- 除阻后必须同后面的韵母拼合,而韵尾 -n 却不除阻,发音逐渐减弱而终止。韵尾 -ng 是舌面后鼻音(汉语拼音用双字母表示),和声母 g、k、h 是同一个发音部位。发音时,舌面后部隆起,与软腭接触,阻塞气流通过,同时软腭下降,打开鼻腔通路,声带颤动。

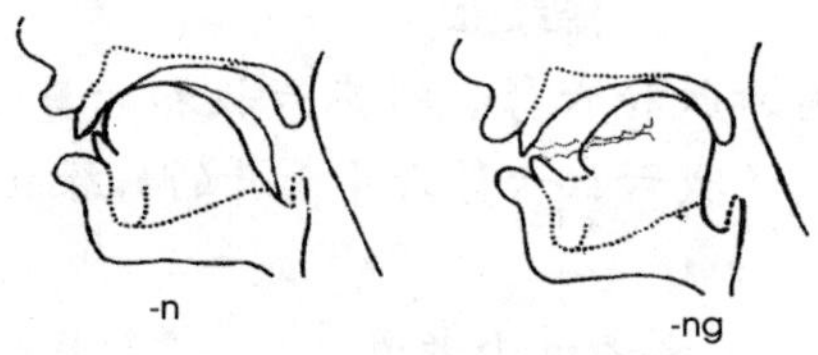

普通话明确区分以 -n 和 -ng 为韵尾的两组韵母。为了称说和对比的方便,在普通话语音教学中,通常把 -n 称作"前鼻尾音",把 -ng 称作"后鼻尾音",也可以通俗地分别称为"前鼻音"、"后鼻音"。

普通话有鼻韵母 16 个,其中以 -n 为韵尾的韵母 8 个:an、en、in、ün、ian、uan、uen、üan,以 -ng 为韵尾的韵母 8 个:ang、eng、ing、ong、iang、uang、ueng、iong。

前、后鼻尾音韵母区分的主要特点是:(1)韵腹元音舌位的前后不同是区分两者的主要标志。例如:an 与 ang 的区分主要表现在 an 中的元音是前元音,而 ang 中的元音是后元音。(2) -n、-ng 是韵尾,只有与韵腹构成一个整体时才参与前、后鼻韵母对比区分。由于 -n、-ng 处于从属的地位,在自然语流中常常脱落,只表现为元音的鼻化。实验语音学证明:普通话鼻辅音韵尾在实际发音中,有时并不表现为鼻辅音的语音特征,在频谱图上只能看到鼻化的元音。因此,认为实际发音中 -n、-ng 的发音有时部位"不是完全闭塞,还留有空隙"。"鼻尾音脱落后,它对元音的鼻化依然存在,并且成为鼻音音色的唯一的载体。"(参见《普通话发音图谱》、《实验语音学概要》)在语音训练中则应强调不能丢掉鼻尾音,为了确切体会鼻尾音的发音和听感性质,必须要求尽量发音完整。(3)基本上是一对一的对比关系,不是一对多或多对一的关系。它们之间的对比关系是:an - ang、en - eng、in - ing、ian - iang、uan - uang、uen - ueng(ong)、ün - iong。

可以看出鼻韵母也存在舌位动程宽窄不同的两组韵母,除 iong 没有这种对应关系外,共有 7 对:an - en、ang - eng、ian - in、iang - ing、uan - uen、uang - ueng(ong)、üan - ün。

鼻韵母发音训练方法

1. 掌握练习要领

普通话鼻韵母的教学训练重点是掌握 -n 和 -ng 的区别,这种区别不仅仅只是鼻音的韵尾 -n 和 -ng 的区分,更重要的是主要元音前后之分。

区分 -n 和 -ng 两组韵母,要选择好发音练习材料。

初学者选择词语练习材料,带有韵尾 -n 的音节后面尽量不选用声母是舌面后音 g、k、h 音节构成的词语,以避免舌面后音声母对前面音节的尾音 -n 产生"逆同化"的影响,读成尾音 -ng,例如:环顾、谈话、闲空。理想的选择是在 -n 音节后面紧跟带声母 n 的音节,例如:繁难、安宁、前年。

初学带韵尾 -n 的音节,还要避免同发音相近的复韵母构成的音节连读,如 an - ai、en - ei、uan - uai、uen - uei。这样组合的词语练习应该有,但应尽量放在巩固提高的阶段训练。例如:

an - ai	残害 cánhài	感慨 gǎnkǎi	满载 mǎnzài
ai - an	拍板 pāibǎn	海岸 hǎi'àn	代办 dàibàn
en - ei	纷飞 fēnfēi	门类 ménlèi	分贝 fēnbèi
ei - en	悲愤 bēifèn	黑人 hēirén	泪痕 lèihén

uan－uai	关怀 guānhuái	欢快 huānkuài	
uai－uan	外传 wàichuán	拐弯 guǎiwān	
uen－uei	春晖 chūnhuī	吨位 dūnwèi	论罪 lùnzuì
uei－uen	慰问 wèiwèn	亏损 kuīsǔn	鬼混 guǐhùn

训练带有韵尾－ng 的音节,尽量不要选用后面紧跟着声母是舌尖中音 d、t、n、l 的音节,以避免舌尖中音对前面带－ng 的音节产生"逆同化"的影响,容易读成－n。应该尽量采用后面带有舌面后音声母 g、k、h 的音节。例如:香菇、控告、停靠。

2. 恰当的练习方法

① 衬音练习

在前鼻韵母的音节后衬一个声母是 d、t、n、l 的音节。

看哪 kànna	人哪 rénna	进哪 jìnna	滚哪 gǔnna
品德 pǐndé	面条 miàntiáo	粪土 fèntǔ	门类 ménlèi

在后鼻韵母的音节后衬一个轻声的 ge 或 guo。:

等个人 děnggerén	听过戏 tīngguoxì
通个信 tōnggexìn	帮过忙 bāngguománg

在后鼻韵母的音节后衬一个声母是 g、k、h 的音节。

能够 nénggòu	请客 qǐngkè
迎合 yínghé	丰厚 fēnghòu

② 对比练习

字的对比练习

－n——－ng

山—伤	班—帮	沾—张	奔—崩	盆—蓬
门—盟	份—奉	跟—耕	镇—政	音—婴
斌—兵	频—瓶	民—名	今—京	信—幸
裙—穷	勋—兄	寻—雄		

词的对比练习

－n—ng

反问—访问	开饭—开放	心烦—心房
铲子—厂子	清真—清蒸	伸张—声张
瓜分—刮风	终身—钟声	禁地—境地
临时—零食	民生—名声	信服—幸福
勋章—胸章	运费—用费	

③ 声旁类推练习

选取前后鼻韵母作声旁的字，制成类推记字卡片，随身携带，随时正音。

声旁类推　-ng

平—评苹坪枰萍

令—令苓玲瓴铃聆岭翎零龄岭泠领

廷—庭蜓霆挺梃铤艇

㘸—泾经颈到劲(刚劲)

青—菁睛精靖静清情晴氰请

婴—樱嘤撄缨鹦

④ 利用声韵拼合规律练习

普通话里，声母 t 决不与韵母 en 相拼，所以方言读 ten 音的字，都应该念 teng。如誊、腾、藤、滕、疼等。

普通话里，声母 d 不与韵母 en 相拼(只有一个不常用的"扽"字)，所以方言中念 den 音的字，都应读 eng 韵。如灯、登、噔、瞪、凳、邓等。

普通话里，声母 f 决不与韵母 ong 相拼，因此，方言中读成 fong 音的字，都应改念 eng 韵。如丰、封、峰、锋、烽、蜂、风、疯、枫、逢、缝、讽、奉、俸、凤等。

普通话里，声母 d、t 决不与韵母 in 相拼，因此，方言中读 din、tin 的字，都应改读 ing 韵。如丁、疔、玎、叮、盯、钉、仃、顶、鼎、定、锭、订、厅、汀、庭、蜓、亭、停、婷、挺、艇等。

普通话里，声母 n 与韵母 en 相拼的字，只有一个"嫩"字("恁"不常用)；声母 n 与 eng 相拼的字，只有一个"能"字。

普通话里，声母 l 决不与韵母 en 相拼，所以方言中读 len 音的字，都应改读 leng。如棱、冷、愣等。

普通话里，声母 s 与韵母 en 相拼的字，只有一个"森"字；声母 s 与韵母 eng 相拼的字，只有一个"僧"字。

⑤ 记单字练习

普通话里，声母 g 与前鼻韵母 en 相拼的字，常用的只有"根、跟、亘"("哏、艮、茛"不常用)三个字，其余的"庚、赓、羹、耕、更(更改)、耿、埂、梗、哽、颈(脖，细颈儿)、更(更加)"等字都是 eng 韵。

普通话里，声母 z 与前鼻韵母 en 相拼的字，只有一个"怎"字("谮"不常用)，其余的"曾、憎、增、甑(甑子)、赠"等字都是 eng 韵。

普通话里，声母 c 与前鼻韵母 en 相拼的字，只有一个"参(参差)"字("岑、涔"不常用)，其余的"曾、层、蹭(磨蹭)"等字都是 eng 韵。

普通话里，声母 r 与后鼻韵母 eng 相拼的字只有"扔"和"仍"（"礽"不常用），其余的"人、仁、任、忍、认、刃、韧、纫"等字都是 en 韵。

普通话里，声母 n 与前鼻韵母 in 相拼的字，常用的只有一个"您"字，其余的"宁、柠、拧（拧毛巾）、咛（叮咛）、狞、凝、宁（宁可）、泞、佞"等字都是 ing 韵。

（一）an ang en eng

1. 发音要领

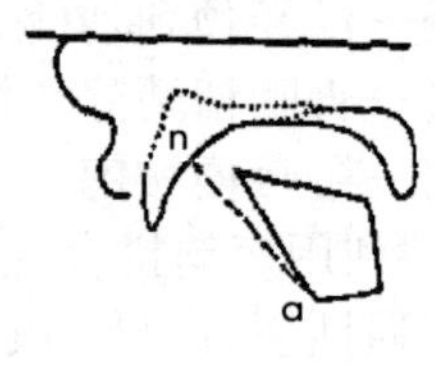

这是一组前后、宽窄两两相对的鼻韵母，an—ang、en—eng 是前后相对；an—en、ang—eng 是宽窄相对。学习这组鼻韵母，除注意这一特点外，还要掌握每个韵母的发音要领。

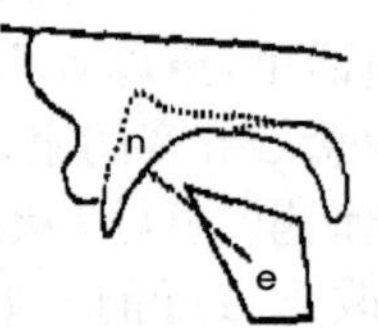

an，舌尖抵在下齿背后，嘴张开，舌位从前低 a 位抬起，最后舌面前部与硬腭前部接触阻塞气流，使声音和气息从鼻腔通过，发出前鼻尾复合音 an。

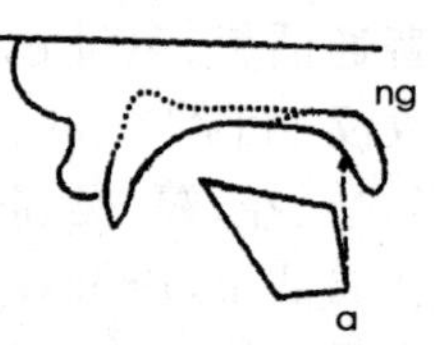

en，口微张，舌尖抵在下齿背后，舌位由央 e 开始，舌面前部抬起与硬腭前端贴住，阻塞气流使之从鼻腔通过，发出前鼻尾复合音 en。

ang，嘴自然张开，舌位先处于后低元音 a 位，舌根向上方抬起与软腭接触，阻塞气流使之从鼻腔通过，发出后鼻尾复合音 ang。

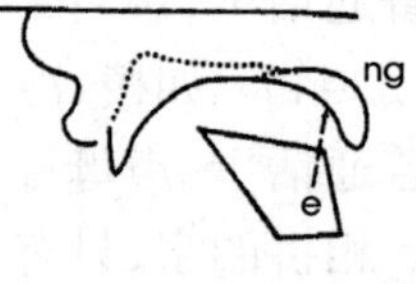

eng，口自然张开，舌面自然放在后半高不圆唇元音 e 位，然后，舌根抬起，向后运动与软腭接触，阻塞气流使之从鼻腔通过，发出后鼻尾韵母 eng。

① 发音例字

an

鞍 ān	俺 ǎn	岸 àn	搬 bān	板 bǎn
伴 bàn	潘 pān	盘 pán	判 pàn	蛮 mán
满 mǎn	慢 màn	翻 fān	矾 fán	反 fǎn
犯 fàn	丹 dān	胆 dǎn	旦 dàn	摊 tān
弹 tán	坦 tǎn	炭 tàn	难 nán	蓝 lán

懒 lǎn 烂 làn 甘 gān 敢 gǎn 干 gàn
刊 kān 砍 kǎn 看 kàn 鼾 hān 寒 hán
喊 hǎn 汉 hàn 毡 zhān 展 zhǎn 战 zhàn
搀 chān 铲 chǎn 颤 chàn 衫 shān 闪 shǎn
扇 shàn 然 rán 染 rǎn 咱 zán 攒 zǎn
赞 zàn 参 cān 残 cán 惨 cǎn 灿 càn
叁 sān 伞 sǎn 散 sàn 苫 shān 潸 shān
谗 chán 谄 chǎn 眈 dān 诞 dàn 尴 gān

en

恩 ēn 摁 èn 奔 bèn 本 běn 笨 bèn
喷 pēn 盆 pén 闷 mèn 门 mén 纷 fēn
焚 fén 粉 fěn 奋 fèn 嫩 nèn 根 gēn
绅 shēn 亘 gèn 痕 hén 狠 hěn 恨 hèn
真 zhēn 枕 zhěn 慎 shèn 镇 zhèn 嗔 chēn
陈 chén 碜 chèn 衬 chèn 仁 rén 忍 rěn
认 rèn 深 shēn 怎 zěn 参 cēn 岑 cén
森 sēn 氛 fēn 垦 kěn 诊 zhěn 呻 shēn
审 shěn 朕 zhèn 赈 zhèn 刃 rèn 渗 shèn
神 shén

ang

肮 āng 昂 áng 盎 àng 邦 bāng 榜 bǎng
棒 bàng 乓 pāng 旁 páng 胖 pàng 盲 máng
莽 mǎng 芳 fāng 防 fáng 仿 fǎng 放 fàng
挡 dǎng 荡 dàng 汤 tāng 糖 táng 倘 tǎng
烫 tàng 囊 náng 郎 láng 朗 lǎng 浪 làng
钢 gāng 岗 gǎng 杠 gàng 康 kāng 扛 káng
抗 kàng 夯 hāng 航 háng 巷 hàng 章 zhāng
掌 zhǎng 丈 zhàng 昌 chāng 长 cháng 敞 chǎng
唱 chàng 商 shāng 赏 shǎng 尚 shàng 嚷 rǎng
瓤 ráng 壤 rǎng 让 ràng 脏 zāng 葬 zàng
仓 cāng 藏 cáng 桑 sāng 嗓 sǎng 丧 sàng
滂 pāng 庞 páng 晌 shǎng 裳 cháng

eng

嘣 bēng 绷 bēng 崩 bēng 甭 béng 迸 bèng

泵 bèng	烹 pēng	澎 péng	捧 pěng	碰 pèng
朦 méng	蒙 méng	猛 měng	梦 mèng	丰 fēng
逢 féng	枫 fēng	登 dēng	等 děng	凳 dèng
腾 téng	誊 téng	能 néng	棱 léng	冷 lěng
楞 lèng	俸 fèng	耕 gēng	梗 gěng	更 gèng
坑 kēng	亨 hēng	横 héng	铮 zhēng	峥 zhēng
狰 zhēng	整 zhěng	症 zhèng	郑 zhèng	称 chēng
城 chéng	逞 chèng	秤 chèng	笙 shēng	绳 shéng
省 shěng	挣 zhèng	盛 shèng	扔 rēng	仍 réng
增 zēng	憎 zēng	赠 zèng	层 céng	蹭 cèng
僧 sēng	拯 zhěng	瞪 dèng	庚 gēng	耿 gěng
恒 héng	衡 héng	铿 kēng	萌 méng	猛 měng
孟 mèng				

② 发音例词

an－an

安然 ānrán	案板 ànbǎn	暗淡 àndàn
暗含 ànhán	斑斓 bānlán	参赞 cānzàn
参战 cānzhàn	惨淡 cǎndàn	单产 dānchǎn
单干 dāngàn	胆寒 dǎnhán	胆敢 dǎngǎn
翻案 fān'àn	翻版 fānbǎn	繁难 fánnán
反感 fǎngǎn	反叛 fǎnpàn	泛滥 fànlàn
犯案 fàn'àn	犯难 fànnán	干饭 gānfàn
肝胆 gāndǎn	感叹 gǎntàn	寒战 hánzhàn
勘探 kāntàn	懒汉 lǎnhàn	烂漫 lànmàn
蛮干 mángàn	难看 nánkàn	难堪 nánkān
散漫 sǎnmàn	善战 shànzhàn	贪婪 tānlán
摊贩 tānfàn	谈判 tánpàn	坦然 tǎnrán
赞叹 zàntàn	沾染 zhānrǎn	展览 zhǎnlǎn
湛蓝 zhànlán		

en－en

本分 běnfèn	本人 běnrén	沉闷 chénmèn
称身 chènshēn	分身 fēnshēn	粉尘 fěnchén
愤恨 fènhèn	根本 gēnběn	门诊 ménzhěn
人身 rénshēn	人参 rénshēn	人文 rénwén

认真 rènzhēn　　深沉 zhēnchén　　神人 shénrén
审慎 shěnshèn　　真人 zhēnrén　　珍本 zhēnběn
振奋 zhènfèn　　深圳 shēnzhèn

ang－ang

帮忙 bāngmáng　　仓房 cāngfáng　　苍茫 cāngmáng
厂房 chǎngfáng　　长方 chángfāng　　当场 dāngchǎng
当啷 dānglāng　　放荡 fàngdàng　　刚刚 gānggāng
行当 hángdang　　浪荡 làngdàng　　盲肠 mángcháng
商场 shāngchǎng　　上场 shàngchǎng　　上当 shàngdàng
上房 shàngfáng　　堂上 tángshang　　烫伤 tàngshāng
张扬 zhāngyáng　　账房 zhàngfáng

eng－eng

成风 chéngfēng　　承蒙 chéngméng　　逞能 chěngnéng
登程 dēngchéng　　丰登 fēngdēng　　丰盛 fēngshèng
风声 fēngshēng　　风筝 fēngzheng　　更生 gēngshēng
更正 gēngzhèng　　冷风 lěngfēng　　萌生 méngshēng
声称 shēngchēng　　生成 shēngchéng　　生疼 shēngténg
升腾 shēngténg　　省城 shěngchéng　　征程 zhēngchéng
蒸腾 zhēngténg　　整风 zhěngfēng

2. 发音辨正

读鼻韵母容易出现的错误是:前后鼻音不分。陇东人前后鼻音是个难点,除错读外,还有一点是不注意宽窄鼻韵母发音技巧。前后鼻音的差别在于,发前鼻音韵母时,舌头要向前推动,舌面前部与硬腭前端接触。发后鼻韵母时,舌头要向后运动,舌根抬起与软腭相接触。

an、en;ang、eng 在辨正练习时,注意体会它们的开口度和主要元音 a、e 舌位前后、开口度大小的细微变化。

① 读准下面的字词(前、后练习)

安—昂　　般—帮　　盘—旁　　蛮—忙　　反—访
单—当　　谈—堂　　难—囊　　兰—郎　　干—刚
看—抗　　含—航　　战—丈　　产—场　　山—商
染—嚷　　赞—葬　　参—苍　　三—桑　　奔—崩
盆—朋　　门—盟　　分—风　　嫩—能　　跟—更
肯—坑　　痕—横　　真—争　　陈—成　　深—声
人—仍　　怎—增　　岑—层　　森—僧

担当　班长　繁忙　站岗　南方　反抗　安康　安放
半晌　返航　肝脏　擅长　战场　商贩　当然　傍晚
畅谈　上班　账单　方案　烂漫　浪漫　反问　访问
赞颂　葬送　真诚　本能　深层　奔腾　真正　神圣
人称　文风　纷争　门缝　人生　成本　成分　登门
承认　成人　诚恳　城镇　风尘　锋刃　能人　胜任
正门　证人

② 读准下面的字词(宽、窄练习)

安—恩　　般—奔　　盘—盆　　慢—闷　　反—粉
难—嫩　　甘—根　　坎—肯　　焊—恨　　战—振
缠—陈　　山—深　　染—忍　　攒—怎　　残—岑
三—森

安分　翻身　烦闷　闪身　犯人　版本　残忍　衬衫　深山
战士—阵势　　翻身—分身　　遗憾—遗恨　　盘子—盆子
板子—本子　　竿子—根子　　翻开—分开　　寒冷—很冷
帮—崩　　旁—蓬　　忙—盟　　方—封
当—灯　　唐—腾　　囊—能　　浪—愣
刚—更　　康—坑　　行—横　　张—争
常—程　　上—胜　　瓤—仍　　脏—增
仓—层　　桑—僧
长征　　章程　　航程　　长生
党政　　昌盛　　生长　　冷烫
膨胀　　正常　　风浪　　增长
长度—程度　　商人—生人　　东方—东风　　长工—成功

③ 绕口令练习

俩判官

城隍庙内俩判官,左边的是潘判官,右边的是庞判官。不知是潘判官管庞判官,还是庞判官管潘判官。

an、ang

张家湾和李家湾

从前有个张家湾,村前有座高山;从前有个李家湾,村后有个河滩。从张家湾到李家湾,要攀高高低低的山,要绕弯弯曲曲的滩。打通山,填平滩,张家湾,李家湾,不爬山,不过滩,一条大路平坦坦,来来往往不困难。

an、ang

陈是陈　程是程

陈是陈,程是程,姓陈不能说成姓程,姓程也不能说成姓陈。禾旁是程,耳朵是陈。程陈不分,就会认错人。

en、eng

盆碰棚

老彭拿着一个盆,路过老陈住的棚,盆碰棚,棚碰盆,棚倒盆碎棚压盆,老陈要赔老彭的盆,老彭不要老陈来赔盆,老陈陪着老彭去补盆,老彭帮着老陈来修棚。

en、eng

(二) ian　uan　üan　iang　uang

1. 发音要领

这五个鼻韵母的共同点是:都是宽韵母,三个前鼻音都是 an 加 i、u、ü 所构成的。读的时候只要注意受三个不同韵头的影响而发生的细微变化就可以了。两个后鼻音是 ang 加 i、u 构成的,读时也要注意受韵头影响而产生的变化。

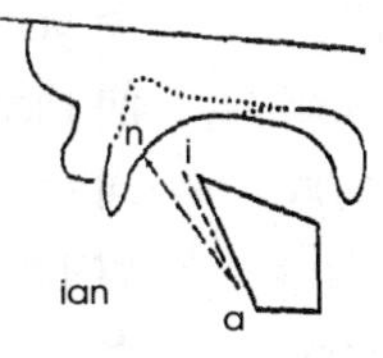

ian 本来是在 an 前面加上一段由高元音 i 开始的动程构成的,但实际发音产生了变化。发音时,从前高元音 i 开始,舌位降低到前低元音 a,但并没有降到 a,舌位只降到前元音[æ]的位置就开始升高,直到舌面前部贴向硬腭前部形成鼻音 -n。这种变化是由于 ian 的整个发音过程是舌位从高到低,又由低向高的往返移动,中间的低元音受前后音素影响,舌位只降到[æ]便不再降低了。

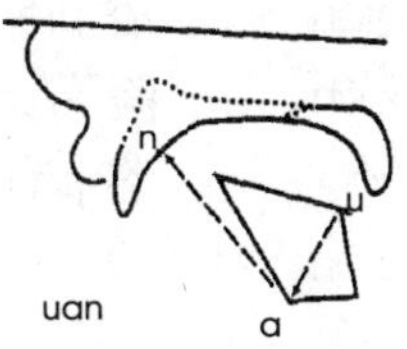

uan 是在 an 的前面加上一段由高元音 u 开始的动程。发音时,由圆唇的后高元音 u 开始,口形迅速由合口变为开口状,舌位向前迅速降低,到不圆唇的前低元音 a(前 a),紧接着舌位升高,接续鼻音 -n,唇形由圆在向中间折点元音移动的过程中变为展唇。

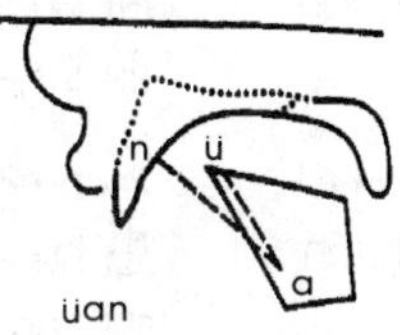

üan 是在 an 的前面加上一段由高元音 ü 开始的动程构成的,但实际发音像 ian 一样韵腹发生了变化。发音时,从圆唇的前高元音 ü 开始,

向前低元音 ɑ 的方向滑动,但并没有降到低 ɑ。舌位只降到前元音[æ]就开始升高,接续鼻音 -n。发音变化的过程与 ian 基本相同,只是受开头圆唇音 ü 的影响,中间折点元音的舌位稍稍靠后些,唇形由圆唇在向中间折点元音滑动中渐变为展唇。

uang 是在 ang 的前面加上一段由高元音 u 开始的动程。发音时,从圆唇的后高元音 u 开始,舌位降至后低元音 ɑ(后 ɑ),紧接着舌位升高,接续鼻音 -ng,唇形从圆唇在向折点元音的滑动中渐变为展唇。

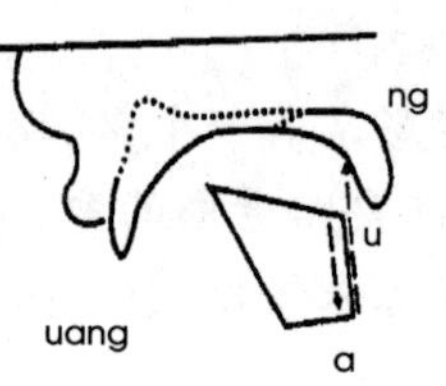

iang 在 ang 的前面加上一段由高元音 i 开始的动程。发音时,从前高元音 i 开始,舌位向后降低,到后低元音 ɑ,紧接着舌位升高,接续鼻音 -ng。口形随发音过程,由小到稍大再到小。

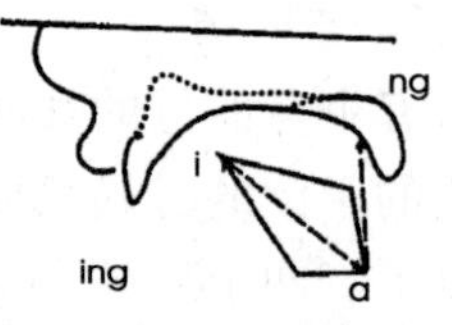

① 发音例字

ian

淹 yān	炎 yán	演 yǎn	宴 yàn	编 biān
扁 biǎn	便 biàn	偏 piān	骗 piàn	眠 mián
免 miǎn	面 miàn	颠 diān	碘 diǎn	店 diàn
添 tiān	甜 tián	舔 tiǎn	掭 tiàn	蔫 niān
黏 nián	撵 niǎn	念 niàn	联 lián	帘 lián
敛 liàn	恋 liàn	坚 jiān	减 jiǎn	溅 jiàn
牵 qiān	潜 qián	浅 qiǎn	欠 qiàn	鲜 xiān
贤 xián	险 xiǎn	陷 xiàn	勉 miǎn	链 liàn
廉 lián	鉴 jiàn	柬 jiǎn	监 jiān	掂 diān
淀 diàn				

uan

湾 wān	丸 wán	碗 wǎn	腕 wàn	端 duān
短 duǎn	断 duàn	湍 tuān	团 tuán	暖 nuǎn
鸾 luán	卵 luǎn	乱 luàn	关 guān	管 guǎn
灌 guàn	宽 kuān	款 kuǎn	欢 huān	环 huán
缓 huǎn	患 huàn	砖 zhuān	转 zhuǎn	穿 chuān
船 chuán	喘 chuǎn	串 chuàn	拴 shuān	涮 shuàn
软 ruǎn	纂 zuǎn	钻 zuàn	蹿 cuàn	窜 cuàn
酸 suān	蒜 suàn	剜 wān		

üan

冤 yuān	圆 yuán	远 yuǎn	愿 yuàn	捐 juān
卷 juǎn	圈 juàn	泉 quán	犬 quǎn	劝 quàn
宣 xuān	悬 xuán	选 xuǎn	眷 juàn	隽 juàn

iang

秧 yāng	洋 yáng	仰 yǎng	样 yàng	娘 niáng
酿 niàng	良 liáng	两 liǎng	羌 qiāng	亮 liàng
江 jiāng	奖 jiǎng	匠 jiàng	腔 qiāng	墙 qiáng
抢 qiǎng	呛 qiàng	酱 jiàng	蔷 qiáng	香 xiāng
详 xiáng	想 xiǎng	向 xiàng	谅 liàng	晾 liàng
梁 liáng	凉 liáng	翔 xiáng	恙 yàng	养 yǎng
佯 yáng	殃 yāng	姜 jiāng	桨 jiǎng	降 xiáng

uang

汪 wāng	亡 wáng	网 wǎng	枉 wǎng	妄 wàng
旺 wàng	光 guāng	广 guǎng	逛 guàng	筐 kuāng
狂 kuáng	夼 kuǎng	旷 kuàng	框 kuàng	荒 huāng
肓 huāng	慌 huāng	惶 huáng	簧 huáng	凰 huáng
恍 huǎng	晃 huǎng	谎 huǎng	幌 huǎng	妆 zhuāng
桩 zhuāng	装 zhuāng	撞 zhuàng	状 zhuàng	窗 chuāng
疮 chuāng	床 chuáng	闯 chuǎng	创 chuàng	怆 chuàng
爽 shuǎng	望 wàng			

② 发音例词

ian－ian

边沿 biānyán	变脸 biànliǎn	变迁 biànqiān
变天 biàntiān	便宴 biànyàn	癫痫 diānxián
点验 diǎnyàn	垫肩 diànjiān	电键 diànjiàn
电线 diànxiàn	艰险 jiānxiǎn	简便 jiǎnbiàn
简练 jiǎnliàn	检点 jiǎndiǎn	检验 jiǎnyàn
渐变 jiànbiàn	见面 jiànmiàn	联翩 liánpiān
连绵 liánmián	连篇 liánpiān	连天 liántiān
敛钱 liǎnqián	脸面 liǎnmiàn	棉田 miántián
棉线 miánxiàn	绵延 miányán	面前 miànqian
年间 niánjiān	年鉴 niánjiàn	偏见 piānjiàn
翩跹 piānxiān	片面 piànmiàn	片言 piànyán

牵念 qiānniàn	牵线 qiānxiàn	前边 qiánbian
前面 qiánmian	前天 qiántiān	前线 qiánxiàn
前沿 qiányán	浅见 qiǎnjiàn	浅显 qiǎnxiǎn
天边 tiānbiān	天年 tiānnián	天堑 tiānqiàn
天仙 tiānxiān	田间 tiánjiān	先前 xiānqián
先验 xiānyàn	鲜艳 xiānyàn	闲钱 xiánqián
显现 xiǎnxiàn	显眼 xiǎnyǎn	现钱 xiànqián
现眼 xiànyǎn	盐碱 yánjiǎn	盐田 yántián
沿线 yánxiàn	眼见 yǎnjiàn	

uan－uan

传唤 chuánhuàn	串换 chuànhuàn	贯穿 guànchuān
宦官 huànguān	软缎 ruǎnduàn	团团 tuántuán
酸软 suānruǎn	宛转 wǎnzhuǎn	婉转 wǎnzhuǎn
万贯 wànguàn	万万 wànwàn	专断 zhuānduàn
专款 zhuānkuǎn	转换 zhuǎnhuàn	转弯 zhuǎnwān

üan－üan

涓涓 juānjuān	全权 quánquán	渊源 yuānyuán
源泉 yuánquán	源源 yuányuán	圆圈 yuánquān
轩辕 xuānyuán		

uang－uang

框框 kuàngkuang	狂妄 kuángwàng	双簧 shuānghuáng
网状 wǎngzhuàng	往往 wǎngwǎng	装潢 zhuānghuáng
状况 zhuàngkuàng		

iang－iang

将养 jiāngyǎng	粮饷 liángxiǎng	两厢 liǎngxiāng
两样 liǎngyàng	亮相 liàngxiàng	踉跄 liàngqiàng
良将 liángjiàng	洋姜 yángjiāng	洋相 yángxiàng
扬扬 yángyáng	洋枪 yángqiāng	痒痒 yǎngyang
相像 xiāngxiàng	湘江 xiāngjiāng	降将 xiángjiàng

2. 发音辨正

读这一组韵母时,要注意前后鼻音及韵头 i、u、ü 带来的细微区别。

① ian 与 iang

读准下面的字词(前、后练习)

研—阳　年—娘　连—良　间—将　前—强　线—向

演讲　点将　现象　健将　边疆　坚强　变相
偏向　勉强　联想　绵羊　天象　限量　岩浆
相见　镶嵌　香甜　相片　想念　香烟　两边
量变—强辩　险象—想像　简历—奖励

② uan 与 uang

读准下面的字词(前、后练习)

完—王　关—光　宽—筐　环—黄　专—装
船—床　栓—双
观光　管状　宽广　观望　万状
端庄　光环　慌乱　狂欢　双关
王冠　壮观
专车—装车　大碗—大网

③ 绕口令练习

杨家养了一只羊

杨家养了一只羊,蒋家修了一垛墙,杨家的羊撞倒了蒋家的墙,蒋家的墙压死了杨家的羊。杨家要蒋家赔杨家的羊,蒋家要杨家赔蒋家的墙。

iang

大和尚小和尚

大和尚常常上哪厢?大和尚常常过长江。过长江为哪厢?过长江看小和尚。大和尚原是襄阳姓张,小和尚原是商乡姓蒋,大和尚和小和尚常常互相商量。大和尚讲小和尚强,小和尚讲大和尚长。小和尚煎姜汤让大和尚尝,大和尚奖赏小和尚檀香箱。

ang－iang

大姐梳辫

大姐梳辫,两个人编。二姐编那半边,三姐编这半边;三姐编这半边,二姐编那半边。

an、ian

半瓣蒜

半瓣蒜掰半篮蒜瓣。

an、ian、uan

(三) uen　ün　ueng　ong　iong

1. 发音要领

这五个鼻韵母中,前三个主要元音都是 e,uen、ueng 的韵头为 u,ün 的

韵头是 ü，uen、ün 是前鼻音，ueng 是后鼻音。ong、iong 的区别是 iong 多了一个韵头 i。学习时，注意它们的异同带给发音上的差异。

uen 是在 en 的前面加上一段后高元音 u 开始的动程。发音时，由圆唇的后高元音 u 开始，向央元音 e 滑动，随后舌位升高，接续鼻音 - n。唇形由圆唇在向中间折点元音滑动的过程中渐变为展唇。在音节中，鼻韵母 uen 受声母和声调影响，中间的元音产生弱化。它的音变条件与 uei 相同。

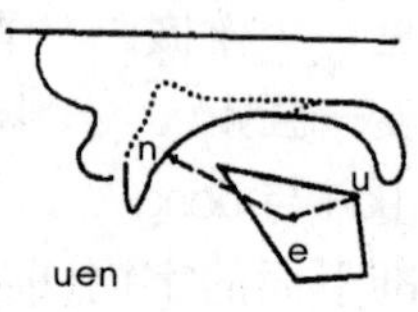

ün 是在 en 前面加一段前高元音 ü 开始的动程。发音时，起点元音是前高圆唇元音 ü。与 in 的发音过程比较，只是唇形变化不同。从圆唇的前高元音 ü 开始，唇形从圆唇逐步展开，而 in 唇形始终是展唇。

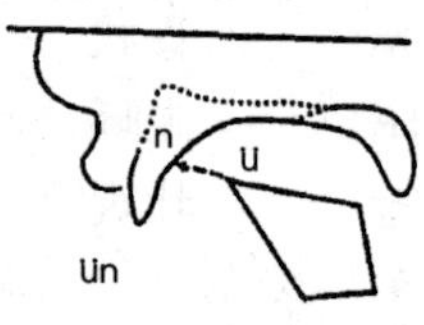

ueng 是在 eng 的前面加上一段由高元音 u 开始的过程。发音时，从圆唇的后高元音 u 开始，舌位降至比后半高元音 e 稍稍靠前略低的位置，紧接着舌位升高，接续鼻音 - ng。唇形从圆唇在向中间折点元音滑动过程中渐变为展唇。在普通话里，韵母 ueng 只有一种零声母的音节形式 weng。

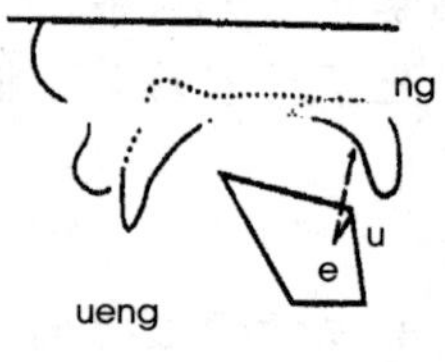

ong 起点元音是比后高圆唇元音 u 舌位略低的松圆 o，发音时舌尖离开下齿背，舌头后缩，舌面后部隆起，软腭上升，关闭鼻腔通路。从松 o 开始，舌面后部贴向软腭，当两者将要接触时，软腭下降，打开鼻腔通路，紧接着舌面后部与软腭接触，封闭了口腔通路，气流从鼻腔里透出。唇形始终拢圆，变化不明显。

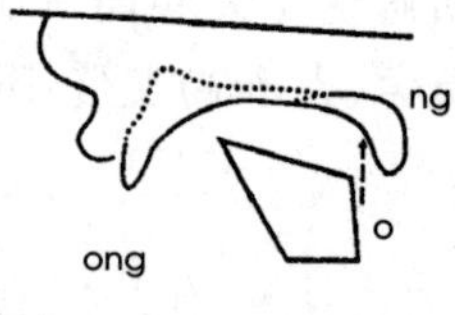

iong 是在 ong 的前面加上一段由高元音 i 开始的动程。发音时，从前高元音 i 开始，舌位向后移动，略有下降，到比后高元音 u 略低的松 o 的位置，紧接着舌位升高，接续鼻音 - ng。由于受后面圆唇元音的影响，开始的前高元音 i 也带上了圆唇动作。

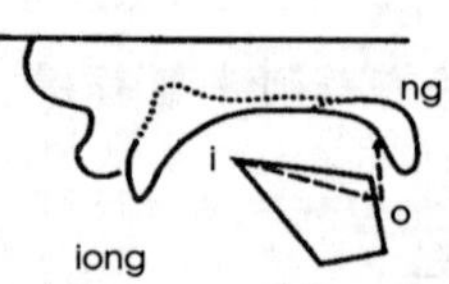

① 发音例字

uen

温 wēn　纹 wén　稳 wěn　问 wèn　敦 dūn
盹 dǔn　钝 dùn　吞 tūn　屯 tún　抡 lūn
轮 lún　论 lùn　滚 gǔn　棍 gùn　坤 kūn
捆 kǔn　困 kùn　昏 hūn　魂 hún　混 hùn
谆 zhūn　准 zhǔn　春 chūn　纯 chún　蠢 chǔn
吮 shǔn　顺 shùn　闰 rùn　尊 zūn　村 cūn
忖 cǔn　寸 cùn　孙 sūn　损 sǔn　遁 dùn
紊 wěn　笋 sǔn　吻 wěn　蹲 dūn　荤 hūn
诨 hùn　墩 dūn　仑 lún　瞬 shùn　雯 wén

ün

晕 yūn　匀 yún　允 yǔn　运 yùn　均 jūn
俊 jùn　群 qún　熏 xūn　寻 xún　训 xùn
勋 xūn　询 xún　循 xún　汛 xùn　逊 xùn
耘 yún　陨 yǔn　酝 yùn　熨 yùn　郡 jùn
竣 jùn　裙 qún　驯 xùn　旬 xún

ueng

翁 wēng　瓮 wèng　蓊 wēng　嗡 wēng

ong

冬 dōng　董 dǒng　冻 dòng　通 tōng　同 tóng
筒 tǒng　痛 tòng　捅 tǒng　彤 tóng　农 nóng
弄 nòng　龙 lóng　垄 lǒng　公 gōng　巩 gǒng
贡 gòng　空 kōng　孔 kǒng　恐 kǒng　控 kòng
烘 hōng　虹 hóng　哄 hòng　讧 hòng　钟 zhōng
肿 zhǒng　仲 zhòng　充 chōng　崇 chóng　宠 chǒng
宗 zōng　踪 zōng　总 zǒng　棕 zōng　粽 zòng
纵 zòng　聪 cōng　从 cóng　匆 cōng　淙 cóng
松 sōng　耸 sǒng　宋 sòng　嵩 sōng　讼 sòng
憧 chōng　恭 gōng　汞 gǒng　供 gòng　弘 hóng
隆 lóng　陇 lǒng　戎 róng　嵘 róng

iong

拥 yōng　泳 yǒng　用 yòng　窘 jiǒng　琼 qióng
凶 xiōng　雄 xióng　庸 yōng　踊 yǒng　迥 jiǒng

穹 qióng　　汹 xiōng　　熊 xióng　　胸 xiōng　　匈 xiōng

② 发音例词

uen－uen

滚滚 gǔngǔn	混沌 hùndùn	困顿 kùndùn
昆仑 kūnlún	温存 wēncún	温顺 wēnshùn
谆谆 zhūnzhūn	论文 lùnwén	馄饨 húntun

ün－ün

军训 jūnxùn	均匀 jūnyún	芸芸 yúnyún

ueng－ueng(weng)

瓮声瓮气 wèngshēngwèngqì

ong－ong

动容 dòngróng	工种 gōngzhǒng	公共 gōnggòng
公众 gōngzhòng	共同 gòngtóng	烘笼 hōnglóng
轰动 hōngdòng	轰隆 hōnglóng	红铜 hóngtóng
红肿 hóngzhǒng	洪钟 hóngzhōng	空洞 kōngdòng
空中 kōngzhōng	恐龙 kǒnglóng	龙宫 lónggōng
龙钟 lóngzhōng	隆冬 lóngdōng	隆重 lóngzhòng
拢共 lǒnggòng	浓重 nóngzhòng	脓肿 nóngzhǒng
通共 tōnggòng	通红 tōnghóng	通融 tōngróng
瞳孔 tóngkǒng	童工 tónggōng	统共 tǒnggòng
中东 zhōngdōng		

iong

窘迫 jiǒngpò	炯炯 jiǒngjiǒng	穷苦 qióngkǔ
穷尽 qióngjìn	兄弟 xiōngdì	凶恶 xiōng'è
凶狠 xiōnghěn	凶器 xiōngqì	汹涌 xiōngyǒng
胸怀 xiōnghuái	雄壮 xióngzhuàng	拥抱 yōngbào
拥护 yōnghù	永远 yǒngyuǎn	永久 yǒngjiǔ
涌现 yǒngxiàn	勇敢 yǒnggǎn	勇气 yǒngqì
用功 yònggōng	用途 yòngtú	

2. 发音辨正

① ün 和 iong。ün 是前鼻音，发音开始唇形是紧圆 ü，收音时是双唇微展的－n。iong 因韵腹 o 与韵尾的距离很近，受韵腹影响，双唇基本上始终是松圆的，没有明显变化。两个音前者开口度小，后者大。

读准下面的字词(前、后,宽、窄练习)

运—用　　军—炯　　群—穷　　寻—雄

熏—凶　　寻—雄　　晕—拥　　云—踊

运用　　军用　　群雄

晕车—用车　　因循—英雄　　运费—用费　　晕倒—拥倒

运力—用力　　韵脚—用脚　　寻衅—雄性　　薰鸡—胸肌

群像—穷相　　人群—人穷　　勋章—胸章

② uan 和 uen(宽、窄练习)

完—文　　端—吨　　团—屯　　乱—论　　管—滚

款—捆　　还—魂　　砖—准　　船—纯　　栓—顺

软—润　　钻—尊　　窜—寸　　酸—孙

传闻　　换文　　晚婚　　万吨　　还魂　　存款　　轮船

论断　　紊乱

③ uang 和 ueng(ong)(宽、窄练习)

汪—翁　　光—工　　筐—空　　黄—红　　装—中

床—虫

④ üan 和 ün(宽、窄练习)

员—云　　捐—军　　全—群　　宣—熏

援军—全军　　眩晕—军用　　军训—均匀

④ 绕口令练习

东洞庭和西洞庭

东洞庭,西洞庭,洞庭山上一根藤,藤上挂个大铜铃。风起藤动铜铃响,风停藤定铜铃静。

en、eng、ing、ong

炖冻豆腐

会炖我的炖冻豆腐,来炖我的炖冻豆腐;不会炖我的炖冻豆腐,就别胡炖乱炖炖坏了我的炖冻豆腐。要是胡炖乱炖,弄坏了我的炖冻豆腐,那就吃不成我的炖冻豆腐。

ong、uen

(四) in　ing

1. 发音要领

从"长相"上可以看出,这是一组前后鼻韵母,读它们时,除发好 i 外,就是区别前后鼻音了。

in 起点元音是前高不圆唇元音 i，舌尖抵住下齿背，软腭上升，关闭鼻腔通路。从舌位最高的前元音 i 开始，舌面升高，舌面前部贴向硬腭前部，当两者将要接触时，软腭下降，打开鼻腔通路，紧接着舌面前部与硬腭前部闭合，使在口腔受到阻碍的气流，从鼻腔透出。开口度几乎没有变化，舌位动程很小。

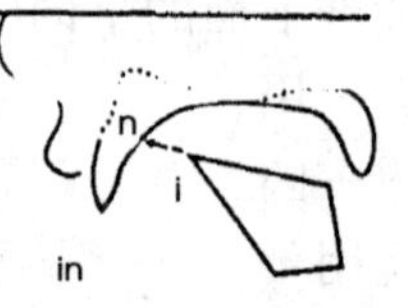

ing 起点元音是前高不圆唇元音 i。发音从 i 开始，舌面隆起部位不降低，一直后移，舌尖离开下齿背，逐步使舌面后部隆起，贴向软腭，当两者将要接触时，软腭下降，打开鼻腔通路，紧接着舌面后部与软腭接触，封闭了口腔通路，气流从鼻腔透出。口形没有明显变化。

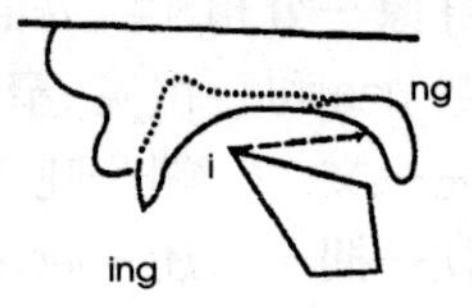

① 发音例字

in

因 yīn　银 yín　引 yǐn　印 yìn　彬 bīn
殡 bìn　拼 pīn　频 pín　品 pǐn　聘 pìn
民 mín　敏 mǐn　您 nín　临 lín　凛 lǐn
赁 lìn　金 jīn　锦 jǐn　尽 jìn　亲 qīn
秦 qín　寝 qǐn　沁 qìn　新 xīn　信 xìn
吝 lìn　琳 lín　缤 bīn　贫 pín　筋 jīn
谨 jǐn　烬 jìn　钦 qīn　芹 qín　欣 xīn
馨 xīn　鑫 xīn　衅 xìn　殷 yīn　吟 yín
尹 yǐn

ing

应 yìng　萦 yíng　营 yíng　影 yǐng　硬 yìng
颖 yǐng　兵 bīng　丙 bǐng　病 bìng　兵 bīng
苹 píng　明 míng　酩 mǐng　命 mìng　钉 dīng
顶 dǐng　定 dìng　听 tīng　亭 tíng　挺 tǐng
宁 níng　拧 níng　佞 nìng　翎 líng　零 líng
领 lǐng　赢 yíng　令 lìng　京 jīng　景 jǐng
静 jìng　清 qīng　晴 qíng　请 qǐng　庆 qìng
星 xīng　邢 xíng　醒 xǐng　姓 xìng　禀 bǐng
柄 bǐng　盯 dīng　锭 dìng　映 yìng　泾 jīng
靖 jìng　伶 líng　聆 líng　茗 míng　凝 níng

泞 nìng　　凭 píng　　屏 píng　　卿 qīng　　倾 qīng
擎 qíng

② 发音例词

in－in

濒临 bīnlín	今音 jīnyīn	金印 jīnyìn	斤斤 jīnjīn
仅仅 jǐnjǐn	近邻 jìnlín	近亲 jìnqīn	尽心 jìnxīn
临近 línjìn	凛凛 lǐnlǐn	民心 mínxīn	拼音 pīnyīn
亲近 qīnjìn	亲信 qīnxìn	新近 xīnjìn	薪金 xīnjīn
心音 xīnyīn	信心 xìnxīn	辛勤 xīnqín	音频 yīnpín
音信 yīnxìn	殷勤 yīnqín	引进 yǐnjìn	

ing－ing

冰凌 bīnglíng	兵营 bīngyíng	禀性 bǐngxìng
秉性 bǐngxìng	并行 bìngxíng	丁零 dīnglíng
叮咛 dīngníng	定睛 dìngjīng	定形 dìngxíng
定型 dìngxíng	惊醒 jīngxǐng	精灵 jīnglíng
精明 jīngmíng	经营 jīngyíng	菱形 língxíng
零星 língxīng	灵性 língxìng	领情 lǐngqíng
另行 lìngxíng	明镜 míngjìng	明星 míngxīng
酩酊 mǐngdǐng	命令 mìnglìng	平定 píngdìng
平静 píngjìng	平行 píngxíng	评定 píngdìng
清静 qīngjìng	清明 qīngmíng	清醒 qīngxǐng
蜻蜓 qīngtíng	倾听 qīngtīng	轻盈 qīngyíng
情景 qíngjǐng	行径 xíngjìng	行星 xíngxīng
性命 xìngmìng	性情 xìngqíng	姓名 xìngmíng
英明 yīngmíng	影评 yǐngpíng	应景 yìngjǐng
硬性 yìngxìng		

2. 发音辨正

(1) in 和 ing

在陇东方言中，in 和 ing 这对鼻韵母是难点音。

鼻韵母 in 的发音容易出现的问题是高元音 i 的舌位靠后，或者在 i 与 n 之间舌位降低，变成 ien。发音时，可以将 i 拖长一些，舌面隆起部位一定要保持最高最前的状态，迅速接尾音－n。

发准 ing 的关键是要掌握好舌位从前高元音 i 到鼻韵尾－ng 的移动过程。从前高元音 i 到鼻韵尾－ng 之间舌头隆起部位由前向后移动，但舌位始终没有明显降低。因此,中间经历了一个央元音的过渡。这个过渡是 ing 区别于 in 的重要因素。

① 读准下面的字词(前、后练习)

音—应	宾—兵	贫—平	民—明	您—宁
林—零	进—静	亲—清	新—星	
心情	禁令	民警	品行	聘请
进行	新型	尽情	心灵	拼命
民兵	尽兴	金星	新颖	听信
灵敏	清音	挺进	平民	凭信
迎新	影印	领巾	清新	精心
轻信	病因	定亲	行进	青筋

心境—行径	亲生—轻生	金质—精致
人民—人名	信服—幸福	频繁—平凡
亲近—清静	凭信—平行	金银—经营

② 绕口令练习

小金和小京

小金到北京看风景,小京到天津买纱巾。看风景,用眼睛,还带一个望远镜;买纱巾,带现金,到了天津把商店进。买纱巾,用现金,看风景,用眼睛,巾、金、京、津、睛、景都要读标准。

in、ing

小芹和小青

小芹手脚灵,轻手擒蜻蜓。小青人精明,天天学钢琴。擒蜻蜓,趁天晴,小芹晴天擒住大蜻蜓。学钢琴,趁年轻,小青精益求精练本领。你想学小青,还是学小芹?

in、ing

天上七颗星

天上七颗星,树上七只鹰,梁上七只钉,台上七盏灯,拿扇扇了灯,用手拔了钉,举枪打了鹰,乌云盖了星。

ing、eng

殷英敏和应尹铭

东庄儿住着个殷英敏,西庄儿住着个应尹铭。应尹铭挖蚯蚓;殷英敏捕苍蝇。不管天阴或天晴,两人工作都不停。为了比辛勤,两人通了信,要看谁行谁不行。不知殷英敏的苍蝇多过应尹铭的蚯蚓,还是应尹铭的蚯蚓多过殷英敏的苍蝇。

in、ing

(2) ian 和 in

读准确下面的字词(宽、窄练习)

验—印　边—宾　片—拼　棉—民　年—您

连—林　间—金　前—秦　现—信

饯行—进行　颜色—银色　前人—亲人　先行—新型

(3) iang 和 ing

读准下面的字词(宽、窄练习)

养—影　娘—宁　量—零　降—静　强—情

相—兴

相应　良性　详情　将领　讲情　象形

营养　领奖　行将　明亮　清凉　影像

讲价—井架　明亮—明令　粮食—零食

枪弹—氢弹

(4) ian 和 üan, in 和 ün, ing 和 iong

发 ian、üan 的时候,中间的元音开口度要小一些。我们只把 üan 看成是 ian 开头的唇形变为圆唇就行了。把 ün 看成是 in 的唇形变为圆唇即可。

iong 的发音可以把它看成是 ong 的前面加上一段 i 的动程,实际发音中使 i 自然带上圆唇;或者更粗略一些,就把 iong 看成是以 ü 开头,也基本符合实际发音的要求。

读准下面的字词(注意韵头 i、ü 带给各个鼻韵母的细微差别;分辨 ing 和 iong 宽窄上的不同)

严—圆　坚—娟　前—全　先—宣

金—军　秦—群　信—训　银—云

井—炯　晴—穷　形—雄　英—拥

健全　英雄　进军　厌倦　借用　幸运

怨言　权限　全体　汛期　凶器

白银—白云　前面—全面　通信—通讯

燕子—院子　颜料—原料　建议—倦意

咽气—怨气　方言—方圆

(5) uen 与 ueng(ong)(前、后练习)

在传统的汉语语音学里,ong 和 ueng 本是一个韵母。汉语拼音方案依据实际发音分为两个,在汉语拼音的拼写中各有分工。ong 一定前拼辅音声母，决不自成音节，即不构成零声母音节。ueng 只能自成音节，决不能前拼辅音声母，它只有一种拼写形式 weng。

ong 和 ueng 发音上的主要区分在：①舌位移动的方式不同。ong 是元音 o(松 o)同鼻音韵尾 - ng 的复合，ueng 则是在 eng 的前面加上一段 u 的动程，要经过一个舌位的曲折运动。②开头元音 u、o 不同。ueng 中的 u 是韵头，发音紧而短；而 ong 中的 o 是韵腹，舌位比 u 略低，是个松 o。③唇形变化不同。ong 在发音过程中唇形始终没有明显变化，而 ueng 的唇形由最圆唇到不圆唇，变化明显。

有人读不准 ong，主要的问题是：①把字母 o 误认为是单元音 o，因此开口度过大，并出现不应有的口型由大到小，舌位由低到高的过程。②受方言影响，唇形是 u 的样子，但舌位仍比较低。纠正的方法：心理上把 ong 的 o 看成是 u。发音时，双唇不要过于闭拢，稍稍放松些，舌位比 u 稍稍降低些。

读准下面的字词(前、后练习)

温—翁	盾—动	吞—通	抡—龙	滚—拱
昆—空	混—洪	准—肿	春—充	
稳重	滚动	顺从	昆虫	滚筒
混同	尊重	农村	中文	重孙
公文	共存	通顺	红润	

存钱—从前	依存—依从	春风—冲锋
吞并—通病	轮子—笼子	余温—渔翁

练习：

熟读下面的词语

班长	担当	安康	站岗	繁忙	安放	半晌	南方
反抗	漫长	返航	擅长	战场	班房	伴唱	单帮
肝肠	赶忙	赶场	酣畅	看涨	烂账	山岗	弹唱
唐山	商贩	畅谈	上班	方案	当然	账单	茫然
丧胆	商战	钢板	演讲	现象	边疆	勉强	坚强
变相	偏向	联想	鲜姜	限量	见谅	钱箱	抢险
想念	镶嵌	香烟	强健	响箭	秧田	仰面	香甜
量变	乡间	相见	强辩	乡恋	样片	强咽	养颜
观光	宽广	端庄	乱闯	观望	钻床	蒜黄	万状
管状	卵黄	管状	晚霜	王冠	王权	妄断	光环

慌乱	狂欢	壮观	装船	撞断	双关	望穿	黄砖
金星	进行	心情	民警	品行	新型	尽情	心灵
拼命	尽兴	新颖	品名	并进	平民	平信	影印
定亲	灵敏	清新	挺进	精心	轻信	请进	精品
省亲	迎新	应聘	行进	听信	订金	真诚	本能
深层	奔腾	真正	神圣	文风	门缝	人称	人生
纷争	深坑	承认	城镇	胜任	诚恳	证人	成本
登门	成分	缝纫	能人	生根	横亘	尊重	顺从
昆虫	春种	稳重	滚动	轮空	蚊虫	滚筒	混同
尊崇	文中	冬笋	中文	通顺	公论	红润	冬春
农村	重温	重孙	公文	忠顺	共存	运用	群雄
军用	云涌	驯熊	拥军	穷训	穷运		

第五讲　声调训练

一　声调

汉语是一种有声调的语言。"声调"就是声音的高低升降。声音的高低与声带颤动次数的多少有关。同样一个音,声调高,声带颤动的次数必多,声调低,则声带颤动的次数必少。

汉语一个音节可以说成不同的声调。同样一个音节,如果声调不同,意义也就不同。例如:"梯"、"提"、"体"、"替"都是 ti,"汤"、"躺"、"烫"都是 tang,"烹"、"棚"、"捧"、"碰"都是 peng,"包"、"薄"、"饱"、"抱"都是 bao,可是声调不同,词义也就不同。足见声调在汉语里是有区分意义的作用的。

声调有高有低,可以先高后低,也可以先低后高,因此有种种不同的类型。同样一个音节,可以说成不同的声调,这种声调的变化就表现在一个音节的元音或主要元音上。

汉语里各个方言的声调类别不同。北京语音里有四个声调,就是:阴平声,阳平声,上声,去声。也称一声,二声,三声,四声。阴平,阳平,上声,去声是传统的命名。这就是调类。

阴平声是一个高平调,开始就很高,一直是平直的。如 chūn(春)、fēng(风)、kāi(开)、gāo(高)。

阳平声是一个高升调,开始比阴平声低,由低而升高。如 pán(盘)、tán(谈)、nán(南)、lái(来)。

上声是一个降升调,开始低,先降,然后升高。如 běi(北)、gěi(给)、gǎi(改)、cǎi(采)。

去声是一个高降调,开始跟阴平声一样高,由高降到很低。如 bài(败)、kàn(看)、zhàng(丈)、liàn(练)。

声调是较难掌握的。要明白北京语音声调的高低升降,可以看图,图中用一条竖线分作四等分,线上五个点,算作五度。从最下面的一点倒数上去,是 1、2、3、4、5。5 代表最高的调子,1 代表最低的调子。竖线左边画的横线、斜线、曲折线,就是表示声调的起落点和调子的形状的。阴平声是55,阳平声是35,上声是214,去声是51。这些数字就是调值。

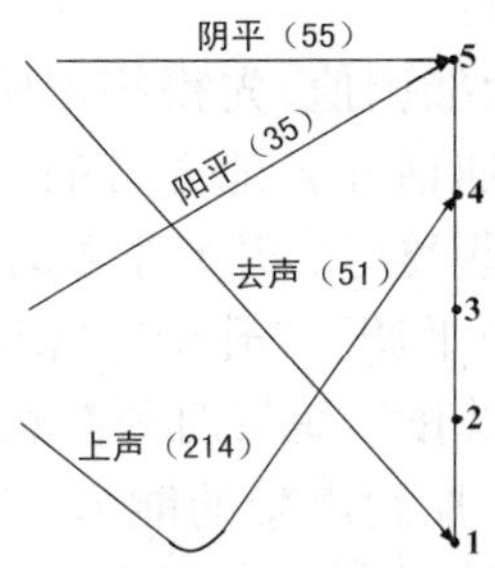

声调是汉语的特征之一,为了表示一个音节到底读什么调,在用拼音字母拼写的时候就需要用符号把声调标出来。标调的符号是:阴平声用ˉ,阳平声用ˊ,上声用ˇ,去声用ˋ,称为调号。声调符号要标在一个音节的元音或主要元音上面,例如:tī(梯)、tí(提)、tǐ(体)、tì(替)、duō(多)、duó(夺)、duǒ(躲)、duò(舵)。

有时一个音节念得比较轻,声调变得跟原调不同,又轻又短,这种变调称为“轻声”。遇到读轻声的音节,一律不标符号。例如:“先生”(xiānsheng)、“回来”(huílai)、“清楚”(qīngchu)、“好吗”(hǎoma)。

二 普通话声调与陇东方言声调对照

陇东话与普通话在声调方面差距最大,另外陇东话内部声调的一致性也比较差。这为陇东人学习普通话带来很多不便。陇东方言和普通话一样也有阴平、阳平、上声、去声四个调类,但阴平是低降调(31),阳平是中升调(24),上声是中降调(42),去声是半高平调(44)。下表是陇东方言声调与普通话声调对照:

调类 / 例字 / 调值 / 语别	阴平	阳平	上声	去声
	边安天中	人穷陈华	古老武伟	近世树大
陇东话	31	24	42	44
普通话	55	35	214	51

汉语各方言区都有声调,方言区的人都有对声调的感性认识,按理说学习普通话四声应该困难不大。然而,实践证明,方言区人学习普通话声

调困难很大，出现的毛病往往是：阴平念不高，阳平升不上，上声难拐弯，去声不够长。特别是阳平、上声最为困难，要特别注意练习。

练习时要把握下面几方面：

首先要把调值念准。要念准调值，先得练习听辨高低升降。只有听得准确，才能更好地模仿。普通话和各地方言的调值，从大处看不外"平调、升调、降调、曲调、促调"这些类型。开始学习时，要做初步辨别这些调值的训练，要能听得出什么是"平调"、"升调"、"降调"、"曲调"和"促调"。有了初步"听"的能力之后，再练读。练读时要有意识地体会高、低、升、降和声带松紧的关系，锻炼操纵、控制声带的能力。一般的"高、低、升、降"会听辨了，再练习普通话四声就不难了，只要抓住四声调值的特点(一平、二升、三曲、四降)，跟着模仿，反复练习，便可学会。

其次要找出各自方言和普通话的调类对应关系，利用方言与普通话的声调对应规律去类推。比如陇东人读"专、知"两字和上表例字"边、安、天、中"调值一样，即可推知其为阴平字，用同样的办法可推知"平、文"为阳平字。"古、有"为上声字，"坐、唱"为去声字。

三要能读准普通话的四个调值。练习时可以参考自己方言的调值。例如：陇东无曲折调，去声的调值是 44，接近 55；陇东阳平的调值与普通话近似，只是起点略低点，陇东人可以参照着去学习普通话的调值。

四是大量反复的练习。普通话声调练习要跟排除方言声调对学习普通话的干扰结合起来进行。这种干扰主要表现为：(一)用方言读汉字成了习惯，改用标准音读汉字时，常常读错。(二)普通话声调跟方言声调的调值(调形)差别大的，倒是容易掌握(读准)，而越是接近的却越不容易读准。往往会以方言里跟普通话里相近、相似的声调，代替普通话的声调，结果说起普通话来就会带"乡音"。要克服方言声调的影响，就要掌握普通话声调相对音高的结构形式，提高分辨相似但不同声调调值的能力。音节与音节声调的对比练习，双音节词语声调训练是最常用的也是最有效方法。

三　声调训练

(一)普通话阴平、阳平、上声、去声练习

(1) 阴平

阴平属高平调型，调值是 55，因此要读得高而平，要在相对高的音调上，均匀、平直地进行。

在生活语言中，要根据自己的自然音域高低来定自己的阴平调，不要太高，也不要太低。太高，声带吃力；太低，上声和去声就再低不下去了，要以自己感觉舒服，自然为准。

① 读下面阴平调的字

趴　坡　芳　低　通　撩　姑　磕
酣　居　青　织　称　申　猜　虽
掰　抛　飞　溜　加　亲　些　窗
蛙　欢　薛　晕　圈　发　搭　拉
扎　插　沙　匝　擦　衣　迂

② 读下面阴平调的词

参加　播音　工兵　东风　交通　磋商　周刊　参军
丰收　秋收　拉丁　中心　公司　终身　风光　新编
批发　司机　佳音　冲锋　村庄

(2) 阳平

阳平调值是35，是高升调型。发音时，声音从不高不低的中音区3起音，逐渐升高至阴平处止。像弦乐（如胡琴、提琴）上的滑音，不能像钢琴的按键跃进。过渡音要完整，切不可从3跳跃至5。

① 读下面阳平调的字

拔　爬　乏　达　拿　闸　茶　荚
匣　牙　华　娃　博　婆　摩　佛
夺　驼　罗　革　合　灵　洁　学
直　迷　皮　齐　席　独　奴　湖
徐　渠　白　凡　船　神　纯　存
群　云　林

② 读下面阳平调的词

国旗　直达　答题　模型　流传　随同
儿童　团结　联合　停留　人民　强国
宏扬　级别　燃眉　和平　劳模　防滑
名词　南极　言辞　排名　园林　流行
频繁　食堂　原则　文明　鱼塘　轮流
遗传　牛羊　严格　竹林　农民　乘凉

(3) 上声

上升调调值是214，为低降中升调型。发此声调时，要先降后升，降下来稍滑动再上扬，因为声音的流动是光滑的曲线流动。

① 读下面有上声调的字

马　法　傻　洒　假　要　瓦　牙
跛　妥　裸　锁　我　葛　渴　扯
舍　惹　铁　咧　且　写　野　史
紫　洗　礼　挤　汝　楚　窄　海
宰　矮　拐　美　馁　慨　蕊　肘
朽　稿

② 读下面上声调的词语

阴平＋上声：
批准　发展　班长　听讲　黑板　刚果　灯塔　充满
争取　加紧　思索　艰苦　生产　施展　音响

阳平＋上声：
防守　平等　遥远　狭小　泉水　勤恳　寻找　难免
截止　民主　和好　驳倒　国宝

去声＋上声：
耐久　二百　剧本　下雨　跳伞　问好　运转
下雪　外语　购买　末尾　恰巧

(4) 去声

普通话去声字比较多,去声调值是51,为全降调型。发此声调时,从上至下要一气贯通,直线行走,不要拐弯。

① 读下面去声调的字

判　烂　颤　扇　岸　骗　练　欠
宴　灌　换　赚　涮　倦　劝　怨
笨　嫩　恨　镇　衬　慎　聘　吝
沁　诨　闰　俊　训　盎　酿　晃
逛　秤　蹭　贡　讧　纵　瓮　梦
漏　叩　皱　嗽　俏　涝　臊　绍
忾

② 读下面去声调的词语

布告　大厦　惧怕　自传　破例　岁月
射箭　愤怒　庆贺　宴会　创办　浪费
电视　会议　竞赛　大概　阵地　奋斗
贺信　注意　部队　上课　闭幕　电报
挂号　创造　记录　计划　判断　正确

制定 电话 上市 训练 灌溉 惯性
净重 道路 触动 撤退 道义

(二)声调辨正

(1) 阴平

陇东方言的阴平调是降调(调值是31),不是高平调调值,发音练习主要克服调值不够高的问题。可以在阴平音节前面加上一个阳平(35)音节,构成词语练习。这是利用阳平调值末尾是5度的便利条件,声带不要松下来,接着读一个阴平音节,读准高平调值55。

阳平+阴平

皮衣 píyī 实施 shíshī 行星 xíngxīng
回音 huíyīn 齐心 qíxīn 爬山 páshān
棉衣 miányī 明天 míngtiān 房间 fángjiān
福音 fúyīn 夺标 duóbiāo 同乡 tóngxiāng
童心 tóngxīn 泥沙 níshā 年初 niánchū
农村 nóngcūn 箩筐 luókuāng 来宾 láibīn
联欢 liánhuān 隔开 gékāi 国歌 guógē
葵花 kuíhuā 红花 hónghuā 回声 huíshēng
河山 héshān 黄昏 huánghūn 航空 hángkōng
决心 juéxīn 桥墩 qiáodūn 晴天 qíngtiān
旗杆 qígān 前方 qiánfāng 骑兵 qíbīng
其他 qítā 霞光 xiáguāng 协商 xiéshāng
职称 zhíchēng 茶杯 chábēi 重新 chóngxīn
除非 chúfēi 时光 shíguāng 熟知 shúzhī
昨天 zuótiān 藏书 cángshū 随身 suíshēn

(2) 阳平

陇东方言中有这个调形,但调值是24。起点低,升得又不够高。学习时,关键是掌握好起点“中声区”(嘴巴一张欲讲话的状态就是3度中声区),一开口直接上扬就到位了。

去声+阳平

皱纹 zhòuwén 汽油 qìyóu 要闻 yàowén
事实 shìshí 命名 mìngmíng 变革 biàngé
报仇 bàochóu 配合 pèihé 漫谈 màntán
放行 fàngxíng 富强 fùqiáng 对联 duìlián
调查 diàochá 特长 tècháng 逆流 nìliú

落实 luòshí	路程 lùchéng	干活 gànhuó
告别 gàobié	克服 kèfú	课堂 kètáng
空白 kòngbái	会员 huìyuán	教材 jiàocái
季节 jìjié	去年 qùnián	信徒 xìntú
治疗 zhìliáo	撤除 chèchú	善良 shànliáng
上学 shàngxué	热情 rèqíng	自觉 zìjué
菜园 càiyuán	赛球 sàiqiú	

(3) 上声

陇东方言中的上声是一个中降调,不是曲折调,调值是42。因无曲折调,学习时容易出现的问题较多。例如:把中间读断;下降时起步太高,造成发音中段调值偏高,降不下来,上扬超过4度;末尾音有意上滑,造成过头的感觉,读得像阳平。练习时注意克服。

纠正发音中段调值偏高,不能显示上声基本是低调的特征和先低降后升的曲折形式,以及在发音不准确和缺乏语感的时候,常常同阳平相混等问题。可以在上声音节前面加上一个去声音节,构成词语练习,利用去声音节末尾声带松弛的状态辅助,使开始读上声音节时声带松弛,调值尽量降低一些。还要避免中段音过短及中间读断现象,可有意在调值降下来后,向前滑动再上扬。

去声+上声

制止 zhìzhǐ	跳舞 tiàowǔ	遇雨 yùyǔ	地理 dìlǐ
办法 bànfǎ	报纸 bàozhǐ	聘请 pìnqǐng	面粉 miànfěn
饭碗 fànwǎn	电影 diànyǐng	特有 tèyǒu	探险 tànxiǎn
呐喊 nàhǎn	录取 lùqǔ	猎手 lièshǒu	购买 gòumǎi
个体 gètǐ	候补 hòubǔ	旧址 jiùzhǐ	窃取 qièqǔ
信仰 xìnyǎng	戏曲 xìqǔ	战友 zhànyǒu	至少 zhìshǎo
忏悔 chànhuǐ	翅膀 chìbǎng	誓死 shìsǐ	率领 shuàilǐng
绕嘴 ràozuǐ	字典 zìdiǎn	次品 cìpǐn	饲养 sìyǎng

(4) 去声

陇东方言中的去声是个半高平调,调值是44,缺少普通话四声这种高降调值。发音练习主要克服起始调值往往不够高,而终点又偏高的问题。可以在阴平、阳平音节后面加上一个去声音节,构成词语练习。去声是个"全降调",末尾声带完全松弛,利用阴平音节、阳平音节辅助后面一个去声音节,使之开头声带不至于较松。

阴平+去声

出处 chūchù
区域 qūyù
搬运 bānyùn
方向 fāngxiàng
端正 duāngzhèng
捏造 niēzào
开放 kāifàng
花絮 huāxù
侵略 qīnlüè
鲜艳 xiānyàn
吃饭 chīfàn
灾难 zāinàn
粗细 cūxì
夫妇 fūfù
机要 jīyào
偏僻 piānpì
丰富 fēngfù
推荐 tuījiàn
观众 guānzhòng
开会 kāihuì
接受 jiēshòu
亲密 qīnmì
中外 zhōngwài
初赛 chūsài
租用 zūyòng
松树 sōngshù
相像 xiāngxiàng
帮助 bāngzhù
抛弃 pāoqì
冬至 dōngzhì
通过 tōngguò
歌颂 gēsòng
欢乐 huānlè
经验 jīngyàn
消灭 xiāomiè
枝叶 zhīyè
书架 shūjià
操练 cāoliàn
私自 sīzì

阳平＋去声

时事 shíshì
疲倦 píjuàn
服务 fúwù
同伴 tóngbàn
革命 gémìng
回忆 huíyì
群众 qúnzhòng
习性 xíxìng
食物 shíwù
存在 cúnzài
随便 suíbiàn
白菜 báicài
矛盾 máodùn
独唱 dúchàng
年代 niándài
国策 guócè
急躁 jízào
情趣 qíngqù
乘客 chéngkè
杂志 zázhì
残酷 cánkù
颜色 yánsè
排队 páiduì
迷路 mílù
的确 díquè
劳动 láodòng
狂热 kuángrè
决定 juédìng
学校 xuéxiào
尝试 chángshì
足够 zúgòu
俗话 súhuà
茁壮 zhuózhuàng

(5)声调综合练习

①四字词语四声顺序练习

花红柳绿 huāhóng－liǔlǜ
风调雨顺 fēngtiáo－yǔshùn
山穷水尽 shānqióng－shuǐjìn
诸如此类 zhūrú－cǐlèi
优柔寡断 yōuróu－guǎduàn
山明水秀 shānmíng－shuǐxiù
深谋远虑 shēnmóu－yuǎnlǜ
山河锦绣 shānhé－jǐnxiù
飞禽走兽 fēiqín－zǒushòu
心怀叵测 xīnhuái－pǒcè

②四字词语四声逆序练习

背井离乡 bèijǐng－líxiāng
大显神通 dàxiǎn－shéntōng

破釜沉舟 pòfǔ－chénzhōu
逆水行舟 nìshuǐ－xíngzhōu
妙手回春 miàoshǒu－huíchūn
痛改前非 tònggǎi－qiánfēi
异曲同工 yìqǔ－tónggōng
调虎离山 diàohǔ－líshān
地广人稀 dìguǎng－rénxī
覆水难收 fùshuǐ－nánshōu

③四字词语其他次序练习

忠言逆耳 zhōngyán－nìěr
字里行间 zìlǐ－hángjiān
身体力行 shēntǐ－lìxíng
集思广益 jísī－guǎngyì
无可非议 wúkě－fēiyì
万马奔腾 wànmǎ－bēnténg
神通广大 shéntōng－guǎngdà
喜笑颜开 xǐxiào－yánkāi
龙飞凤舞 lóngfēi－fèngwǔ
虚怀若谷 xūhuái－ruògǔ

(6)绕口令练习

黄毛猫偷吃灌汤包

王家有只黄毛猫,偷吃汪家灌汤包,汪家打死王家的黄毛猫,王家要汪家赔黄毛猫,汪家要王家赔灌汤包。

阴平、阳平

大猫和小猫

大猫毛短,小猫毛长,大猫毛比小猫毛短,小猫毛比大猫毛长。

阴平、阳平

梁木匠和梁瓦匠

梁木匠、梁瓦匠,俩梁有事齐商量,梁木匠天亮晾衣裳,梁瓦匠天亮量高粱。梁木匠晾衣裳受了凉,梁瓦匠量高粱少了粮。梁瓦匠思量梁木匠受了凉,梁木匠谅想梁瓦匠少了粮。

阴平、阳平、上声、去声

刘小柳和牛小妞

路东住着刘小柳,路南住着牛小妞,刘小柳拿着大皮球,牛小妞抱着大石榴,刘小柳把大皮球送给牛小妞,牛小妞把大石榴送给刘小柳。

阴平、阳平、上声

老石捞石

老师老是叫老史去捞石,老史老是没有去捞石,老史老是骗老师,老师老是说老史不老实。

阴平、阳平、上声、去声

妈妈骑马

妈妈骑马,马慢,妈妈骂马。舅舅捉鸠,鸠飞舅舅揪鸠。姥姥喝酪,酪落,姥姥捞酪。妞妞哄牛,牛拗,妞妞扭牛。

阴平、阳平、上声、去声

老罗拉了一车梨

老罗拉了一车梨，老李拉了一车栗。老罗人称大力罗，老李人称李大力。老罗拉梨做梨酒，老李拉栗去换梨。

阳平、上声、去声

刘兰柳

蓝衣布履刘兰柳，布履蓝衣柳兰刘，兰柳拉犁来犁地，兰刘播种来拉耧。

阳平、上声

任命

任命是任命，人名是人名，任命人名不能错，错了人名，就下错了任命。

阳平、去声

练习：

1. 朗读下列成语，并标出每个字的声调

襟怀坦白　　耀武扬威　　罄竹难书　　豁然贯通
燎原烈火　　慷慨激昂　　痛改前非　　异口同声
披星戴月　　作威作福　　旁门左道　　左右逢源
醉生梦死　　浪子回头　　两袖清风　　牢不可破
逍遥法外　　泛滥成灾　　抛砖引玉　　龙腾虎跃
好大喜功　　脑满肠肥　　造谣惑众　　张冠李戴
道貌岸然　　广开言路　　相安无事　　胸无点墨
瓜田李下

2. 念准下列各对词语的声调，注意它们的差别

饱满—暴满　　燎原—辽远　　大家—打架
电灯—点灯　　裁决—采掘　　历史—立式
进取—禁区　　汉语—韩语　　政权—证券
告诉—高速　　注意—主义　　装置—壮志
音乐—隐约　　时间—事件　　敬意—惊异
人生—认生　　出发—处罚　　家长—假想
仁义—任意　　摆脱—拜托　　才华—菜花
词典—疵点　　实验—试验　　松鼠—松树
省长—生长　　写作—协作　　孤立—鼓励

一间——件　　　　自习—仔细　　　　几年—纪念

四　音变

(一)变调

每个单个的字音都有固定的调值,我们把它叫做“基本调值”。字与字相连,由于前后字音的相互影响,原来的基本调值就起了变化,这种变化叫做“变调”。

变调是由说话时字的紧密结合而产生的,最常见的有以下几种:

(1) 上声的变调

① 上声在非上声前变半上,调值由 214 变为 21 或 211。

老师(55)　　旅行(35)　　土地(51)　　尾巴(轻声)

② 上声在另一个上声前变得像阳平,调值由 214 变为 35。

友好(214)　　粉笔(214)　　比拟(214)　　虎口(214)

③ 上声在上声改读的轻声前,有的变得像阳平,有的变半上。

像阳平:　想起　　讲讲　　洗洗

变半上:　耳朵　　马虎　　嫂子

其中,有两类词前一个上声字一定读半上:一是第二个字是“子、了”上声字变来的轻声;二是亲属称呼中上声字的重叠。例如:稿子、饺子、椅子;走了、跑了、讲了;奶奶、姥姥、姐姐。

相连的上声字如果为三个音节,前两个字修饰限制后一个字,则前两个字变为阳平,如展览馆、虎骨酒。前一个字修饰限制后两个字的,则第一个变半上,第二个变阳平,如海产品、纸老虎。如果更多的上声字连在一起,就根据语意的停顿划分出词组,然后按上述方法变调。

④ 上声变调练习

上声+阴平

摆脱 bǎituō	饼干 bǐnggān	打通 dǎtōng
纺织 fǎngzhī	海关 hǎiguān	小说 xiǎoshuō
许多 xǔduō	首先 shǒuxiān	省心 shěngxīn
警钟 jǐngzhōng	火车 huǒchē	老师 lǎoshī
马车 mǎchē	旅居 lǚjū	恐慌 kǒnghuāng
铁丝 tiěsī	野心 yěxīn	简称 jiǎnchēng
北方 běifāng	海军 hǎijūn	取经 qǔjīng
指标 zhǐbiāo	酒精 jiǔjīng	卷烟 juǎnyān

上声＋阳平

祖国 zǔguó 旅行 lǚxíng 导游 dǎoyóu
改革 gǎigé 考察 kǎochá 古文 gǔwén
口型 kǒuxíng 讲台 jiǎngtái 打球 dǎqiú
鲤鱼 lǐyú 简洁 jiǎnjié 偶然 ǒurán
浅薄 qiǎnbó 酒席 jiǔxí 耳闻 ěrwén
海拔 hǎibá 几何 jǐhé 抢夺 qiǎngduó
坦白 tǎnbái 取材 qǔcái 漂白 piǎobái
两极 liǎngjí 紧急 jǐnjí 储存 chǔcún
语言 yǔyán

上声＋去声

讨论 tǎolùn 挑战 tiǎozhàn 土地 tǔdì
感谢 gǎnxiè 稿件 gǎojiàn 统治 tǒngzhì
铁道 tiědào 守候 shǒuhòu 美术 měishù
把握 bǎwò 骨干 gǔgàn 感动 gǎndòng
典范 diǎnfàn 款待 kuǎndài 悔过 huǐguò
妥善 tuǒshàn 拐杖 guǎizhàng 努力 nǔlì
纽扣 niǔkòu 诡辩 guǐbiàn 讲话 jiǎnghuà
马上 mǎshang 请假 qǐngjià 小麦 xiǎomài
总共 zǒnggòng

上声＋轻声

矮子 ǎizi 斧子 fǔzi 奶奶 nǎinai 姐姐 jiějie
尾巴 wěiba 老婆 lǎopo 耳朵 ěrduo 马虎 mǎhu
口袋 kǒudai 伙计 huǒji

上声＋上声

懒散 lǎnsǎn 母语 mǔyǔ 鬼脸 guǐliǎn
海岛 hǎidǎo 旅馆 lǚguǎn 解渴 jiěkě
广场 guǎngchǎng 首长 shǒuzhǎng 主讲 zhǔjiǎng
简短 jiǎnduǎn 古典 gǔdiǎn 粉笔 fěnbǐ
减少 jiǎnshǎo 水井 shuǐjǐng 保险 bǎoxiǎn
许久 xǔjiǔ 友好 yǒuhǎo 勇敢 yǒnggǎn
彼此 bǐcǐ 反省 fǎnxǐng 洗澡 xǐzǎo
远景 yuǎnjǐng 表姐 biǎojiě 水桶 shuǐtǒng

上声＋上声＋上声

手写体　洗脸水　老保守　苦水井　选举法

考古所　水彩笔　管理组　打靶场

(2)“一”和“不”的变调

① “一”字单说,在词句末尾及在序数中,念本调阴平,调值55;在去声字前读为阳平,调值35;在阴平、阳平、上声字前变读为去声,调值51;嵌在词语中间读轻声。

念阴平55

一二　十一　第一　万一　唯一　一楼

说一不二　数一数二　一九九一

念阳平35

一寸　一块　一定　一向　一再

一触即发　一去不回　一见如故

念去声51

一天　一张　一年　一同　一碗　一早

一贫如洗　一丘之貉　一知半解

念轻声

看一看　尝一尝　走一走　听一听　想一想

跳一跳

② “不”字单说,在词句末尾及在阴平、阳平、上声字前,都念本调去声,调值51;在去声字前,变读为阳平,调值35;夹在词语之间,读轻声。

念去声51

不吃　不开　不同　不详　不管

念阳平35

不必　不过　不便　不测　不妙

念轻声

去不去　好不好　打不开　上不来

③ 变调练习

阴平前

一般 yìbān　一边 yìbiān　一端 yìduān　一发 yìfā

一经 yìjīng　一瞥 yìpiē　一身 yìshēn　一生 yìshēng

一天 yìtiān　一些 yìxiē　一心 yìxīn　一朝 yìzhāo

一杯 yìbēi　一家 yìjiā　一批 yìpī　一张 yìzhāng

一枝 yìzhī

阳平前

一连 yìlián　一齐 yìqí　一如 yìrú　一时 yìshí
一同 yìtóng　一头 yìtóu　一行 yìxíng　一直 yìzhí
一群 yìqún　一条 yìtiáo

上声前

一举 yìjǔ　一口 yìkǒu　一览 yìlǎn　一起 yìqǐ
一手 yìshǒu　一体 yìtǐ　一统 yìtǒng　一早 yìzǎo
一准 yìzhǔn　一总 yìzǒng　一所 yìsuǒ　一朵 yìduǒ

去声前

一半 yíbàn　一旦 yídàn　一定 yídìng　一度 yídù
一概 yígài　一共 yígòng　一贯 yíguàn　一晃 yíhuàng
一路 yílù　一律 yílǜ　一切 yíqiè　一色 yísè
一味 yíwèi　一向 yíxiàng　一样 yíyàng　一阵 yízhèn
一致 yízhì　一次 yícì　一类 yílèi　一倍 yíbèi
一处 yíchù　一件 yíjiàn　一个 yígè　一带 yídài
一道 yídào　一面 yímiàn　一瞬 yíshùn　一线 yíxiàn

去声前

不错 búcuò　不待 búdài　不但 búdàn　不定 búdìng
不断 búduàn　不对 búduì　不够 búgòu　不顾 búgù
不过 búguò　不讳 búhuì　不会 búhuì　不济 bújì
不快 búkuài　不愧 búkuì　不利 búlì　不力 búlì
不料 búliào　不论 búlùn　不妙 búmiào　不善 búshàn
不是 búshì　不适 búshì　不外 búwài　不幸 búxìng
不逊 búxùn　不厌 búyàn　不要 búyào　不用 búyòng
不在 búzài　不振 búzhèn　不致 búzhì　不去 búqù
不信 búxìn　不像 búxiàng

朗读下列文字，留意“一”、“不”的变调

一个老僧一本经

一个老僧一本经，一句一行念得清，不是老僧爱念经，不会念经当不了僧。

“一”、“不”变调

不怕不会

不怕不会，就怕不学。一回学不会再来一回，一直学到会，我就不信学不会。

"一"、"不"变调

赶集

一二三、三二一，
一二三四五六七，
七六五四三二一。
一个姑娘来摘李，
一个小伙儿来摘梨，
一个小孩儿来摘栗。
三个人一齐出大力，
收完李子、栗子、梨，
一起拉到市上去赶集。

"一"变调

(3) 叠音形容词的变调

① AA 式形容词，后一音节无论本调是什么，口语中都可以变为阴平调 55。如果带上儿缀，成为儿化韵，声调就必须变为阴平 55。例如：

早早(儿)的　　红红(儿)的　　快快(儿)的

② ABB 式形容词，其叠音后缀不论是何种声调的字，口语中大都可以读作阴平 55。例如：

灰蒙蒙　　冷飕飕　　亮堂堂　　闹嚷嚷

③ AABB 式形容词，第二音节变作轻声，第三、四音节一般都可以念成阴平 55。例如：

热热闹闹　　慢慢腾腾　　认认真真

④ 变调练习

AA 式：

平平儿(的)píngpīngr(de)　　长长儿(的)chángchāngr(de)
好好儿(的)hǎohāor(de)　　慢慢儿(的)mànmānr(de)
稳稳儿(地)wěnwēnr(de)　　满满儿(的)mǎnmānr(de)
快快儿(地)kuàikuāir(de)

ABB 式：

绿茸茸 lǜrōngrōng　　绿莹莹 lǜyīngyīng
绿油油 lǜyōuyōu　　红彤彤 hóngtōngtōng
懒洋洋 lǎnyāngyāng　　乱蓬蓬 luànpēngpēng
慢腾腾 màntēngtēng　　毛茸茸 máorōngrōng
热腾腾 rètēngtēng　　软绵绵 ruǎnmiānmiān

湿淋淋 shīlīnlīn　　笑吟吟 xiàoyīnyīn
明晃晃 mínghuānghuāng　　白晃晃 báihuānghuāng
金晃晃 jīnhuānghuāng　　黑洞洞 hēidōngdōng
火辣辣 huǒlālā　　热辣辣 rèlālā

AABB 式：

慢慢腾腾 mànmantēngtēng　　马马虎虎 māmahūhū
哭哭啼啼 kūkutītī　　断断续续 duànduanxūxū
明明白白 míngmingbāibāi　　清清楚楚 qīngqingchūchū
实实在在 shíshizāizāi　　吞吞吐吐 tūntuntūtū
稳稳当当 wěnwendāngdāng　　欢欢喜喜 huānhuanxīxī
陆陆续续 lùluxūxū

练习：

1. 上声变调的发音练习

产生 chǎnshēng　　指挥 zhǐhuī　　统一 tǒngyī
打击 dǎjī　　普通 pǔtōng　　眼光 yǎnguāng
展开 zhǎnkāi　　武装 wǔzhuāng　　主张 zhǔzhāng
纺织 fǎngzhī　　本身 běnshēn　　可能 kěnéng
以前 yǐqián　　祖国 zǔguó　　仿佛 fǎngfú
女人 nǚrén　　委员 wěiyuán　　本来 běnlái
感情 gǎnqíng　　小时 xiǎoshí　　感觉 gǎnjué
总结 zǒngjié　　改革 gǎigé　　举行 jǔxíng
演员 yǎnyuán　　海洋 hǎiyáng　　语言 yǔyán
警察 jǐngchá　　准备 zhǔnbèi　　只要 zhǐyào
感到 gǎndào　　整个 zhěnggè　　总是 zǒngshì
理论 lǐlùn　　表示 biǎoshì　　使用 shǐyòng
主任 zhǔrèn　　改变 gǎibiàn　　反映 fǎnyìng
美丽 měilì　　讨论 tǎolùn　　掌握 zhǎngwò
保证 bǎozhèng　　武器 wǔqì　　赶快 gǎnkuài
巩固 gǒnggù　　眼泪 yǎnlèi　　广泛 guǎngfàn
考虑 kǎolǜ　　我们 wǒmen　　你们 nǐmen
懂得 dǒngde　　显得 xiǎnde　　尾巴 wěiba
老爷 lǎoye　　脑子 nǎozi　　老实 lǎoshi
嫂子 sǎozi　　椅子 yǐzi　　所以 suǒyǐ

影响 yǐngxiǎng　所有 suǒyǒu　引起 yǐnqǐ
管理 guǎnlǐ　指导 zhǐdǎo　采取 cǎiqǔ
老板 lǎobǎn　赶紧 gǎnjǐn　往往 wǎngwǎng
尽管 jǐnguǎn　品种 pǐnzhǒng　选举 xuǎnjǔ
勇敢 yǒnggǎn　彼此 bǐcǐ　厂长 chǎngzhǎng
首长 shǒuzhǎng　手指 shǒuzhǐ　小组 xiǎozǔ
表演 biǎoyǎn　水果 shuǐguǒ　古老 gǔlǎo
雨水 yǔshuǐ　美好 měihǎo　勉强 miǎnqiǎng
保守 bǎoshǒu　广场 guǎngchǎng　岛屿 dǎoyǔ
领导 lǐngdǎo

2."一"、"不"变调的发音练习

一板一眼 yìbǎn－yìyǎn　一唱一和 yíchàng－yíhè
一模一样 yìmú－yíyàng　一朝一夕 yìzhāo－yìxī
一问一答 yíwèn－yìdá　一张一弛 yìzhāng－yìchí
一起一落 yìqǐ－yíluò　一前一后 yìqián－yíhuò
一物降一物 yíwùxiángyíwù　一窍不通 yíqiàobùtōng
一丝不苟 yìsībùgǒu　一丝不挂 yìsībúguà
一成不变 yìchéngbúbiàn　一蹶不振 yìjuébúzhèn
一毛不拔 yìmáobùbá　不可一世 bùkěyíshì
不赞一词 búzànyìcí　不管不顾 bùguǎn－búgù
不卑不亢 bùbēi－búkàng　不伦不类 bùlún－búlèi
不干不净 bùgān－bújìng　不折不扣 bùzhé－búkòu
不见不散 bújiàn－búsàn
不管三七二十一 bùguǎnsānqī'èrshíyī
一不做,二不休 yībúzuò,èrbùxiū
不经一事,不长一智 bùjīngyíshì,bùzhǎngyízhì

(二)轻声

(1) 发音要领

轻声是普通话四声之外的一种特殊声调,往往受语言环境影响,又跟词汇、语法有密切关系。它不仅能区分词义、词性,而且能增强普通话语感。

轻声的调值变化有两种:

① 当前一个音节的声调是非上声时,后一个轻声音节的调型是短促的低降调,调值为 31,例如:症候、转悠、油水、匀实、张罗。

② 当前一个音节的声调是上声时，后一个轻声音节的调型是短促的半高平调，调值为44，例如：洒脱、软和、笸箩、想头、痒痒。

轻声具有一定的词汇、语法作用。例如："大意"的"意"读轻声"dàyi"，是形容词，指"疏忽"；"意"读原调去声"dàyì"，则是名词，指"主要的意思"。在更多情况下，轻声并不能区别词义词性，可普通话该读轻声的地方如果不读轻声，听起来既不自然，表意也不确切，同时也就带了"乡音"，所以我们在学习普通话时，绝不能忽视轻声。

轻声音节读起来，其特点是轻、短。

(2) 发音练习

① 轻声音节调值练习

阴平＋轻声　煎饼　薪水　先生　猩猩　提防　差事　掂量　眯缝
阳平＋轻声　能耐　糊涂　俗气　勤快　阎王　寒碜　行家　毛病
去声＋轻声　闹腾　利索　上司　硬朗　亲家　厚实　阔气　进项
上声＋轻声　补丁　响动　扁担　苤蓝　扭搭　摆设　口袋　搅和

② 四字短语练习(加点的为轻声音节)

他的师傅　关上抽屉　三个亲戚　知道消息　干净衣服
擦擦玻璃　吃的东西　天上星星　烟筒通吗　风筝飞吧
收拾妥当　摔个跟头　谁的裙子　容易明白　什么毛病
葡萄甜吗　学生来了　麻烦伯伯　喜欢打扮　打个比方
怎么搞的

③ 语句练习(加点的为轻声音节)

同学们！把窗户打开透透气，把玻璃擦擦再关上。听明白了吗？

天上的星星像眼睛似的，眨呀眨的，那么亮堂，真有意思！

公园里什么花儿都有：牡丹、月季、玫瑰、芍药，红的、白的、黄的、紫的，漂亮极了！

我的朋友从东边儿来，穿着一身漂亮的衣裳，大老远就叫了一声，看他那快活的样子，也不知道为了什么，倒把我弄糊涂了。

伙计！你搞什么名堂？别那么冒失，免得惹麻烦。有那图热闹的功夫，还不如老实学点儿知识呢！

④ 轻声词重点记忆练习

有规律可循的轻声词比较好掌握。例如：助词，词缀，部分方位词或方位语素，作补语的趋向动词，单音节动词、形容词重叠形式和名词的重叠形式的叠音词的后一个音节轻读等等。难度最大的是无规律可循的，普通话里习惯上读轻声的那一类词语，练习时可以对自己感到最生疏的轻声词进行强化记忆。

耽误 服侍 周到 脾气 商量 得罪 知道 福气

本事 本钱 势力 在乎 快活 妥当 爽快 招牌

将就 提防 棉花 硬朗 书记 生日 能耐 莲蓬

侥幸 芥末 算计 月饼 下巴 赏钱

⑤ 朗读下列绕口令,注意轻声的发音

屋子里有箱子

屋子里有箱子,箱子里有匣子,匣子里有盒子,盒子里有镯子;镯子外面有盒子,盒子外面有匣子,匣子外面有箱子,箱子外面有屋子。

"子"轻声

天上日头

天上日头,嘴里舌头,地上石头,桌上纸头,手掌指头,树上枝头,集上市头。

"上、头"轻声

老姥姥

老姥姥问姥姥,姥姥老问老姥姥。麻妈妈问妈妈,妈妈老问麻妈妈。

名词重叠,第二个音节读轻声

(三)词语的轻重音格式

音节的音强,按普通话的发音习惯不同,大致可分为重音、中音、次轻、轻音四种。其中"轻音"就是平时所说的"轻声"。普通话双音节、三音节、四音节的词都有一个重音,必须有比较地把它读出来。

(1) 双音节词

① 中·重:绝大多数双音节词都是这个格式。例如:

国家 伟大 陆军 出版 考试 乘凉

② 重·次轻:这部分词词典标出其声调符号,但实际读音允许后一个音节轻读。例如:

庆阳 女士 男子 阿门 才气 气氛

③ 重·轻:这是轻声词的主要语音结构。例如:

哥哥 衣服 他们 意思 漂亮 困难

(2) 三音节词

① 中·次轻·重:这是大多数三音节词的轻重音格式。例如:

西红柿 打字机 的确良 服务员 无线电 李四光

② 中·重·轻:这种格式在三音节词语里占少数,其中,有一部分相当于双音节"重·轻"前附一个限制修饰成分,有一部分相当于双音节"中·

重”后加一个轻读的词缀。例如：

胡萝卜　　好家伙　　老头子　　同学们　　同志们　　塑料的

③ 重·轻·轻：这种格式数量较少，一般是双音节“重·轻”后加一个词缀。例如：

朋友们　　姑娘家　　娃娃们　　木头的

(3) 四音节词

① 中·轻·中·重：这种格式占绝大多数，包括四字成语在内。例如：

调查研究　移风易俗　不劳而获　雄心壮志　理直气壮

② 中·次轻·重·轻：这种格式极少。例如：

慌里慌张　如意算盘　　外甥媳妇　　牛肉罐头

普通话词语的轻重音格式，在语流中，如果读不出来，就给人生硬、语感差的感觉，为了提高自己的普通话水平，把普通话说得纯正自然，必须注意这部分词语的读音。

(四)儿化韵

(1) 发音要领

儿化韵中的“儿”不是一个独立的音节，而是依附在前一个音节的末尾，给这个音节加上一个卷舌动作，使这个音节的读音因“儿化”而发生变化。卷舌时，舌尖迅速卷起靠近硬腭前部，嘴唇不圆。

读儿化韵时要注意不同韵母的儿化变化具有不同的规律，并不是简单地理解为在一个音节后面加上一个卷舌动作。

儿化这种语音现象在词汇、语法、修辞方面都有一定的作用。

区别词义。如“嘴”表示“嘴巴”，“嘴儿”表示“器皿上开的小口儿”。

区分词性。如“盖”是动词，“盖儿”是名词。

表示亲切、喜爱的感情。如“小狗儿”、“宝贝儿”。

产生细小、轻微的色彩。如“萝卜丝儿”、“火柴棍儿”。

儿化词语注音，是在这个儿化音节后加上一个卷舌动作 r。

(2) 发音练习

① 主要元音为 a 的韵母儿化练习

主要元音为 a 的韵母儿化时，在“a”后快速加一个卷舌动作，儿化后这个主要元音读作 ar。若主要元音 a 后有韵尾，要去掉韵尾，直接在 a 后卷舌。

ar

鲜花儿　　油画儿　　笑话儿　　刀把儿　　纸匣儿

豆芽儿　　壶盖儿　　女孩儿　　一块儿　　花蓝儿

好玩儿　　花瓣儿

② 主要元音 e 的韵母儿化练习

主要元音 e 的韵母儿化时，在“e”后加卷舌动作，读作 er。若主要元音 e 后有韵尾，要丢掉韵尾，直接在 e 后卷舌。

er

山歌儿　　柜门儿　　一会儿　　小腿儿　　花纹儿
麦穗儿　　墨水儿　　墙根儿　　零碎儿　　花盆儿
台阶儿　　小鸡儿

③ 主要元音为 i、ü、ê、-i(前)、-i(后)的韵母儿化练习。

主要元音为 i、ü、ê、-i(前)、-i(后)的韵母儿化时，直接在它们后面加上一个 er，并快速连读。

er

米粒儿　　差不离儿　金鱼儿　　唱曲儿　　孙女儿
马驹儿　　小米儿　　小鸡儿　　瓜子儿　　挑刺儿
树枝儿　　锯齿儿

④ 主要元音为 u、o 的韵母儿化练习

主要元音 u、o 的韵母儿化时，在它们后面直接快速加一个卷舌动作。

ur

眼珠儿　　白兔儿　　细末儿　　小曲儿　　短袖儿
笔头儿　　小猴儿　　衣兜儿　　打球儿　　袖口儿
一撮儿　　干活儿

⑤ 后鼻韵母儿化练习

后鼻韵母儿化时，丢掉后鼻韵尾 -ng，同时主要元音鼻化（发音时鼻腔通气），加卷舌动作。比如“帮忙儿”的实际读音应该是 bāngmar（～为鼻化符号）。

铜铃儿　　帮忙儿　　药方儿　　唱腔儿　　瓜秧儿
蛋黄儿　　竹筐儿　　借光儿　　门缝儿　　头绳儿
板凳儿　　麻绳儿

⑥ 儿化韵对话练习

甲：昨天晚上玩儿得开心吗？

乙：听听歌儿，聊聊天儿，嗑嗑瓜子儿，怎么不开心？

甲：人家请你去联欢，怎么不唱个小曲儿，露一手儿？

乙：这儿人才济济，请来了好几个名角儿，我可不想去凑趣儿。

甲：咳！大家一块儿乐乐呗，谁跟你较劲儿啦。

乙:哪儿的话,我向来胆儿小,上不得台面儿。

甲:好,下次咱俩合伙儿,我使劲儿,你加油儿,唱一出“看花灯儿”、“走西口儿”。(摘自江苏省语委办主编《普通话训练指导》)

⑦ 朗读下列绕口令,注意儿化韵

一个老头儿

一个老头儿,上山头儿,砍木头儿,砍了这头儿砍那头儿,对面儿来了个小丫头儿,给老头儿送来一盘儿小馒头儿,没留神儿撞上一个大木头儿,栽了一个小跟头儿。

鸡蛋变糖葫芦儿

我们那儿有个王小三儿,在门口摆着一个小杂货摊儿。卖的是煤油火柴和烟卷儿,草纸豆儿纸还有大包的烟儿,红糖白糖花椒大料瓣儿,鸡子儿挂面酱醋油盐儿,糖葫芦一串儿又一串儿,花生瓜子儿还有酸杏干儿。王小三儿不识字儿,写账记账他净闹希罕儿。街坊买了他六个鸡子儿。他就在账本上画了六个圈儿。过了两天人家还了他的账,他在账单上画了一道儿就勾了圈儿。到了年底下又去跟人家要账,他说人家短他一串儿糖葫芦儿没有给他钱儿。

一树枣儿

出东门,过大桥,大桥底下一树枣儿,青的多,红的少,一个枣儿、两个枣儿、三个枣儿、四个枣儿、五个枣儿、六个枣儿、七个枣儿、八个枣儿、九个枣儿、十个枣儿、九个枣儿、八个枣儿、七个枣儿、六个枣儿、五个枣儿、四个枣儿、三个枣儿、两个枣儿、一个枣儿。

小门脸儿

你别看就那么两间小门脸儿,你别看屋子不大点儿。你别看设备不起眼儿,可售货员的服务贴心坎儿。有火柴,有烟卷儿,有背心儿,有手绢儿,有蜡烛儿、盘子儿、小瓷碗儿,还有刀子、勺子、小铁铲儿。起个早儿贪个晚儿,买什么都在家门前儿。

莲花儿灯

莲花儿灯,莲花儿灯,今儿个点了明儿个扔。

(五)语音词“啊”的音变

语气助词“啊”单独的读音是 a,出现在句末或句中的停顿处,表示语气缓和,增加感情色彩。由于“啊”总是在其他音节之后读作轻声,因此,常跟前面音节末尾的音素连读产生音变(即前面音节末尾音素作了“a”的声母)。

① 当前面音节末尾音素是 i、ü 时,a“啊”读 ya,汉字写作“啊”或“呀”。例如:千万注意啊! Qiānwàn zhùyì ya!

这是谁啊？Zhè shì shuí ya?

真可爱啊！Zhēn kě'ài ya!

好大的雨啊！Hǎo dà de yǔ ya!

② 当前面的音节末尾是元音 a、o、e、ê 时，a“啊”也读 ya，汉字写作“啊”或“呀”。

例如：是他啊！Shì tā ya!

快，吃西瓜啊！Kuài，chī xīgua ya!

真多呀！Zhēn duō ya!

这是什么车啊！Zhè shì shénme chē ya!

大家一起学啊！Dàjiā yīqǐ xué ya!

③ 当前面一个音节末尾的音素是 u 时(包括韵母 u 或韵尾 -u、-o 两种情况)，a“啊”读 wa，汉字写作“啊”或“哇”。

例如：身上这么多土啊！Shēnshang zhème duō tǔ wa!

在哪儿住啊？Zài nǎr zhù wa?

大家跳啊！Dà jiā tiào wa!

这是金丝猴啊！Zhè shì jīnsīhóu wa!

④ 当前面一个音节韵母是舌尖后元音 -i、卷舌元音 er，或者是儿化韵时，a“啊”读 ra，汉字只能写作“啊”。

例如：这是一件大事啊！Zhè shì yī jiàn dàshì ra!

我的好女儿啊！Wǒde hǎo nǚ'ér ra!

快开门儿啊！Kuài kāiménr ra!

⑤ 当前面一个音节韵母是舌尖前元音 -i 时，a“啊”读作 za，汉字只能写作“啊”。

例如：孩子啊！Háizi za!

去过几次啊？Qù guò jǐcì za?

他五十四啊！Tā wǔshísì za!

⑥ 当前面一个音节的韵尾是 -n 时，a“啊”读 na，汉字写作“啊”或“哪”。

例如：大家加油干啊！Dàjiā jiāyóu gàn na!

怎么办啊？Zěme bàn na?

这么沉啊！Zhème chén na?

⑦ 当前面一个音节韵尾是 -ng 时，a“啊”读 nga，汉字只能写为“啊”。

例如：弟兄们，冲啊！Dìxiōngmen，chōng nga!

大家唱啊！Dàjiā chàng nga！

她弹的电子琴多好听啊！Tā tán de diànziqín duō hǎotīng nga！

练习：

1. 熟读下列轻声词语

地方 dìfang　先生 xiānsheng　事情 shìqing
认识 rènshi　部分 bùfen　朋友 péngyou
知识 zhīshi　多少 duōshao　困难 kùnnan
明白 míngbai　衣服 yīfu　清楚 qīngchu
意思 yìsi　喜欢 xǐhuan　队伍 duìwu
消息 xiāoxi　大夫 dàifu　老爷 lǎoye
休息 xiūxi　意识 yìshi　头发 tóufa
粮食 liángshi　面积 miànji　少爷 shàoye
工夫 gōngfu　骆驼 luòtuo　商量 shāngliang
家伙 jiāhuo　老实 lǎoshi　脑袋 nǎodai
舒服 shūfu　窗户 chuānghu　招呼 zhāohu
牲口 shēngkou　漂亮 piàoliang　嘴巴 zuǐba
麻烦 máfan　结实 jiēshi　收拾 shōushi
便宜 piányi　糊涂 hútu　钥匙 yàoshi
扫帚 sàozhou　动弹 dòngtan　养活 yǎnghuo
地道 dìdao　耷拉 dāla　运气 yùnqi
手巾 shǒujin　磨菇 mógu　记性 jìxing
应酬 yìngchou　秧歌 yāngge　棺材 guāncai
街坊 jiēfang　点心 diǎnxin　踏实 tāshi
甘蔗 gānzhe　云彩 yúncai　停当 tíngdang
架势 jiàshi　柴火 cháihuo　比方 bǐfang
抬举 táiju　买卖 mǎimai　活泼 huópo
大爷 dàye　打听 dǎting　老婆 lǎopo
模糊 móhu　包袱 bāofu　心思 xīnsi
打量 dǎliang　咳嗽 késou　苍蝇 cāngying
吆喝 yāohe　闺女 guīnü　合同 hétong
灯笼 dēnglong　耽误 dānwu　眉毛 méimao
秀才 xiùcai　功夫 gōngfu　笑话 xiàohua
规矩 guīju　本事 běnshi　出息 chūxi

葫芦 húlu
委屈 wěiqu
喇叭 lǎba
萝卜 luóbo
含糊 hánhu
参谋 cānmou
嘱咐 zhǔfu
帐篷 zhàngpeng
称呼 chēnghu
约莫 yuēmo
在乎 zàihu
大方 dàfang
衙门 yámen
迷糊 míhu
和尚 héshang
佩服 pèifu
马虎 mǎhu
宽敞 kuānchang
神仙 shénxian
琢磨 zuómo
叫唤 jiàohuan
收成 shōucheng
使唤 shǐhuan
疙瘩 gēda
扎实 zhāshi
稳当 wěndang
铃铛 língdang
折腾 zhēteng
庄稼 zhuāngjia
篱笆 líba
机灵 jīling
鼻涕 bíti
吓唬 xiàhu
岁数 suìshu
见识 jiànshi
嘀咕 dígu
窝棚 wōpeng
唾沫 tuòmo
寻思 xínsi

2. 熟读下列儿化词语

那儿 nàr
哪儿 nǎr
把儿 bàr
碴儿 chár
刀把儿 dāobàr
话把儿 huàbàr
带儿 dàir
盖儿 gàir
名牌儿 míngpáir
鞋带儿 xiédàir
窗台儿 chuāngtáir
壶盖儿 húgàir
坎儿 kǎnr
快板儿 kuàibǎnr
腰板儿 yāobǎnr
蒜瓣儿 suànbànr
脸盘儿 liǎnpánr
帮忙儿 bāngmángr
药方儿 yàofāngr
赶趟儿 gǎntàngr
香肠儿 xiāngchángr
瓜瓤儿 guārángr
片儿 piànr
沿儿 yánr
燕儿 yànr
小辫儿 xiǎobiànr
照片儿 zhàopiānr
扇面儿 shànmiànr
鼻梁儿 bíliángr
娘儿(俩) niángr(liǎ)
透亮儿 tòuliàngr
花样儿 huāyàngr
看样儿 kànyàngr
画儿 huàr
脑瓜儿 nǎoguār
大褂儿 dàguàr
麻花儿 máhuār
笑话儿 xiàohuar
牙刷儿 yáshuār
茶馆儿 cháguǎnr
火罐儿 huǒguànr
落款儿 luòkuǎnr
打转儿 dǎzhuànr
手绢儿 shǒujuànr
出圈儿 chūquānr
包圆儿 bāoyuánr
人缘儿 rényuánr
绕远儿 ràoyuǎnr
老本儿 lǎoběnr
花盆儿 huāpénr
嗓门儿 sǎngménr
把门儿 bǎménr
串门儿 chuànménr
钢蹦儿 gāngbèngr
夹缝儿 jiāfèngr
板凳儿 bǎndèngr
脖颈儿 bójǐngr
八成儿 bāchéngr
提成儿 tíchéngr
锅贴儿 guōtiēr

半截儿 bànjiér	小街儿 xiǎojiēr	一些儿 yīxiēr
小鞋儿 xiǎoxiér	旦角儿 dànjuér	主角儿 zhǔjuér
木橛儿 mùjuér	会儿 huìr	跑腿儿 pǎotuǐr
一会儿 yīhuìr	这会儿 zhèhuìr	多会儿 duōhuìr
耳垂儿 ěrchuír	准儿 zhǔnr	打盹儿 dǎdǔnr
胖墩儿 pàngdūnr	砂轮儿 shālúnr	针鼻儿 zhēnbír
垫底儿 diàndǐr	肚脐儿 dùqír	玩意儿 wányìr
没好气儿 méihǎoqìr	有劲儿 yǒujìnr	卖劲儿 màijìnr
一个劲儿 yīgejìnr	一股劲儿 yīgǔjìnr	胡琴儿 húqinr
送信儿 sòngxìnr	零儿 língr	花瓶儿 huāpíngr
打鸣儿 dǎmíngr	图钉儿 túdīngr	门铃儿 ménlíngr
眼镜儿 yǎnjìngr	毛驴儿 máolǘr	蛐蛐儿 qúqur
小曲儿 xiǎoqǔr	金鱼儿 jīnyúr	合群儿 héqúnr
花裙儿 hāqúnr	瓜子儿 guāzǐr	铜子儿 tóngzǐr
石头子儿 shítouzǐr	没词儿 méicír	毛刺儿 máocìr
挑刺儿 tiāocìr	侄儿 zhír	墨汁儿 mòzhīr
锯齿儿 jùchǐr	记事儿 jìshìr	没事儿 méishìr
年三十儿 niánsānshír	这儿 zhèr	个儿 gèr
嗝儿 gér	模特儿 mótèr	逗乐儿 dòulèr
唱歌儿 chànggēr	主儿 zhǔr	碎步儿 suìbùr
没谱儿 méipǔr	媳妇儿 xífur	纹路儿 wénlùr
手鼓儿 shǒugǔr	空儿 kòngr	果冻儿 guǒdòngr
门洞儿 méndòngr	胡同儿 hútòngr	抽空儿 chōukòngr
酒盅儿 jiǔzhōngr	着儿(招儿)zhāor	红包儿 hóngbāor
灯泡儿 dēngpàor	半道儿 bàndàor	小道儿 xiǎodàor
走道儿 zǒudàor	鱼漂儿 yúpiāor	火苗儿 huǒmiáor
跑调儿 pǎodiàor	面条儿 miàntiáor	小鸟儿 xiǎoniǎor
豆角儿 dòujiǎor	兜儿 dōur	猴儿 hóur
衣兜儿 yīdōur	年头儿 niántóur	老头儿 lǎotóur
顶牛儿 dǐngniúr	一溜儿 yīliùr	抓阄儿 zhuājiūr
打球儿 dǎqiúr	朵儿 duǒr	坐儿 zhòr
做活儿 zuòhuór	大伙儿 dàhuǒr	

3. 朗读下面内容,注意“啊”的变化

可爱的孩子

这些孩子啊，真可爱啊，你看啊！他们多高兴啊。又是作诗啊，又是吟诵啊，又是画图啊，又是剪纸啊。又是唱啊，又是跳啊，啊！他们多幸福啊！

"啊"的变化

张果老

啪、啪、啪！

谁呀？张果老哇！怎么不进来呀？怕狗咬哇！衣兜里兜着什么呀？大酸枣哇！怎么不吃呀？怕牙倒哇！胳肢窝里夹着什么呀？破棉袄哇！怎么不叫你老伴儿拿拿呀？老伴儿死了！你怎么不哭哇？盆儿啊，罐儿啊，我的老伴儿啊！

"啊"的变化

鸡鸭猫狗

鸡呀，鸭呀，猫哇，狗哇，一块儿水里游哇！牛哇，羊啊，马呀，骡呀，一块儿进鸡窝呀！狼啊，虫啊，虎哇，豹哇，一块儿街上跑哇！兔哇，鹿哇，鼠哇，孩儿啊，一块儿上窗台儿啊！

"啊"的变化

五　普通话水平测试一、二题单项应试指导

（一）读单音节字词指导

读单音节字词100个，检测应试人对3757个常用字词正确读音的掌握程度。100个单音字词包括普通话语音系统所有的声母、韵母和声调。读单音节字词时，要从左到右横着读，在测试中，应试人发觉字音有误时，允许读两遍，按第二次读音评判。

1. 发音准确

读单音节字词，要求发音准确，声母要注意发音部位和发音方法，韵母要注意舌位的前后、高低，唇形的圆展，复韵母要注意舌位的动程和唇形的变化。比如"zh、ch、sh、r"和"z、c、s"，前一组是舌尖翘起来，抵住硬腭前端；后一组是舌头放平。这两组音都不能介于两个音之间，更不能互相混淆，如"操 cao"读成"chao"算错误。又如"鼻韵母 ing"，有些地方的人容易读成"in"。"ng"是舌后根抬起来，前舌面和舌尖下降，"ing"是由前元音"i"往后移动，而"in"是舌尖抵住下齿背，是舌尖由下向上滑动。这是它们

的区别点，也是他们归音的不同点。如把“ing”发成介于“ing、in”之间的音算缺陷。

训练题

读单音节字词，注意发准自己方言的难点音

绿　彩　凝　谬　烹　融　毡　烫　膏　赛　镀

拴　笋　城　蘸　景　缝　航　尝　常　给　段

2．调值到位

声调除了注意调类的归纳正确无误外，还要注意调值的到位，特别要注意阳平字和上声字的调值。例如：上声是降升调，先降后升，调值是214度，是全上。读单音节字词时，要读全上，读成半上算错误。

训练题

读下列汉字，注意声韵调要标准

灼　税　停　眨　浴　测　北　寻　丝　审　抓　从

甩　摘　活　录　铁　挖　笔　铡　吸　熟　测　缩

3．读准多音字

多音字按照字后括号里限定的语境选择正确的读音，没有限定语境的任选一种读音。例如：“量”，念“liáng”或“liàng”都算对。如果是“量”（测量），就要读作“liáng”，而不读“liàng”。

训练题

读准下列带点字的读音，注意根据语境判断读音

得(到)　　(供)给　　模(样)　　冲(床)

(首)都　　晕(车)　　(咱)俩　　还(是)

(一)片　　(着)落　　(反)省　　(咀)嚼

鲜(血)　　笼(统)　　角(色)

4．区分形近字

汉字的形体有很多相近或相似的，单个认读，稍不注意很容易读错。形近字误读有两种情况：一是有的人朗读过快，把很简单的字也读错了，如把“佘”读成“余”；二是有些日常生活中不多用的字，在词语中能念准，而单字一下子难以辨认，极易念错，比如“赅”、“骇”在书面上有“言简意赅”、“惊涛骇浪”之词，不难念错，单独出现一下子难以把握，可能读错。

训练题

读下面的形近字，看每一组字的声韵调有什么差异

缚—傅　　蹈—滔　　膀—傍　　蝙—遍　　侥—绕

琅—浪　　橙—澄　　沸—佛　　拨—拔　　阐—禅

恋—季　蕾—镭

5．本项限时3分钟，要恰当把握好速度，不要过快或过慢，过快会因为发音不到位而影响声、韵、调的准确度，过慢会超时。

训练题

下面是一份单音节字词的模拟试卷，在3分钟之内读完，并请他人记录哪些字读错了，错在哪里。

葬　枪　窗　肺　卫　蛹　抱　己　拉　逮(逮老鼠)
恽　集　略　穷　婶　名　向　辙　迁　涌(涌现)
初　纸　翻　远　纫　窜　宋　黏　润　沤(沤肥)
钓　土　薛　逗　凭　聊　讲　灭　均　臊(臊气)
流　诈　捏　树　棵　慢　癖　浊　很　蚌(蚌壳)
催　环　贰　捂　逆　迎　铐　丙　爷　苔(舌苔)
胶　罢　娶　家　勤　炕　顺　美　跨　洗(洗脸)
踹　播　粉　涩　绒　疯　雌　翁　婿　下
殿　轴　东　讨　岔　弓　唐　耐　临　撇(撇开)
挂　忸　稍　乖　破　霜　籽　施　后　增

(二) 读双音节词语指导

读双音节词语50个(实际上仍是100个音节)。本题除了考查应试人声母、韵母和声调的发音外，还要考查应试人的轻声词、儿化词读音和上声、“一”、“不”的变调。轻声词语和儿化词语一般分别有4个左右，上声及“一”、“不”与其他声调组成的词语若干个。测试中应试人发现某个词读得不正确或不准确，可重读一遍，测试员按后一次的读音评分。

1．词语要连读

应试人在测试本项时要注意按词连读，不能一字一顿，每个词的后一个音节要注意韵尾和声调的完整(轻声除外)。本项限时3分钟，过快会发生吞音现象，过慢会超时扣分。

训练题

读下列双音节词，区分几组并列在一起的难点音

(1) 平翘相间的音

才智 cáizhì　桑树 sāngshù　杂志 zázhì　沼泽 zhǎozé
斥责 chìzé　失策 shīcè　住宿 zhùsù　赛车 sàichē

(2) 边音和鼻音相间的音

脑力 nǎolì　嫩绿 nènlǜ　留念 liúniàn　能力 nénglì
奶酪 nǎilào　冷暖 lěngnuǎn

(3) 前后鼻韵母相间的音

深耕 shēngēng　引擎 yǐnqíng　城镇 chéngzhèn

征尘 zhēngchén　听信 tīngxìn　新兴 xīnxīng

2. 轻声词

轻声词的读音要注意后一个音节读得又轻又短:“轻”是相对其他四种声调而言,而并非轻得听不清发音;“短”是轻声词的主要特征,“短”到其时值仅占整个词时值的四分之一,而前一个音节的时值占整个词时值的四分之三。如“风筝、清楚、麻利、椅子”等。

训练题

报酬　裁缝　掂掇　琢磨　眼睛　窝囊　素净　别扭

刺猬　骨头　折腾　絮叨　踏实　笤帚　洒脱　笸箩

苗条　宽绰　稳当　颤悠　便宜　神仙　腻烦　累赘

寒碜　甘蔗　胳膊　疟疾

3. 儿化词

不要把“儿”当作第三个音节读完整,要把“儿”音化在第二个音节的韵母中。读儿化音时卷舌音色要求既明显又不能读得过于生硬。如“透亮儿”、“玩意儿”、“面条儿”、“没门儿”等。

训练题

差点儿　爆肚儿　藕节儿　被窝儿　豆角儿

金鱼儿　单弦儿　蒲墩儿　走神儿　愣神儿

纳闷儿　裤兜儿　桑葚儿　透亮儿　心眼儿

馅儿　烟卷儿　照片儿　傻劲儿　串门儿

4. 异读词

有些汉语字词在普通话中习惯上有两种或两种以上的读音,这种情况称为异读。异读词要以《普通话异读词审音表》为准,比如“呆”原读“呆板 áibǎn”,现均读作“dāi”,即无论用于任何词语中都读“dāi”。

训练题

阴凉　复杂　从容　挺括　剽窃　指甲　跳跃　秩序

沼泽　亚洲　确凿　沸点　脊梁　环绕　茁壮　暂时

5. 变调

上声变调和“一”、“不”变调要按变调规律读得规范自然。

训练题

水果　讲讲　等等　草稿纸　小组长　女兵　语言　鼓励

里头　五一　就不　一个　不去　一支　一言　一起

不输　不赢

6. 多音字

双音节词语中的多音字要据词定音，即“音随义转、按义定音”。在现代汉语中这种情况是较多的，例如：“牲畜”的“畜”作名词义，读“chù”，作动词义则读“xù”，如“畜牧 xù”；“创伤”的“创”作名词义，读“chuāng”，作动词义，读作“chuàng”，如“创作 chuàng”。

训练题

传记　传染　承担　担负　　坚强　勉强　倔强　混蛋
混合　思量　胆量　铺床　　散漫　散心　丧事　丧失
卡车　关卡　地壳　蛋壳儿　纤维　纤绳　相似　似的
阻塞　塞外　瓶塞

7. 轻重音格式

双音节词除轻声词之外，一般都是“中重”格式，即第二个音节的字比第一个音节的字读得略重一些。例如：“农民、下达”两个词，“民”和“达”读得略重，音长也较长。如第一个音节“农”、“下”读得比第二个音节长，就明显带有方言语调了。

训练题

下面是一份双音节词语的模拟试卷，在 3 分钟时间内读完，指出语音错误，并予以纠正。

阻隔　抹黑　方向　肥料　钉子　日程　招待　奋斗
耳塞　晌午　雅致　汹涌　生存　拐弯　家庭　金鱼儿
鲜花　夸奖　全面　尤其　屈服　空军　哪会儿　穷困
剪票　关心　客人　同时　农民　一溜儿　概括　衬衫
或者　原谅　手巧　燃烧　能够　哈欠　轮船　战略
帮厨　虐政　围嘴儿　磁铁　下达　驳斥　排解　死讯
桑蚕　跑外

附录 1

容易读错的字

（选自《语文建设》2004 年 7 期～8 期）

一、容易读错的单音字

A

隘　ài 不读 ǎi 或 yì：狭隘｜要隘。
谙　ān 不读 àn：谙达｜谙练｜谙熟。
铵　ǎn 不读 ān：碳酸铵。

B

傍　bàng 不读 bāng：傍黑｜傍晚｜傍午。
褒　bāo 不读 bǎo：褒贬｜褒奖｜褒义。
胞　bāo 不读 pāo：胞弟｜侨胞｜双胞胎｜同胞。
焙　bèi 不读 péi：焙干｜焙粉。
蓓　bèi 不读 péi：蓓蕾。
匕　bǐ 不读 bì：匕首｜图穷匕见。
鄙　bǐ 不读 bì：鄙薄｜鄙陋｜鄙人｜卑鄙。
庇　bì 不读 pì：庇护｜庇佑｜包庇。
婢　bì 不读 bǐ：奴婢。
愎　bì 不读 fù：刚愎自用。
痹　bì 不读 pì：风痹｜寒痹｜麻痹大意。
蝙　biān 不读 biǎn：蝙蝠。
砭　biān 不读 biǎn：针砭。
濒　bīn 不读 pīn：濒临｜濒危。
波　bō 不读 pō：波浪｜波纹｜奔波｜烟波。
菠　bō 不读 bó：菠菜。
箔　bó 不读 báo 或 bò：金箔｜铜箔｜锡箔。
逋　bū 不读 bǔ：逋欠｜逋逃。
捕　bǔ 不读 pǔ：捕风捉影｜捕获｜捕杀。
哺　bǔ 不读 pǔ：哺乳｜哺育。

埠　bù 不读 fǔ:船埠|商埠|外埠。

C

糙　cāo 不读 zào:粗糙|毛糙。

嘈　cáo 不读 cāo:嘈杂。

忏　chàn 不读 qiān 或 chàng:忏悔。

伥　chāng 不读 chàng:伥鬼|为虎作伥。

瞠　chēng 不读 chēn 或 táng:瞠目结舌。

惩　chéng 不读 chěng:惩办|惩前毖后|惩罚。

嗤　chī 不读 chǐ 或 chì:嗤笑|嗤之以鼻。

豉　chǐ 不读 gǔ:豆豉。

炽　chì 不读 zhì:炽烈|炽热|炽情。

绌　chù 不读 chuò 或 zhuó:相形见绌|左支右绌。

黜　chù 不读 chuò:黜退|废黜|免黜。

疵　cī 不读 cì 或 zì:吹毛求疵|瑕疵。

从　cóng 不读 cōng:从容不迫。

丛　cóng 不读 cōng:丛刊|丛林|树丛。

痤　cuó 不读 cuò 或 zuò:座痤。

D

呆　dāi 不读 ái:呆板。

殚　dān 不读 dàn:殚精竭虑。

档　dàng 不读 dǎng:档案|档次|存档|低档。

蹈　dǎo 不读 dào:重蹈覆辙|循规蹈矩。

悼　dào 不读 dǎo:悼词|悼念|哀悼|追悼会。

堤　dī 不读 tí:堤岸|堤坝|堤防。

吊　diào 不读 diāo:吊车|塔吊。

订　dìng 不读 dīng:订正|装订。

F

珐　fà 不读 fǎ:珐琅。

梵　fàn 不读 fán:梵文|梵呗(bài)。

沸　fèi 不读 fú:沸点。

氛　fēn 不读 fèn:氛围|气氛。

汾　fén 不读 fēn:汾酒。

敷　fū 不读 fú 或 pū:敷衍|敷粉|敷设。

拂 fú 不读 fó:拂晓|拂袖|拂煦|吹拂。

符 fú 不读 fǔ:符合|不符|相符。

辐 fú 不读 fǔ:辐射|辐条。

甫 fǔ 不读 pǔ:杜甫|台甫。

讣 fù 不读 pǔ 或 pù:讣告|讣闻。

阜 fù 不读 bù 或 fǔ:物阜民丰。

复 fù 不读 fǔ:复杂。

腹 fù 不读 fǔ:腹地|腹背受敌|心腹。

G

尬 gà 不读 gǎ:尴尬。

冈 gāng 不读 gǎng:山冈|景阳冈。

睾 gāo 不读 gǎo:睾丸。

戈 gē 不读 gé 或 gě:戈壁|干戈。

犷 guǎng 不读 kuàng:粗犷。

瑰 guī 不读 guì:瑰宝|瑰丽。

皈 guī 不读 bǎn:皈依。

刽 guì 不读 kuài:刽子手。

H

罕 hǎn 不读 hān:罕见|罕闻|罕有。

桦 huà 不读 huá:白桦林。

踝 huái 不读 luǒ:踝骨。

肓 huāng 不读 máng:病入膏肓。

诲 huì 不读 huǐ:诲人不倦|教诲|训诲。

晦 huì 不读 huǐ;晦暗|晦气|晦涩|晦朔。

J

畸 jī 不读 qí:畸变|畸形。

即 jí 不读 jì:即便|即将|即日|即兴|当即|立即。

疾 jí 不读 jī:疾病|疾苦|疾驶|大声疾呼。

棘 jí 不读 jī、jì 或 là:棘手|荆棘。

嫉 jí 不读 jì:嫉妒|嫉恶如仇|嫉恨|愤世嫉俗。

脊 jǐ 不读 jí:脊背|脊梁|脊椎|书脊|屋脊。

绩 jì 不读 jī:成绩|功绩|伟绩|业绩|战绩。

迹 jì 不读 jī:迹象|陈迹|古迹|轨迹|奇迹。

寂　　jì 不读 jí:寂静|寂寞|孤寂。

戛　　jiá 不读 gá:戛然而止。

胛　　jiǎ 不读 jiá:肩胛。

歼　　jiān 不读 qiān:歼击|歼灭|围歼。

较　　jiào 不读 jiǎ:较量|较真|比较|计较。

酵　　jiào 不读 xiào:酵母|发酵。

津　　jīn 不读 jīng:津津有味|津梁|问津。

浸　　jìn 不读 qīn:浸泡|浸透|沉浸。

茎　　jīng 不读 jìng:根茎。

粳　　jīng 不读 gěng:粳稻|粳米。

痉　　jìng 不读 jīng:痉挛。

疚　　jiù 不读 jiū:负疚|内疚|歉疚。

咎　　jiù 不读 jiū:咎由自取|既往不咎|引咎。

狙　　jū 不读 jǔ:狙击手。

矩　　jǔ 不读 jù:矩尺|矩形|循规蹈矩。

俊　　jùn 不读 zùn:俊杰|俊美|俊俏|俊秀|英俊。

K

揩　　kāi 不读 kǎi:揩油|揩拭。

框　　kuàng 不读 kuāng:框架|条条框框。

忾　　kài 不读 qì:同仇敌忾。

L

琅　　láng 不读 lǎng:书声琅琅。

蕾　　lěi 不读 léi:蓓蕾|花蕾。

敛　　liǎn 不读 liàn:聚敛|收敛。

殓　　liàn 不读 liǎn:殓葬|装殓|入殓。

寥　　liáo 不读 liǎo:寥寥|寥落|寥若晨星。

劣　　liè 不读 lüè:劣等|劣迹|劣绅|劣势|劣质。

趔　　liè 不读 liē:趔趄。

拎　　līn 不读 līng:拎包|拎东西。

虏　　lǔ 不读 luǒ:虏获|俘虏。

掳　　lǔ 不读 luǒ:掳掠|掳走。

闾　　lǘ 不读 lǚ:闾里|闾巷。

榈　　lǘ 不读 lǚ:棕榈。

掠 lüè 不读 lüě:掠夺|掠美|掠取|掠影|抢掠。

M

牤 māng 不读 máng:牤牛。
芒 máng 不读 wáng:麦芒。
虻 méng 不读 máng:牛虻。
娩 miǎn 不读 wǎn:分娩。

N

讷 nè 不读 nà:讷讷|木讷。
馁 něi 不读 lěi:冻馁|气馁|自馁。
拟 nǐ 不读 ní:拟订|拟人|比拟|草拟|模拟。
拈 niān 不读 nián、diān 或 zhān:拈花惹草|拈轻怕重。
酿 niàng 不读 rǎng 或 liàng:酿酒|酿造|酝酿。
泞 nìng 不读 níng:泥泞。
脓 nóng 不读 néng:脓包|化脓。

P

葩 pā 不读 bā:奇葩。
湃 pài 不读 bài:澎湃。
滂 pāng 不读 páng:滂沱。
胚 pēi 不读 pī 或 péi:胚胎|胚芽。
澎 péng 不读 pēng:澎湃。
坯 pī 不读 pēi:毛坯|砖坯。
披 pī 不读 pēi:披挂|披肩|披露|披星戴月。
脾 pí 不读 pǐ:脾胃|脾性|脾脏。
癖 pǐ 不读 pì:癖好|癖习|癖性|洁癖。
譬 pì 不读 bì:譬如|譬喻。
剽 piāo 不读 piáo:剽悍|剽窃|剽取|剽袭。
殍 piǎo 不读 fú:饿殍。
瞥 piē 不读 piě:瞥见|瞥视|一瞥。
嫔 pín 不读 bīn:妃嫔。
剖 pōu 不读 pǔ:剖析|解剖。
蒲 pú 不读 pǔ:蒲草|蒲公英。
璞 pú 不读 pǔ:璞玉|返璞归真。

Q

戚　　qī 不读 qì：哀戚｜悲戚｜皇亲国戚｜休戚与共。

绮　　qǐ 不读 qí：绮丽。

憩　　qì 不读 qī：憩室｜小憩。

潜　　qián 不读 qiǎn：潜藏｜潜伏｜潜力｜潜入。

堑　　qiàn 不读 jiàn：堑壕｜天堑。

跄　　qiàng 不读 qiāng：踉跄。

怯　　qiè 不读 què：怯场｜怯弱｜怯生｜羞怯｜卑怯。

挈　　qiè 不读 xié：提纲挈领。

锲　　qiè 不读 qì：锲而不舍。

侵　　qīn 不读 qǐn：侵夺｜侵犯｜侵害｜侵略｜侵扰。

倾　　qīng 不读 qǐng：倾巢｜倾倒｜倾家荡产｜倾诉。

囚　　qiú 不读 qiū：囚车｜囚犯｜囚禁。

龋　　qǔ 不读 yú：龋齿。

蜷　　quán 不读 juǎn：蜷伏。

R

绕　　rào 不读 rǎo：环绕｜围绕。

妊　　rèn 不读 rén：妊娠。

仍　　réng 不读 rēng 或 rěng：仍旧｜仍然。

缛　　rù 不读 rǔ：缛礼｜繁文缛节。

S

霎　　shà 不读 chà：霎时｜霎时间。

嬗　　shàn 不读 chàn：嬗变。

赡　　shàn 不读 zhān：赡养。

猞　　shē 不读 shě：猞猁。

娠　　shēn 不读 chén：妊娠。

蜃　　shèn 不读 chèn：海市蜃楼。

室　　shì 不读 shǐ：室内｜办公室｜诊室。

狩　　shòu 不读 shǒu：狩猎｜巡狩。

殊　　shū 不读 chū：特殊。

束　　shù 不读 sù 或 shū：束缚｜束手待毙｜装束。

墅　　shù 不读 yě：别墅。

塑　　sù 不读 suò：塑料｜塑像｜塑造。

溯　　sù 不读 suò 或 shù：溯源｜回溯｜追溯。

虽 suī 不读 suì:虽然|虽说|虽则。

髓 suǐ 不读 suí:骨髓|脊髓|精髓。

隧 suì 不读 suí:隧道|隧洞。

T

剔 tī 不读 tì:剔透|玲珑剔透。

恬 tián 不读 tiǎn 或 shé:恬不知耻|恬静|文恬武嬉。

佻 tiāo 不读 tiáo:佻达|佻巧|轻佻。

蜕 tuì 不读 duì:蜕变|蜕化。

W

蜿 wān 不读 wǎn:蜿蜒。

危 wēi 不读 wéi:危害|危险。

偎 wēi 不读 wèi:偎傍|偎依。

巍 wēi 不读 wéi:巍峨|巍然。

韦 wéi 不读 wěi:韦编三绝。

违 wéi 不读 wěi:违背|违法|违反|违犯|违抗。

韪 wěi 不读 wéi:冒天下之大不韪。

牾 wǔ 不读 wù:抵牾。

坞 wù 不读 wū:船坞。

X

袭 xí 不读 xī:袭击|抄袭|世袭|偷袭|沿袭。

隙 xì 不读 xī:空隙|间隙|嫌隙。

弦 xián 不读 xuán:扣人心弦|上弦。

舷 xián 不读 xuán:舷梯|船舷。

陷 xiàn 不读 xuàn:陷害|陷阱|陷落|陷入。

骁 xiāo 不读 xiǎo:骁将|骁勇。

淆 xiáo 不读 yáo:淆惑|混淆。

哮 xiào 不读 xiāo:哮喘|咆哮。

挟 xié 不读 xiá 或 jiā:挟持|挟制|要挟。

屑 xiè 不读 xiāo:不屑|琐屑|纸屑。

械 xiè 不读 jiè:械斗|军械|器械|枪械。

朽 xiǔ 不读 qiǔ:朽烂|朽木|腐朽。

恤 xù 不读 xuè:抚恤|怜恤|体恤。

酗 xù 不读 xiōng:酗酒。

炫　xuàn 不读 xuán：炫示|炫耀。

眩　xuàn 不读 xuán：眩晕|头晕目炫。

穴　xué 不读 xuè：穴道|穴位|巢穴|点穴|洞穴。

徇　xùn 不读 xún：徇情|徇私。

殉　xùn 不读 xún：殉葬|殉职。

Y

崖　yá 不读 ái：悬崖。

亚　yà 不读 yǎ：亚军|亚洲。

俨　yǎn 不读 yān：俨然|俨如。

杳　yǎo 不读 miǎo：杳然|杳如黄鹤|杳无音信。

伊　yī 不读 yí：伊甸园|伊人|下车伊始。

宜　yí 不读 yì：宜早不宜迟|合宜|权宜|适宜。

倚　yǐ 不读 yī：倚老卖老|倚仗。

谊　yì 不读 yí：联谊|情谊|友谊。

肄　yì 不读 sì：肄业。

懿　yì 不读 yí：懿德|嘉言懿行。

邮　yóu 不读 yōu：邮包|邮递|邮寄|邮票。

黝　yǒu 不读 yōu：黝黑。

迂　yū 不读 yú：迂回|迂阔。

娱　yú 不读 yù：娱乐|欢娱|文娱。

愉　yú 不读 yù：愉快|愉悦|欢愉。

瑜　yú 不读 yù：瑕瑜互见|瑕不掩瑜。

跃　yuè 不读 yào：飞跃|雀跃|跳跃。

允　yǔn 不读 rǔn：允诺|允许|公允|平允。

酝　yùn 不读 wēn：酝酿。

Z

暂　zàn 不读 zhàn 或 zhǎn：暂缓|暂且|暂时。

凿　záo 不读 zuò：穿凿|确凿。

憎　zēng 不读 zèng：憎恶|憎恨|爱憎|可憎。

札　zhá 不读 zhā：札记|书札|信札。

绽　zhàn 不读 diàn 或 zhǎn：绽放|破绽。

沼　zhǎo 不读 zhāo：沼气|沼泽。

召　zhào 不读 zhāo：召唤|召集|召开|感召。

遮　　zhē 不读 zhé 或 zhě:遮蔽|遮藏|遮丑|遮挡。

诤　　zhèng 不读 zhēng:诤谏|诤言|诤友。

脂　　zhī 不读 zhǐ:脂肪|民脂民膏|涂脂抹粉。

质　　zhì 不读 zhǐ:质地|质量|变质|气质|实质。

诌　　zhōu 不读 zōu:胡诌|瞎诌。

骤　　zhòu 不读 zòu:步骤。

贮　　zhù 不读 chǔ:贮藏|贮存。

撞　　zhuàng 不读 chuàng:撞车|撞击|冲撞。

拙　　zhuō 不读 zhuó:拙见|笨拙|藏拙|古拙。

卓　　zhuó 不读 zhuō:卓见|卓识|卓越|卓著。

二、容易读错的多音字

(本部分只选择多音字中容易读错的音义予以说明,其他音义则从简或从略)

A

阿　　(1)ā. ①词头:阿斗|阿姨。②译音字:阿富汗|阿拉伯。(2)ē ①迎合,偏袒:阿谀|阿附。②弯曲的地方:山阿。注意:“阿弥陀佛|阿胶|阿堵|阿房宫”中的“阿”读 ē.

挨　　(1)āi. (2)ái. ①遭受、忍受:挨打|挨饿|挨冻|挨说。②困难地度过(岁月):挨过不少苦日子。③拖延:挨时间。

艾　　(1)ài. (2)yì. 惩治:自怨自艾。

B

剥　　(1)bāo(语)。常单用。如“剥瓜子|剥皮儿”。(2)bō(文)。专用于合成词或成语。如“剥削|生吞活剥”。

薄　　(1)báo(语)。常单用。如“脸皮儿薄|鞋底儿薄|纸很薄”。(2)bó(文)。多用于复音词。如“薄命|薄情|薄弱|淡薄|浅薄|轻薄|微薄|稀薄”。

堡　　(1)bǎo. 堡垒:碉堡。(2)bǔ. 堡子(多用于地名):瓦窑堡。(3)pù. 用于地名:十里堡。

暴　　(1)bào. 显现:暴露。(2)pù. 同“曝”:一暴十寒。

背　　(1)bēi. 用脊背驮。(2)bèi. 注意:“背负”有两读。读 bèifù 是短语,用脊背驮着:背负青天朝下看,都是人间城郭。读 bēifù 时是动词,背(bēi),担负:背负着重任。

辟　(1)bì. ①君主:复辟。②排除:辟谷|辟邪。③帝王召见并授予官职:辟举。(2)pì. 驳斥或排除(不正确的言论或谣言):辟谣。

扁　(1)biǎn. (2)piān. 小船:扁舟。

泊　(1)bó. 停泊|漂泊。(2)pō. 湖:湖泊|血泊。

伯　(1)bó. (2)bǎi. 用于"大伯子"。

C

参　(1)cān. (2)cēn. 用于"参差|参错"。(3)shēn. 人参|参宿(xiù)|孔子弟子曾参。

藏　(1)cáng. 动词。(2)zàng. 名词。①储存财务的地方:宝藏|库藏。②佛教或道教的经典的总称:大藏经|道藏|释藏。

侧　(1)cè. (2)zhāi. 〈方〉倾斜,不正。只用于"侧棱|侧歪"等少数口语词中。

曾　(1)céng. (2)zēng. 中间隔两代的亲属关系:曾孙|曾祖母|曾祖父。

差　(1)chā(文)。不相同,不相合。如"差池|差距|千差万别|阴错阳差"等。(2)chà(语)。不相同,不相合。如"差不多|差不离儿|差点儿|差劲儿"等。(3)cī. 参差。

场　(1)cháng. ①平坦的空地,多用来翻晒粮食,碾轧谷物:打场|赶场|扬场|圩场。②量词,用于事情的经过:一场大雨|一场恶战。(2)chǎng. 量词,用于文娱体育活动:两场球赛|跳一场舞。注意:①chǎng. 音晚出,有些现读 chǎng 的义项在诗词中仍需读 cháng. 如斜阳古柳赵家庄,负鼓盲翁正作场。(陆游《小舟游近村舍舟步归》诗之四)|飒爽英姿五尺枪,曙光初照兵场。(毛泽东《七绝·为女民兵题照》)②chǎng. 为强势读音,cháng 的量词义现有读 chǎng 的趋势。

吵　(1)chǎo. (2)chāo. 用于"吵吵"。

称　(1)chèn. 适合、相当:称心|匀称|对称|称职。(2)chēng.

澄　(1)chéng(文)。(2)dèng(语)。多单用。如"把水澄清了"。

冲　(1)chōng. (2)chòng. 用冲床进行的金属加工方法:冲床|冲模|冲压。

臭　(1)chòu. (2)xiù. 气味:乳臭|铜臭|无声无臭。

畜　(1)chù. 禽兽,多指家畜:家畜|牲畜|幼畜|种畜。(2)xù. 饲养:畜牧|畜养|畜产品。

处　(1)chǔ. 动词义:处罚|处分|处理|处朋友|和平共处|立身处

世|穴居野处|友好相处。(2)chù. 名词义:处所|办事处|住处。注意:处女、处子指居于室中未出嫁的女子,处士指隐居之士,处暑指暑气开始隐退,处均为动词义,读 chǔ,不读 chù.

创　(1)chuàng. (2)chuāng. ①创伤:创痕|创口|创面|创痛|。②使受伤害,打击:重创敌军。

D

答　(1)dá. (2)dā. 专用于"答碴儿|答理|答腔|答言|答应|滴答|羞答答|羞人答答"。

大　(1)dà. 大夫(古官名)|钢铁大王。(2)dài. 大夫(医生)|山大王。

逮　(1)dǎi(语)。逮老鼠|逮坏蛋。(2)dài(文)。逮捕。

当　(1)dāng. (2)dàng. ①合适、合宜:得当|恰当|适当|妥当。②抵得上,作为,以为:当成|当真|当作|安步当车。注意:"当日|当年|当时"的当有二读。读 dāng 指正在那时候,用以追述过去某一时间,读 dàng 强调与某事件发生在同一时候:忆起当(dāng)日情景|当(dàng)日事|当(dàng)日做|好汉不提当(dàng)年勇|这个项目当(dàng)年就能收回投资|当(dàng)时同意了,事后又反悔|一接到电话,他当(dàng)时就赶过来了。

钉　(1)dīng 名词,钉子。(2)dìng. ①动词,将钉子捶打进别的物体:钉子|钉马掌。②用针把带子、纽扣等缝住:钉扣子。

酊　(1)dīng. 酊剂。(2)dǐng. 用于"酩酊|酩酊大醉"。

读　(1)dú. (2)dòu. 语句中的停顿:句读。

肚　(1)dù. (2)dǔ. 做食物用的动物的胃:牛肚儿|羊肚儿。

度　(1)dù. (2)duó. 推测,估量:猜度|裁度|测度|揣度|忖度|审时度势|以己度人。

E

恶　(1)è. ①形容词。凶狠,坏。②名词,极坏的行为。(2)wù. 动词。讨厌,憎恨:好恶|可恶|深恶痛绝|好逸恶劳|嫌恶|厌恶|憎恶。(3)ě. 恶心。

F

坊　(1)fāng. ①里巷:坊巷|坊间|白纸坊(街巷名,在北京)。②牌坊:贞节坊|忠孝坊。③店铺:茶坊。(2)fáng. 小手工业者的工作场所:粉坊|谷坊|磨坊|碾坊|染坊|油坊。

菲　(1)fēi. 花草美、香气浓:菲菲|芳菲。(2)fěi. ①微薄:菲薄|菲礼|菲仪|菲酌|收入不菲。②古书上指萝卜一类的蔬菜:葑菲。

佛　(1)fó. (2)fú. 用于“仿佛”。

服　(1)fú. (2)fù. 量词,用于中药:一服药。

G

干　(1)gān. ①天干:干支|十干。②水边:河干|江干。③没有水分或水分很少:干燥。(2)gàn.

搁　(1)gē. (2)gé. 禁受:搁不住|搁得住。

葛　(1)gě. (2)gé. 多年生草本植物:葛麻|葛布|葛藤、瓜葛|纠葛。

给　(1)gěi(语)。多单用:给他一本书。注意:“给以”的“给”读gěi,不读 jǐ。(2)jǐ(文)。用于合成词。如“给养|给予|补给|供给|配给|自给自足”。

供　(1)gōng. 拿出物资等给人使用:供给(jǐ)|供销社|供需平衡|仅供参考。(2)gòng. ①侍奉;恭敬地对待:供奉|供养|供职。②摆设祭品或香烛;祭品:供佛|上供。③受审者交代案情;所交代的与案情有关的话:供词|供认|逼供。

勾　(1)gōu. (2)gòu. 用于“勾当”。

估　(1)gū. (2)gù. 只用于“估衣”。

骨　(1)gū. 用于“骨朵儿、骨碌”。(2)gǔ.

观　(1)guān. (2)guàn. ①宗庙或宫廷门外两旁高大的建筑:楼观|台观。②道教的庙宇:道观。

冠　(1)guān. 帽子,形状像帽子的东西:冠盖|冠冕|树冠|冠心病|衣冠禽兽|怒发冲冠。(2)guàn. 戴帽子:弱冠|沐猴而冠|未冠。

桧　(1)guì. 桧树。(2)huì. 秦桧,南宋奸臣。

H

哈　(1)hā. (2)hǎ. ①〈方〉斥责:哈他一顿。②姓。③哈达。(3)hà. 用于“哈巴、哈什蚂”。

汗　(1)hàn. (2)hán. 用于“可汗”。

貉　(1)háo(语)。专用于“貉绒|貉子”。(2)hé(文)。

喝　(1)hē. (2)hè. 大声喊叫:喝彩|喝道|喝令。

和　(1)hé. (2)hè. 和谐地跟着唱:唱和|附和|应和|曲高和寡。

荷　(1)hé. (2)hè. ①背或扛:荷枪实弹。②负担:负荷|重荷。

横　(1)héng 义同 hèng(2)。用于少数词语:横加(阻拦、干涉、指

责)|横肉|横行霸道|横征暴敛。(2)hèng. ①凶暴,粗暴:横暴|横逆|刁横|骄横|蛮横|强横|凶横|专横。②以外的,不吉利的:横财|横事|横祸。

红 (1)hóng. (2)gōng. 用于"女工"。

虹 (1)hóng(文)。用于合成词。如"彩虹|气贯长虹"。(2)jiàng(语)。单用。

混 (1)hún 同"浑"。(2)hùn. ①掺杂:混纺|混合|混凝土|混为一谈|混淆|混血儿|混杂。②蒙混:混充|蒙混过关|鱼目混珠。③苟且地生活。④胡乱。

J

几 (1)jī. ①小桌子:几案|茶几|窗明几净。②微小:知几。③近乎,将近:几乎|几率。(2)jǐ.

济 (1)jǐ. 济济|济济一堂|人才济济;也用于地名,如"济水|济南|济宁"。(2)jì.

间 (1)jiān. ①中间。②一会儿:有间。(2)jiàn.

监 (1)jiān. (2)jiàn. 古代官府名、职官名:监生|国子监|秘书监|钦天监|太监。

将 (1)jiāng. ①扶持:扶将。②调养:将息|将养。③带领:挈妇将雏。(2)jiàng. ①名词:将官|将领|健将。②动词。统率(军队):将兵。(3)qiāng. 请;愿:将进酒。注意:"将军"有两个读音。读 jiāngjūn 时指高级军官,又为象棋术语;读 jiàngjūn 时为动宾词组,指统率军队。

教 (1)jiāo. 传授知识或技能:教学生|教书。(2)jiào. 注意:"教学"有两个读音,读 jiāoxué 时指教学生学习功课,读 jiàoxué 时指教师把知识、技能传递给学生的过程。

嚼 (1)jiáo(语)。如"嚼舌|味同嚼蜡|细嚼慢咽|咬文嚼字"。(2)jué(文)。如"咀嚼|过屠门而大嚼"。

角 (1)jiǎo. 角落、角度。(2)jué. ①剧中人物;演员分工类别;演员|角色|主角|配角|旦角|丑角|名角。②竞赛,竞争:角斗|角逐|口角。③古代盛酒器具:打一角酒。④古代五音之一:宫商角徵(zhǐ)羽。

节 (1)jiē. 用于"节骨眼|节子"。(2)jié.

结 (1)jiē. 用于"结巴|结实|开花结果|结了个果子"等。(2)jié.

解 (1)jiě. (2)jiè. 押送:解差|解送|解元|起解|押解。(3)xiè. 骑在马上表演的技艺;武术的架势:解数|跑马卖解。

尽 (1)jǐn. ①力求达到最大限度:尽管|尽快|尽先|尽早。②优先

满足:饭不多,先尽着孩子们吃。③〈方〉总是:尽自|这些天尽刮风。(2) jìn.

劲　(1)jìn.(2)jìng. 坚强有力:劲敌|劲旅|疾风劲草|苍劲|刚劲|强劲。

禁　(1)jìn.(2)jīn. 耐,忍受:禁不起|禁不住|禁得起|禁得住|禁受|不禁|情不自禁|弱不禁风。

据　(1)jū. 用于“拮据”。(2)jù.

倔　(1)jué. 只用于“倔强”。(2)juè.

菌　(1)jūn. 用于“细菌|病菌|杆菌|霉菌|菌落”等。(2)jùn. 用于“香菌|菌子”。

K

卡　(1)kǎ. 用于音译词:卡宾枪|卡介苗|卡片|信用卡。(2)qiǎ. ①夹在中间,不能活动:卡脖子|卡壳。②夹东西的用具:卡子|发(fà)卡。③为收税或警戒而设置的检查站或岗哨:边卡|关卡|哨卡|税卡。

扛　(1)káng.(2)gāng. 用两手举(重物):力能扛鼎。

壳　(1)ké(语)。如“贝壳|鸡蛋壳|脑壳|卡壳|子弹壳”等。(2) qiào(文)。如“地壳|金蝉脱壳”等。

可　(1)kě.(2)kè. 用于“可汗”。

空　(1)kōng. 如“空心砖|空城”。(2)kòng. 如“空白|钻空子”等。

L

落　(1)là(语)。遗落,丢失。如“丢三落四|月票落单位了”。(2) lào(语)。用于“落包涵|落不是|落汗|落价|落色|落枕”等。(3)luò(文)。多用于合成词。如“涨落|落魄|着落|落差”等。

烙　(1)lào.(2)luò. 用于“炮(páo)烙”。

累　(1)léi. ①同“缧”,捆人的绳子。②累赘。③累累,果实多或憔悴颓丧的样子:果实累累|累累若丧家之狗。(2)lěi. 牵连:累及|带累|牵累|拖累。(3)lèi.

量　(1)liáng. 动词。(2)liàng. 名词:度量衡|力量|数量|质量。注意:估量|衡量义,凡单用或处于复音词第一个音节时读 liàng,如量力(量力而行,不自量力)|量刑|量入为出|量才录用|量体裁衣|你量我不敢?(这个意思现通常写作谅)。处于复音词非开头音节时,量多数读轻声。如比量|打量|掂量|端量|估量|商量|思量;必须重读的,以读 liàng 为常,如忖量|较量|自量。但在诗词中有些必读 liáng,如牢骚太盛防肠断,风

物长宜放眼量。（毛泽东《七律·和柳亚子先生》）

撩 (1)liāo.(2)liáo.挑逗，招引：撩拨|撩逗|撩惹|撩人。

淋 (1)lín.(2)lìn.病名：淋病。

露 (1)lòu(语)。如"露脸|露马脚|露面|露怯|露头|露馅儿|露相|露一手"等。(2)lù(文)。如"崭露头角|揭露|吐露"等。

绿 (1)lù(文)。用于"绿林|绿营|鸭绿江"等。(2)lǜ(语)。

论 (1)lùn.(2)lún.《论语》。

M

脉 (1)mài.(2)mò.脉脉|含情脉脉。

蔓 (1)màn(文)。多用于合成词。如"蔓草|蔓延|不蔓不枝"。(2)wàn.常单用。如"豆子爬蔓了"。注意："瓜蔓|压蔓"中的"蔓"读wàn，不读màn。(3)mán用于"蔓菁"。

蒙 (1)mēng.①欺骗；胡乱猜想：蒙骗|蒙人|欺上蒙下。②昏迷；神志不清：蒙头转向|一下子撞蒙了|天蒙蒙亮。注意：mēng音后起，只用于某些口语词语。欺骗义为蒙méng的遮蔽义的引申，这一意义在文言和书面语色彩较强的词语中仍读méng。如"蒙哄(hǒng)|蒙混|欺蒙|上下相蒙"。(2)méng.(3)měng.只用指蒙古。如："内蒙|蒙族"。注意：人名用字多取义于蒙的蒙昧不明义，读méng，不读měng，三国吴有吕蒙。

靡 (1)mí.浪费：糜费|奢靡。(2)mǐ.①顺风倒下：风靡|披靡。②不振作：靡靡之音|颓靡|委靡。

模 (1)mó.(2)mú.模子：模具|模样|字模。注意："模型|模压"中"模"读mó。

N

难 (1)nán.(2)nàn.不幸的遭遇，灾难：排忧解难|排难解纷。注意："难兄难弟"的难有两读。读nán时原指兄弟境况都很好，现多指两人境况同样坏；读nàn时指共患难或同处于困难境地的人。

泥 (1)ní.(2)nì.固执：泥古|拘泥|执泥。

弄 (1)nòng.(2)lòng.胡同：弄堂|里弄。

疟 (1)nüè(文)。用于"疟疾"。(2)yào(语)。只用于"疟子"。

P

排 (1)pái.(2)pǎi.用于"排子车"。

胖 (1)pàng.(2)pán.安泰，舒适：心广体胖。

跑 (1)pǎo.(2)páo.走兽用脚刨地：跑槽|虎跑泉。

炮　(1)pào.(2)páo.①一种制中药的方法:炮炼|炮制。②烧,烤:炮烙(luò)。(3)bāo.①一种烹调方法:炮羊肉。②烘烤:湿衣服已经在热炕上炮干了。

片　(1)piàn.(2)piān.只指"平而薄的东西",用于部分口语词,形式有二:①儿化,片儿。用于某些音乐或图像制品,如唱片儿|底片儿|电视片儿(故事片儿、纪录片儿、动画片儿)|画片儿|相片儿|影片儿|照片儿。这一意思不儿化则读piàn,不读piān:底片|电视片|画片|相片|影片|照片。非音乐、图像制品不论儿化与否均读piàn,不读piān:卡片(卡片儿)|面片儿|名片(名片儿)|弹片(弹片儿)|铁片儿|雪片儿。②加子尾,片子,指唱片和影片:电影片子|灌片子|留声机片子|跑片子|送片子。其他义读piàn,如铁片子|衣裳片子。片子在指名片时也读piàn,不读piān。

迫　(1)pò.(2)pǎi.用于"迫击炮"。

仆　(1)pū.向前跌倒:前仆后继。(2)pú.

Q

荨　(1)qián(文)。用于"荨麻"。(2)xún(语)。用于"荨麻疹"。

强　(1)qiáng.(2)qiǎng.勉强:强逼|强辩|强词夺理|强迫|强求|强人所难|强使|强颜欢笑|强作解人|牵强|牵强附会。(3)jiàng.

抢　(1)qiǎng.(2)qiāng.撞,碰:呼天抢地|以头抢地。

悄　(1)qiāo.用于"悄悄|悄悄话|静悄悄"。(2)qiǎo.①没有声音或声音很低:悄寂|悄声。②忧愁:悄然落泪。

翘　(1)qiáo(文)。如"翘楚|翘首|翘望"。(2)qiào(语)。如"木头那边有点往上翘了"|"把那边翘高点"。注意:"翘辫子|翘尾巴"中的"翘"读qiào,不读qiáo.

切　(1)qiē.(2)qiè.如"反切|切韵|切音"。

茄　(1)qié.(2)jiā.用于"雪茄"等。

曲　(1)qū.①弯曲|曲径通幽。②不合理,不公正:歪曲|是非曲直。③姓。(2)qǔ.

R

嚷　(1)rāng.嚷嚷。(2)rǎng.

S

塞　(1)sāi(语)。可单用:书包塞得鼓鼓囊囊的|把窟窿塞住|塞车|塞子。(2)sè(文)。只用与合成词。注意:"闭塞|梗塞|顿开茅塞|搪塞|语塞"等"塞"读sè,不读sāi。

丧　(1)sāng. 与死了人有关的事:丧服|丧事|丧钟|报丧|奔丧|发丧|守丧。(2)sàng. 丧失。

色　(1)sè(文)。注意:“色盲”中的“色”读 sè,不读 shǎi. (2)shǎi(语)。衣服掉色了。

杉　(1)shā(语)。杉篙|杉木。(2)shān(文)。红杉|水杉|紫杉。

厦　(1)shà. 高大的房子。(2)xià. 厦门(地名)。

舍　(1)shě 动词。舍弃。(2)shè 名词。①房屋。②古代三十里为一舍:退避三舍。③谦辞:舍弟|舍侄。

识　(1)shí. (2)zhì. ①记,记住:博闻强识。②记号:款识。

属　(1)shǔ. (2)zhǔ. ①连续,接连:属文|前后相属。②(意念)集中于一点:属望|属意。

术　(1)shù. (2)zhù. 用于中药名:白术|苍术。

说　(1)shuō. (2)shuì. 劝说别人听从自己的意见:游说。注意:“说服”中的“说”读 shuō.

似　(1)sì. 如“相似|类似|似乎”等。(2)shì. 用于“似的”。

宿　(1)sù. (2)xiù. 我国古代天文学家把天上的某些星的集合体叫做宿:星宿|二十八宿。(3)xiǔ. 量词,用于计算夜:一宿没睡。

遂　(1)suí. 现代汉语中只用于“半身不遂”。(2)suì. 成功;于是:遂不复言|未遂。

T

苔　(1)tāi(语)。舌苔。(2)tái(文)。苔藓。

提　(1)tí. (2)dī. 用于“提防”。

帖　(1)tiē. (2)tiě. 邀请客人的通知:请帖|下帖。(3)tiè. 学写字、画画儿时用的样本:碑帖|法帖|画帖|字帖。

拓　(1)tuò. (2)tà. 将碑刻、铜器等上面的文字、图形印下来:拓本|拓片|拓印。

W

瓦　(1)wǎ. 名词,一种建筑材料。(2)wà. 动词,盖:瓦刀。

X

系　(1)xì. 拴,绑:解铃系铃。(2)jì. 打结,扣。只用于口语,单说:系鞋带|系领带|把扣子系上。

吓　(1)xià. 使害怕:吓唬|吓人|杀鸡吓猴。(2)hè. 威胁:恫吓|恐吓|威吓。

相　　(1)xiāng.(2)xiàng.观察,察看:相机行事。注意:相 xiāng 也有察看义,指亲自察看是否符合心意:相亲。

削　　(1)xiāo(语)。多单用。如"削铅笔|削球|削萝卜"。注意:"切削"中的"削"读 xiāo,不读 xuē.(2)xuē(文)。专用于合成词。如"剥削|削减|削弱"。

校　　(1)xiào.(2)jiào.订正:校订|校对|校样。

巷　　(1)xiàng.(2)hàng.用于"巷道"。

血　　(1)xiě(语)。多单用。如"流了好多血"。注意:"血糊糊|血淋淋|吐血|一针见血|杀人不见血"中的"血"读 xiě,不读 xuè.(2)xuè(文)。用于复音词及成语。如"血汗|血迹|血口喷人|血库|血泪|血压|血债|狗血喷头|贫血|心血"。

Y

钥　　(1)yào(语)。用于"钥匙"。(2)yuè(文)。用于"管钥|锁钥"。

饮　　(1)yǐn.(2)yìn.给牲畜喝水:饮牲口。

应　　(1)yīng.应届|应名儿|应许|提出的条件他都应了|是我应下来的任务。(2)yìng.应承|应付|应声|应时|应验|应邀|应用|应征|里应外合。

佣　　(1)yōng.仆人;雇佣|女佣|佣工。(2)yòng.佣金:佣金|佣钱。

与　　(1)yǔ.(2)yù.参加:与会|与闻|参与。

员　　(1)yuán.(2)yún.用于人名。春秋时有伍员(伍子胥)。

晕　　(1)yūn.读音后起。①义同晕(yùn)①。多与"头"搭配着说:晕头晕脑|晕头转向|头晕。②昏迷:晕倒|晕过去了|晕厥。(2)yùn.①头脑昏乱,好像要倒的感觉。多与车、船等原因宾语组成述宾结构词语,也单说:晕场|晕车|晕船|晕机|晕针|眼晕|他一坐汽车就晕。②日、月的光圈或类似光圈的东西:日晕|月晕|墨晕|红晕|血(xiě)晕。

Z

咋　　(1)zǎ.怎,怎么:咋办。(2)zé.咬住:咋舌。(3)zhā.咋呼。

载　　(1)zǎi.(2)zài.①装,装运:载货|载客|载运|载誉|载重|满载。②充满:怨声载道。③又,边:载歌载舞。

占　　(1)zhàn.①占据;占有。②口述(文辞):口占一绝。(2)zhān.①占卜:占卦|占梦|占星。②姓。

正　　(1)zhèng.(2)zhēng.正月:新正。

症　　(1)zhèng.(2)zhēng.病的一种:症结。

挣　　(1)zhēng. 用于"挣扎"。(2)zhèng. 用力使自己摆脱束缚:挣脱。

中　　(1)zhōng. 合于,适于:中吃|中看|中听|中用。(2)zhòng. ①正好合上,正对上:中肯|中意。②陷害:中伤。

种　　(1)zhǒng. 名物义。(2)zhòng. 动作义。注意:"点种"有两读,读 diǎnzhòng,义为点播;读 diǎnzhǒng,义为点播种子。

轴　　(1)zhóu. (2)zhòu. 用于"大轴子|压轴子|压轴戏"。

着　　(1)zháo. (2)zhuó. ①接触,挨上:着地|不着边际。②下落:着落|吃穿无着。③精力放在某件事上:着手|着眼|着重。

作　　(1)zuò. (2)zuō. 只用于"作坊"。

三、容易读错的地名

B

北碚	音 bèi	在重庆	不要读成 pèi。
蚌埠	音 bèngbù	在安徽	不要读成 bàngfǔ。
泌阳	音 bì	在河南	不要读成 mì。
秘鲁	音 bì	国名	不要读成 mì。
柏林	音 bó	德国城市名	不要读成 bǎi。
亳州	音 bó	在安徽	不要读成 háo。

C

郴州	音 chēn	在湖南	不要读成 bīn。
茌平	音 chí	在山东	不要读成 shì。

D

大埔	音 bù	在广东	不要读成 pǔ。
砀山	音 dàng	在安徽	不要读成 yáng 或 xī。
东莞	音 guǎn	在广东	不要读成 wǎn。
东阿	音 ē	在山东	不要读成 ā。

F

法国	音 fǎ	国名	不要读成 fà。
涪陵	音 fú	在重庆	不要读成 péi。
阜阳	音 fù	在安徽	不要读成 fǔ。阜平、阜城(均在河北)、阜宁(在江苏)、阜南(在安徽)、阜新(在辽宁)、阜成门

（在北京）等中的阜均读 fù。

G

甘肃	音 sù	省名	不要读成 sū。

H

海参崴	音 wǎi	在俄罗斯	不要读成 wēi。
邗江	音 hán	在江苏	不要读成 hàn 或 gàn。
虎跑泉	音 páo	在杭州	不要读成 pǎo。
浒湾	音 hǔ	在河南	不要读成 xǔ。
华山	音 huà	在陕西	不要读成 huá。华县、华阴（均在陕西）以华山得名。
黄陂	音 pí	在湖北	不要读成 pō。
黄冈	音 gāng	在湖北	不要读成 gǎng。武冈（在湖南）、井冈山（在山西）、景阳冈等都读 gāng。
珲春	音 hún	在吉林	不要读成 huī。瑷珲（后作爱辉，在黑龙江）的珲读 huī。

J

济南	音 jǐ	在山东	不要读成 jì。济阳、济宁（均在山东）、济源（在河南）都读 jǐ，与济南同由济（jǐ）水而得名。
郏县	音 jiá	在河南	不要读成 jiā。
监利	音 jiàn	在湖北	不要读成 jiān。
井陉	音 xíng	在河北	不要读成 jìng。
莒县	音 jǔ	在山东	不要读成 lǚ。
鄄城	音 juàn	在山东	不要读成 yān 或 zhēn。

L

拉萨	音 sà	在西藏	不要读成 sā。
阆中	音 làng	在四川	不要读成 liáng。
丽水	音 lí	在浙江	不要读成 lì。
蠡县	音 lǐ	在河北	不要读成 lí。
梁山泊	音 pō	在山东	不要读成 bó。

M

渑池	音 miǎn	在河南	不要读成 shéng。
牟平	音 mù	在山东	不要读成 móu。

P

番禺	音 pānyú	在广东	不要读成 fānyǔ。
鄱阳湖	音 pó	在江西	不要读成 bō。

Q

犍为	音 qián	在四川	不要读成 jiàn。
曲阜	音 qūfù	在山东	不要读成 qǔfǔ。曲江(在广东)、曲阳、曲周(均在河北)、曲沃(在山西)、曲靖(在云南)都读 qū。

R

任丘	音 rén	在河北	不要读成 rèn。任县(在河北)也读 rén。

S

单县	音 shàn	在山东	不要读成 dān。
汕头	音 shàn	在广东	不要读成 shān。
歙县	音 shè	在安徽	不要读成 xī。
莘县	音 shēn	在山东	不要读成 xīn。莘庄(在上海)也读 shēn。
嵊县	音 shèng	在浙江	不要读成 chéng。
泷水	音 shuāng	在广东	不要读成 lóng。泷冈山(在江西)也读 shuāng,七里泷(在浙江)读 lóng。

T

台州	音 tāi	在浙江	不要读成 tái。天台山(在浙江)也读 tāi。

X

硖石	音 xiá	在浙江	不要读成 jiā。
厦门	音 xià	在福建	不要读成 shà。
荥阳	音 xíng	在河南	不要读成 róng。
浒墅关	音 xǔ	在江苏	不要读成 hǔ。浒湾(在江西)也

读 xǔ，河南的浒湾读 hǔ。

浚县　音 xùn　在河南　不要读成 jùn。

Y

亚洲　音 yà　洲名　不要读成 yǎ。

燕山　音 yān　在北京　不要读成 yàn。燕京、燕赵、燕云十六州等的“燕”也读 yān。

铅山　音 yán　在江西　不要读成 qiān。

鄞县　音 yín　在浙江　不要读成 jǐn 或 qín。

应县　音 yìng　在山西　不要读成 yīng。应山（在湖北）也读 yìng。

蔚县　音 yù　在河北　不要读成 wèi。

栎阳　音 yuè　在陕西　不要读成 lì。

陨县　音 yún　在湖北　不要读成 yuán。

郓城　音 yùn　在山东　不要读成 jūn。

Z

浙江　音 zhè　省名　不要读成 zhé。

准噶尔　音 gá　在新疆　不要读成 gé。

枞阳　音 zōng　在安徽　不要读成 cóng。

四、容易读错的姓氏

B

柏　音 bǎi　不要读成 bó。

秘　音 bì　不要读成 mì。

卜　音 bǔ　不要读成 pǔ。

C

朝　音 cháo　不要读成 zhāo。

揣　音 chuǎi　不要读成 chuāi。

啜　音 chuài　不要读成 chuò。

D

都　音 dū　不要读成 dōu。

F

甫　音 fǔ　不要读成 pǔ。

G

干　音 gān　不要读成 gàn。
缑　音 gōu　不要读成 hóu。
观　音 guàn　不要读成 guān。
冠　音 guàn　不要读成 guān。
妫　音 guī　不要读成 wěi 或 wéi。
炅　音 guì　不要读成 líng 或 jiǒng。
炔　音 guì　不要读成 quē。
过　音 guō　不要读成 guò。

H

哈　音 hǎ　不要读成 hā。

J

郏　音 jiá　不要读成 jiā。
监　音 jiàn　不要读成 jiān。
将　音 jiāng　不要读成 jiàng。
教　音 jiào　不要读成 jiāo。
俱　音 jū　不要读成 jù。
角　音 jué　不要读成 jiǎo。

K

阚　音 kàn　不要读成 kǎn 或 gǎn。
邝　音 kuàng　不要读成 guǎng。

L

令狐　音 línghú　不要读成 lìnghú。
泠　音 líng　不要读成 léng。

M

弥　音 mí　不要读成 ěr。
弭　音 mǐ　不要读成 ěr。
缪　音 niào　不要读成 miù 或 móu。
万俟　音 mòqí　不要读成 wànsì。

N

那　音 nā　不要读成 nà。
佴　音 nài　不要读成 ěr。

乜 音 niè 不要读成 niē。
宁 音 nìng 不要读成 níng。

O

区 音 ōu 不要读成 qū。

P

逄 音 páng 不要读成 jiàng。
朴 音 piáo 不要读成 pǔ。
繁 音 pó 不要读成 fán。
蒲 音 pú 不要读成 pǔ。

Q

戚 音 qī 不要读成 qí。
亓 音 qí 不要读成 yì。
仇 音 qiú 不要读成 chóu。
曲 音 qū 不要读成 qǔ。
诎 音 qū 不要读成 chū。
瞿 音 qú 不要读成 jù。
阕 音 quē 不要读成 què。

R

任 音 rén 不要读成 rèn。
阮 音 ruǎn 不要读成 yuán。
芮 音 ruì 不要读成 nèi。

S

撒 音 sǎ 不要读成 sā。
萨 音 sà 不要读成 sā。
单 音 shàn 不要读成 dān。
少 音 shào 不要读成 shǎo。
折 音 shé 不要读成 zhé。
佘 音 shé 不要读成 yú。
厍 音 shè 不要读成 kù。
舍 音 shè 不要读成 shě
莘 音 shēn 不要读成 xīn。
殳 音 shū 不要读成 yì。

T

拓　　音 tuò　　　不要读成 tà。

W

韦　　音 wéi　　　不要读成 wěi。
尉　　音 wèi　　　不要读成 yù。

X

鲜于　音 xiānyú　　不要读成 xiǎnyú。
冼　　音 xiǎn　　　不要读成 xǐ。
洗　　音 xiǎn　　　不要读成 xǐ。
解　　音 xiè　　　不要读成 jiě。
兴　　音 xīng　　　不要读成 xìng。
行　　音 xíng　　　不要读成 háng。
旋　　音 xuán　　　不要读成 xuàn。
穴　　音 xué　　　不要读成 xuè。

Y

燕　　音 yān　　　不要读成 yàn。
要　　音 yāo　　　不要读成 yào。
应　　音 yīng　　　不要读成 yìng。
尉迟　音 yùchí　　不要读成 wèichí。
郧　　音 yún　　　不要读成 yuán。
恽　　音 yùn　　　不要读成 jūn。

Z

载　　音 zài　　　不要读成 zǎi。
笮　　音 zé　　　不要读成 zuó。
曾　　音 zēng　　　不要读成 céng。
查　　音 zhā　　　不要读成 chá。
祭　　音 zhài　　　不要读成 jì。
占　　音 zhān　　　不要读成 zhàn。
长孙　音 zhǎngsūn　不要读成 chángsūn。
仉　　音 zhǎng　　不要读成 jǐ。
竺　　音 zhú　　　不要读成 zhū。
禚　　音 zhuó　　　不要读成 gāo。

骀　　音 zōu　　　　　　不要读成 zhòu。
俎　　音 zǔ　　　　　　不要读成 qiě。

附录 2

普通话音变词汇表

一、普通话轻声词语表

A

àimiànzi	àiren	ānzi	ānchun
爱面子	爱人	鞍子	鹌鹑
ànzi	àndili		
案子	暗地里		

B

bājie	bǎshou	bàba	báitian
巴结	把手	爸爸	白天
bānzi	bāofu	bāozi	báozi
班子	包袱	包子	雹子
bàochou	bēizi	běibian	bèizi
报酬	杯子	北边	被子
běnqian	běnshi	běnzhe	běnzi
本钱	本事	本着	本子
bízi	bǐfang	biānzi	biànzi
鼻子	比方	鞭子	辫子
biéde	bièniu	bīnglang	bōli
别的	别扭	槟榔	玻璃
bózi	bùshi	bùshìma	bùzàihu
脖子	不是	不是吗	不在乎
bùhǎoyìsi	bùyóude	bùzěnmeyàng	bùzi
不好意思	不由得	不怎么样	步子
bùfen	bāge	bāla	bābude
部分	八哥	扒拉	巴不得
báguànzi	bǎzi	bàzi	báijing
拔罐子	靶子	把子	白净

bǎibu 摆布	bǎijiàzi 摆架子	bǎishe 摆设	bàizi 稗子
bānshou 扳手	bānzi 扳子	bǎnzi 板子	bànbèizi 半辈子
bāngzi 梆子	bāngshou 帮手	bāngzi 帮子	bǎngzi 膀子
bàngchui 棒槌	bàngzi 棒子	bāohan 包涵	bàozi 豹子
bàowěiqu 抱委屈	bàozi 刨子	bèifen 辈分	bèizi 辈子
bèidili 背地里	bèizheshǒu 背着手	bēnzi 锛子	bèngda 蹦跶
bíqi 荸荠	bǐgǎnzi 笔杆子	bǐliang 比量	bìzi 箅子
bìzi 篦子	biǎndan 扁担	biàndang 便当	biāozhi 标致
biēmen 憋闷	bīnzi 槟子	bǐngzi 饼子	bōla 拨拉
bōnong 拨弄	bōzi 拨子	bǒzi 跛子	bòji 簸箕
bǔding 补丁	bùzi 簿子		

C

cáifeng 裁缝	cāngying 苍蝇	chāzi 叉子	chàbuduō 差不多
chángchu 长处	chēnghu 称呼	chéngfen 成分	chǐcun 尺寸
chǐzi 尺子	chóngzi 虫子	chōuti 抽屉	chóuzi 绸子
chūxi 出息	chuānghu 窗户	cìhou 伺候	cōngming 聪明
còuhe 凑合	cūnzi 村子	cáizhu 财主	cánji 残疾

cáozi	cǎodiànzi	cèzi	cházi
槽子	草垫子	册子	茬子
chágāngzi	chàzi	chàzi	chāishi
茶缸子	岔子	杈子	差事
cháihuo	chānhuo	chǎnzi	chànyou
柴火	搀和	铲子	颤悠
chángzi	chǎngzi	chǎngzi	chēzi
肠子	厂子	场子	车子
chēngménmian	chēngzi	chéngqìhou	chībukāi
撑门面	蛏子	成气候	吃不开
chībulái	chībuxiāo	chīdekāi	chīdelái
吃不来	吃不消	吃得开	吃得来
chīdexiāo	chízi	chòngzi	chōuda
吃得消	池子	冲子	抽搭
chōugōngfu	chòudòufu	chūchàzi	chūfēngtou
抽功夫	臭豆腐	出岔子	出风头
chūluànz	chūluo	chūmáobing	chúle
出乱子	出落	出毛病	除了
chútou	chùsheng	chuánzi	chuánjia
锄头	畜生	椽子	船家
chuànqīnqi	chuāngzi	chuízi	cìwei
串亲戚	窗子	锤子	刺猬
cuòchu			
错处			

D

dāying	dǎban	dǎfa	dǎliang
答应	打扮	打发	打量
dǎsuan	dǎting	dǎzhāohu	dàfang
打算	打听	打招呼	大方
dàmuzhǐ	dàyi	dàifu	dānwu
大拇指	大意	大夫	耽误
dǎnzi	dànzi	dāozi	dāolao
胆子	担子	刀子	叨唠

dǎoteng	dàozi	déle	dézui
倒腾	稻子	得了	得罪
dēnglong	dèngzi	dízi	dǐxia
灯笼	凳子	笛子	底下
dìdao	dìfang	dìdi	dìxiong
地道	地方	弟弟	弟兄
diǎnxin	diǎnzhui	diǎnzi	diézi
点心	点缀	点子	碟子
dīngzi	dōngbian	dōngxi	dǒngde
钉子	东边	东西	懂得
dòngjing	dòufu	dòuzi	dùzi
动静	豆腐	豆子	肚子
duìwu	duìbuqǐ	duìdeqǐ	duìfu
队伍	对不起	对得起	对付
duōsuo	duōme	duōshao	dālian
哆嗦	多么	多少	褡裢
dājiàzi	dāli	dāla	dǎdian
搭架子	答理	耷拉	打点
dǎhāha	dǎmo	dǎpigu	dǎshou
打哈哈	打磨	打屁股	打手
dǎsuànpan	dǎzhǔyi	dàbuliǎo	dàshīfu
打算盘	打主意	大不了	大师傅
dàxīngxing	dàzhàngfu	dāizi	dàitúdi
大猩猩	大丈夫	呆子	带徒弟
dàizi	dānzi	dānge	dǎnzi
袋子	单子	耽搁	掸子
dàoshi	dīfang	dígu	dǐxi
道士	提防	嘀咕	底细
dǐzi	diānduo	diānliang	diǎnbo
底子	掂掇	掂量	点拨
diànzi	diàozi	diūmiànzi	dòngbudòng
垫子	调子	丢面子	动不动
dòngdòufu	dōudu	dōuquānzi	dǒupeng
冻豆腐	兜肚	兜圈子	斗篷

dòufupí 豆腐皮　dòufurǔ 豆腐乳　dūlu 嘟噜　dūnang 嘟囔

dúzi 犊子　duànzi 段子　duìzi 对子　dūnzi 墩子

duòzi 驮子

E

ézi 蛾子　ěxin 恶心　érzi 儿子　ěrduo 耳朵

F

fāpíqi 发脾气　fǎzi 法子　fǎnzheng 反正　fángzi 房子

fēngzheng 风筝　fēngzi 疯子　fúqi 福气　fǔzi 斧子

fùyu 富余　fāngēntou 翻跟头　fānteng 翻腾　fànbushàng 犯不上

fànbuzháo 犯不着　fāngzi 方子　fēizi 妃子　fèizi 痱子

fēngtou 风头　fèngcheng 奉承　fèngzi 缝子　fūzi 麸子

fúshou 扶手　fúfen 福分　fǔtou 斧头

G

gàizi 盖子　gānzhe 甘蔗　gāoliang 高粱　gǎozi 稿子

gàosu 告诉　gēge 哥哥　gēzi 鸽子　gēbo 胳膊

gēda 疙瘩　gèzi 个子　gètou 个头　gōngfu 工夫

gōngqian 工钱　gōngfu 功夫　gōuzi 钩子　gūgu 姑姑

gūniang 姑娘　gǔtou 骨头　gǔzi 谷子　gùshi 故事

gùbude 顾不得	guǎfu 寡妇	guàibude 怪不得	guāncai 棺材
guānxi 关系	guǎnzi 管子	guàntou 罐头	guīju 规矩
guīnü 闺女	guǐzi 鬼子	guìzi 柜子	gùnzi 棍子
guòqu 过去	gānba 干巴	gānxi 干系	gānzi 杆子
gǎnbushàng 赶不上	gànshi 干事	gāngzi 缸子	gàngzi 杠子
gāomàozi 高帽子	gāoyao 膏药	gǎotou 镐头	gàoshi 告示
géli 蛤蜊	gézi 格子	gōngjia 公家	gōngzi 弓子
gōuda 勾搭	gǒutuǐzi 狗腿子	gòupéngyou 够朋友	gūmo 估摸
guāda 呱嗒	guàzi 褂子	guānsi 官司	guǎnjiao 管教
guànzi 罐子	guàngdang 逛荡	guìzishǒu 刽子手	guòbuqù 过不去
guòdeqù 过得去	guòrìzi 过日子		

H

háishi 还是	háizi 孩子	hàichu 害处	hánhu 含糊
hǎochu 好处	hǎoyàngde 好样的	hétao 核桃	héqi 和气
héshang 和尚	hétong 合同	hènbude 恨不得	hóuzi 猴子
hòubian 后边	hòumian 后面	hòutou 后头	húlu 葫芦
húzi 胡子	hútu 糊涂	húli 狐狸	hùshi 护士

huàichu 坏处	huánggua 黄瓜	huópo 活泼	huǒji 伙计
hāqian 哈欠	háma 蛤蟆	háiziqi 孩子气	háizitóu 孩子头
hánchen 寒碜	hànzi 汉子	hànzhūzi 汗珠子	hángdang 行当
hángjia 行家	hǎojiāhuo 好家伙	hàozi 号子	hédelái 合得来
hézi 盒子	hēixīngxing 黑猩猩	héngshu 横竖	hóuzi 瘊子
hòudao 厚道	hòushi 厚实	húluóbo 胡罗卜	húqin 胡琴
huāshao 花哨	huázi 划子	huáliu 滑溜	huàidōngxi 坏东西
huánzi 环子	huǎngzi 幌子	huàngdang 晃荡	huàngyou 晃悠
húntun 馄饨	huōchuqu 豁出去	huófan 活泛	huóji 活计
huǒhou 火候	huǒshao 火烧		

J

jīling 机灵	jǐliang 脊梁	jìde 记得	jìhao 记号
jìxing 记性	jiāzi 夹子	jiāhuo 家伙	jiàqian 价钱
jiàzi 架子	jiānzi 尖子	jiànshi 见识	jiǎngjiu 讲究
jiǎozi 饺子	jiàohuan 叫唤	jiàoxun 教训	jiēzhe 接着
jiēfang 街坊	jiēshi 结实	jiějie 姐姐	jìnshi 近视
jīngshen 精神	jìngzi 镜子	jiùjiu 舅舅	jiùmu 舅母

júzi	jùzi	juéde	jīgu
橘子	句子	觉得	叽咕
jízi	jìdu	jiàzhuang	jiānbing
集子	忌妒	嫁妆	煎饼
jiānxi	jiǎnzi	jiǎnzi	jiànbude
奸细	剪子	茧子	见不得
jiànshi	jiànzi	jiāngjiu	jiāngsheng
见识	键子	将就	缰绳
jiàngdòufu	jiāoqing	jiāonen	jiǎohuo
酱豆腐	交情	娇嫩	搅和
jiàozi	jiēba	jiēzi	jiéqi
轿子	结巴	疖子	节气
jiěfu	jièzhi	jièmo	jīnbuqǐ
姐夫	戒指	芥末	禁不起
jīnbuzhù	jīnzi	jìnxiang	jūzi
禁不住	金子	进项	驹子
juǎnzi	juétou		
卷子	镢头		

K

kànbuqǐ	kànqilai	kànyàngzi	késou
看不起	看起来	看样子	咳嗽
kèren	kèqi	kūlong	kùzi
客人	客气	窟窿	裤子
kuàizi	kuàihuo	kuàiji	kuānchang
筷子	快活	会计	宽敞
kùnnan	kāikǒuzi	kāitong	kǎnzi
困难	开口子	开通	坎子
kǎojiu	kàobuzhù	kàodezhù	kēda
考究	靠不住	靠得住	磕打
kēngzi	kōngjiàzi	kòngzi	kǒuzi
坑子	空架子	空子	口子
kòumàozi	kòuzi	kūbízi	kǔchu
扣帽子	扣子	哭鼻子	苦处

kǔtou	kuàidang	kuānchuo	kuǎnzi
苦头	快当	宽绰	款子
kuāngzi	kuàngkuang	kuàngzi	kuīde
筐子	框框	框子	亏得
kuòqi			
阔气			

L

lǎba	láibují	láidejí	lánzi
喇叭	来不及	来得及	篮子
lǎodàye	lǎopo	lǎorénjia	lǎoshi
老大爷	老婆	老人家	老实
lǎotàitai	lǎoye	lǎolao	líba
老太太	老爷	姥姥	篱笆
lǐbian	lǐtou	lìzi	lìhai
里边	里头	栗子	利害
lìzi	lìliang	lìqi	liànzi
例子	力量	力气	链子
liángshi	liángkuai	liǎngkǒuzi	liǎobuqǐ
粮食	凉快	两口子	了不起
lǐngzi	lóngzi	lúzi	lùshang
领子	笼子	炉子	路上
lùzi	lúnzi	luōsuo	luózi
路子	轮子	罗唆	骡子
luóbo	luóji	luòtuo	lāche
罗卜	逻辑	骆驼	拉扯
lādùzi	lāguānxi	lālong	lǎma
拉肚子	拉关系	拉拢	喇嘛
láitou	lǎnde	lànhu	làngtou
来头	懒得	烂糊	浪头
láokao	léizhui	lěngbufáng	lěngqing
牢靠	累赘	冷不防	冷清
lǐzi	lǐzi	lìhai	lìluo
李子	里子	厉害	利落

lìsuo 利索	liánpeng 莲蓬	liǎobudé 了不得	liǎode 了得
liàozi 料子	língjiao 菱角	lǒuzi 篓子	luòde 落得

M

māma 妈妈	máfan 麻烦	mǎtou 码头	mǎhu 马虎
mǎimai 买卖	mántou 馒头	màozi 帽子	méigui 玫瑰
méiguānxi 没关系	méishénme 没什么	méishuōde 没说的	méiyìsi 没意思
méimao 眉毛	mèimei 妹妹	míhu 迷糊	miánhua 棉花
miǎnde 免得	miànzi 面子	míngbai 明白	míngzi 名字
mōsuo 摸索	móhu 模糊	mùjiang 木匠	mùtou 木头
máli 麻利	màizi 麦子	màilìqi 卖力气	màinong 卖弄
mánghuo 忙活	ménlu 门路	ménmian 门面	mīfeng 眯缝
mìshi 密实	miǎnbuliǎo 免不了	miáotiao 苗条	míngtang 名堂
móceng 磨蹭	mógu 磨菇	mòzi 沫子	múzi 模子
mǔdan 牡丹			

N

nǎge 哪个	nǎli 哪里	nàbian 那边	nàge 那个
nàme 那么	nǎinai 奶奶	nánbian 南边	nǎodai 脑袋

nǎozi	nàoxiàohua	nǐmen	niàntou
脑子	闹笑话	你们	念头
nuǎnhuo	nájiàzi	názhǔyi	nàmexiē
暖和	拿架子	拿主意	那么些
nàmezhe	nàizi	nánren	nánchu
那么着	奈子	男人	难处
nánwei	nǎnzi	nǎngzi	nàobièniu
难为	蝻子	攮子	闹别扭
nàodùzi	nàohong	nàojihuang	nàoluànzi
闹肚子	闹哄	闹饥荒	闹乱子
nàopíqi	nàoteng	nèiren	néngnai
闹脾气	闹腾	内人	能耐
níqiu	nízi	nìfan	nìwei
泥鳅	呢子	腻烦	腻味
nìzi	niánhu	niáncheng	niǎnzi
腻子	黏糊	年成	捻子
niǎnzi	niàndao	niángjia	niángniang
碾子	念叨	娘家	娘娘
nièzi	niúbózi	niúpíqi	niǔda
镊子	牛脖子	牛脾气	扭搭
niǔnie	niǔyāngge	niǔzi	núcai
扭捏	扭秧歌	纽子	奴才

P

pāizi	páizi	pánzi	pàngzi
拍子	牌子	盘子	胖子
péngyou	pèngdīngzi	píqi	piányi
朋友	碰钉子	脾气	便宜
piàoliang	píngzi	pópo	pútao
漂亮	瓶子	婆婆	葡萄
pútaotáng	pázi	pázi	pāibāzhang
葡萄糖	耙子	筢子	拍巴掌
pāida	páichang	páilou	pǎizichē
拍打	排场	牌楼	排子车

pánchan 盘缠	pánsuan 盘算	pàntou 盼头	páozi 袍子
páozi 狍子	pǎomǎtou 跑码头	pàomógu 泡蘑菇	pàotǒngzi 炮筒子
pàozhang 炮仗	péibùshi 赔不是	pēnzi 喷子	péngzi 棚子
pīzi 坯子	píjiāzi 皮夹子	píjiang 皮匠	píshi 皮实
pítǒngzi 皮桶子	pízi 皮子	píta 疲塌	pízi 痞子
pīchai 劈柴	piānfu 篇幅	piānzi 篇子	piànzi 片子
piànzi 骗子	piàozi 票子	piàolianghuà 漂亮话	piělan 苤蓝
pīntou 姘头	pójia 婆家	pǒluo 笸箩	pūgai 铺盖
pǔzi 谱子	pùzi 铺子		

Q

qīfu 欺负	qīzi 妻子	qízi 旗子	qiánmian 前面
qiántou 前头	qiánzi 钳子	qiézi 茄子	qīnqi 亲戚
qíngxing 情形	qǔzi 曲子	quānzi 圈子	quántou 拳头
qúnzi 裙子	qījiang 漆匠	qǐzi 起子	qìxing 气性
qiǎbózi 卡脖子	qiǎzi 卡子	qiānzi 签子	qiānjin 千斤
qiānzi 钎子	qiāoda 敲打	qiāozi 雀子	qiáobuqǐ 瞧不起
qiáodeqǐ 瞧得起	qiàowěiba 翘尾巴	qiàopi 俏皮	qiàopihuà 俏皮话

qínkuai 勤快	qīngsheng 轻省	qìngjia 亲家	qìngjiagōng 亲家公
qìngjiamǔ 亲家母	qióngbàngzi 穷棒子	quézi 瘸子	

R

rènao 热闹	rénjia 人家	rénmen 人们	rěnbuzhù 忍不住
rènwu 任务	rènde 认得	rènshi 认识	rìzi 日子
rāngrang 嚷嚷	rángzi 瓤子	ràoquānzi 绕圈子	ràowānzi 绕弯子
rèhu 热乎	rèhuo 热和	rénfànzi 人贩子	róucuo 揉搓
rùzi 褥子	ruǎndāozi 软刀子	rǎnhuo 软和	

S

sǎngzi 嗓子	sǎozi 嫂子	shāzi 沙子	shǎzi 傻子
shāizi 筛子	shànzi 扇子	shāngliang 商量	shǎngwu 晌午
shàngbian 上边	shàngmian 上面	shàngtou 上头	shāobing 烧饼
sháozi 勺子	shétou 舌头	shěbude 舍不得	shěde 舍得
shēnfen 身分	shēnzi 身子	shénme 什么	shénmede 什么的
shénqi 神气	shénxian 神仙	shěnzi 婶子	shēngyi 生意
shēngkou 牲口	shéngzi 绳子	shěngde 省得	shīfu 师傅
shīzi 狮子	shítou 石头	shíhou 时候	shǐde 使得

shìqing 事情	shìli 势力	shìde 是的	shōucheng 收成
shōushi 收拾	shūshu 叔叔	shūzi 梳子	shūfu 舒服
shūhu 疏忽	shūji 书记	shuāzi 刷子	shuǎngkuai 爽快
shuōbudìng 说不定	shuōfa 说法	sīwen 斯文	suànle 算了
suànpan 算盘	suízhe 随着	suìshu 岁数	sūnzi 孙子
sǎtuo 洒脱	sāizi 塞子	sāibāngzi 腮帮子	sǎofūren 嫂夫人
sàozhou 扫帚	sàozhouxīng 扫帚星	shǎizi 色子	shānhétao 山核桃
shǎngqian 赏钱	shàngniánji 上年纪	shàngsi 上司	shàngsuìshu 上岁数
shāoguo 烧锅	shāomai 烧卖	sháoyao 芍药	shǎobuliǎo 少不了
shàozi 哨子	shàonǎinai 少奶奶	shàoye 少爷	shēnliang 身量
shénfu 神甫	shěnshen 婶婶	shēngfen 生分	shēngyijīng 生意经
shīye 师爷	shīzigoǔ 狮子狗	shīziwǔ 狮子舞	shīshou 尸首
shīzi 虱子	shíjiang 石匠	shíliu 石榴	shíduo 拾掇
shíchen 时辰	shǐdude 使不得	shǐhuan 使唤	shǐxìngzi 使性子
shìzi 柿子	shìzijiāo 柿子椒	shìzi 式子	shìliyǎn 势利眼
shìde 似的	shǒushi 首饰	shǒuzhǐtou 手指头	shòuzi 瘦子
shòushu 寿数	shūbai 叔伯	shūtan 舒坦	shūdāizi 书呆子

shúshi 熟识	shǔluo 数落	shǔzi 黍子	shǔxiang 属相
shuǎzuǐpízi 耍嘴皮子	shuāida 摔打	shuànguōzi 涮锅子	shùndang 顺当
shuōbulái 说不来	shuōbushàng 说不上	shuōdelái 说得来	shuōhe 说合
shuōhe 说和	sīliang 思量	sīfang 私房	sǐduìtou 死对头
sōngdong 松动	sōngkuai 松快	súqi 俗气	sùjing 素净
sùzi 嗉子	suànji 算计	suíhe 随和	suìzi 穗子
sǔntou 榫头	sǔnzi 榫子	suōzi 梭子	

T

tāmen 他们	tāmen 它们	tāmen 她们	tāshi 踏实
tàitai 太太	tàidu 态度	tǎnzi 毯子	tèwu 特务
tǐmian 体面	tiáozi 条子	tiàozao 跳蚤	tíngzi 亭子
tòngkuai 痛快	tóufa 头发	tóuzi 头子	túdi 徒弟
tùzi 兔子	tuǒdang 妥当	tuòmo 唾沫	táizhùzi 台柱子
táizi 台子	táiju 抬举	tānzi 瘫子	tānzi 摊子
tánzi 坛子	tànkǒuqi 探口气	tànzi 探子	tánghúlu 糖葫芦
tāokūlong 掏窟窿	tāozi 绦子	táozi 桃子	tàojìnhu 套近乎
tàozi 套子	tīzi 梯子	tīteng 踢腾	tízi 蹄子

tìpen	tìzi	tiānbu	tiántou
嚏喷	屉子	添补	甜头
tiāoti	tiāozi	tiáozhou	tiēbǐngzi
挑剔	挑子	笤帚	贴饼子
tiězi	tiějiang	tíngdang	tóngjiang
帖子	铁匠	停当	铜匠
tǒngzi	tǒnglóuzi	tóuli	tóumian
筒子	捅娄子	头里	头面
tūzi	tùmo	tuīzi	tuǐdùzi
秃子	吐沫	推子	腿肚子
tuōzi	tuózi		
托子	坨子		

W

wáwa	wàzi	wàibian	wàitou
娃娃	袜子	外边	外头
wǎnshang	wěiba	wěiqu	wèidao
晚上	尾巴	委屈	味道
wèizhi	wèile	wèishénme	wēnhuo
位置	为了	为什么	温和
wénzi	wěndang	wōnang	wǒmen
蚊子	稳当	窝囊	我们
wūzi	wǎjiang	wàisheng	wàishengnǚ
屋子	瓦匠	外甥	外甥女
wàisūnzi	wánzi	wànzi	wángba
外孙子	丸子	腕子	王八
wángye	wǎngzi	wàngxing	wéizi
王爷	网子	忘性	围子
wěizi	wèizi	wōpeng	wùzi
苇子	位子	窝棚	痦子
wūlacǎo	wùxing		
乌拉草	悟性		

X

xībian	xǐhuan	xiàbian	xiàmian
西边	喜欢	下边	下面
xiānsheng	xiǎnde	xiāngxia	xiāngzi
先生	显得	乡下	箱子
xiàngsheng	xiāoxi	xiǎode	xiǎohuǒzi
相声	消息	晓得	小伙子
xiǎojie	xiǎozi	xiàohua	xièxie
小姐	小子	笑话	谢谢
xīnli	xīnsi	xīngxing	xíngli
心里	心思	星星	行李
xiōngdi	xiūxi	xiùzi	xùdao
兄弟	休息	袖子	絮叨
xuēzi	xuésheng	xīhúlu	xīhan
靴子	学生	西葫芦	稀罕
xízi	xiāzi	xiāmi	xiázi
席子	瞎子	虾米	匣子
xiàba	xiàbulái	xiàchang	xiàtou
下巴	下不来	下场	下头
xiàhu	xiānliang	xiángōngfu	xiǎngbudào
吓唬	鲜亮	闲工夫	想不到
xiǎngbukāi	xiǎngdedào	xiǎngdekāi	xiǎngtou
想不开	想得到	想得开	想头
xiǎngdong	xiànggong	xiǎolǎopo	xiǎomuzhǐ
响动	相公	小老婆	小拇指
xiǎoqi	xiǎoquānzi	xiǎorìzi	xiǎoshíhou
小气	小圈子	小日子	小时候
xiǎoshūzi	xiǎosuànpan	xiǎoyízi	xiǎoyìsi
小叔子	小算盘	小姨子	小意思
xiēzi	xiēzi	xiēxi	xiéjiang
楔子	蝎子	歇息	鞋匠
xīnshui	xìnzi	xīngqi	xíngfāngbian
薪水	芯子	腥气	行方便

xìngtou	xìngzi	xiùcai	xiùqi
兴头	性子	秀才	秀气
xūzi	xùfan	xuánhu	xuànzi
须子	絮烦	玄乎	楦子

Y

yāzi	yǎnjing	yànzi	yǎnghuo
鸭子	眼睛	燕子	养活
yàngzi	yàoburán	yàobushì	yàome
样子	要不然	要不是	要么
yàoshi	yàoshi	yéye	yèzi
要是	钥匙	爷爷	叶子
yèli	yībeizi	yīxiàzi	yīfu
夜里	一辈子	一下子	衣服
yīshang	yǐzi	yǐjing	yìjian
衣裳	椅子	已经	意见
yìsi	yìwèizhe	yíngzi	yǐngzi
意思	意味着	蝇子	影子
yìngchou	yìngfu	yòngbuzháo	yòngchu
应酬	应付	用不着	用处
yòngren	yǒude	yǒudeshì	yǒushíhou
用人	有的	有的是	有时候
yǒuyisi	yòubian	yuānwang	yuànzi
有意思	右边	冤枉	院子
yuèliang	yúncai	yùnqi	yātou
月亮	云彩	运气	丫头
yāzhòuzi	yáchen	yákou	yámen
压轴子	牙碜	牙口	衙门
yáyi	yǎba	yǎzhi	yāntong
衙役	哑巴	雅致	烟筒
yānzi	yánwang	yánshi	yǎnzhūzi
烟子	阎王	严实	眼珠子
yàntai	yānggao	yāngge	yángguǐzi
砚台	央告	秧歌	洋鬼子

yángsǎngzi 洋嗓子	yángwáwa 洋娃娃	yǎngyang 痒痒	yāogǎnzi 腰杆子
yāozi 腰子	yāojing 妖精	yāohe 吆喝	yǎozi 舀子
yàozi 疟子	yàoguànzi 药罐子	yàoniǎnzi 药捻子	yàoyǐnzi 药引子
yàobude 要不得	yàomiànzi 要面子	yàozi 鹞子	yēzi 椰子
yérmen 爷儿们	yèmāozi 夜猫子	yífu 姨夫	yítàitai 姨太太
yìchu 益处	yìqi 义气	yínzi 银子	yǐnzi 饮子
yǐnzi 引子	yìnbàzi 印把子	yìnzi 印子	yīngzi 缨子
yìnglang 硬朗	yònggōngfu 用工夫	yóubude 由不得	yóushui 油水
yóuzi 油子	yǒurìzi 有日子	yòuzi 柚子	yùtou 芋头
yuānjia 冤家	yuánzi 园子	yuánzi 辕子	yuànbude 怨不得
yuēmo 约莫	yuèbing 月饼	yuèqian 月钱	yuèzi 月子
yúnliu 匀溜	yúnshi 匀实		

Z

zàihu 在乎	zánmen 咱们	zǎochen 早晨	zěnme 怎么
zěnmeyàng 怎么样	zěnmezhe 怎么着	zhāshi 扎实	zhàngfu 丈夫
zhāohu 招呼	zhàoying 照应	zhēteng 折腾	zhémo 折磨
zhège 这个	zhème 这么	zhèmezhe 这么着	zhēnshi 真是

zhēnshide	zhěntou	zhèngjing	zhīma
真是的	枕头	正经	芝麻
zhīdao	zhīshi	zhíde	zhízi
知道	知识	值得	侄子
zhǐjia	zhǐtou	zhìqi	zhǒngzi
指甲	指头	志气	种子
zhōudao	zhūzi	zhúzi	zhǔfu
周到	珠子	竹子	嘱咐
zhǔyi	zhùzi	zhuǎzi	zhuāngjia
主意	柱子	爪子	庄稼
zhuōzi	zuǐba	zuómo	zásui
桌子	嘴巴	琢磨	杂碎
zāigentou	zǎizi	zàibu	zānzi
栽跟头	崽子	再不	簪子
záozi	zǎoshang	zàohuo	zàohua
凿子	早上	灶火	造化
zhǎba	zhàlan	zhàhu	zháizi
眨巴	栅栏	诈唬	宅子
zhàizi	zhānzi	zhànpiányi	zhāngzi
寨子	毡子	占便宜	獐子
zhāngluo	zhàngzi	zhàngmu	zhàngren
张罗	幛子	丈母	丈人
zhàngpeng	zhàngzi	zhāopai	zhāore
帐篷	帐子	招牌	招惹
zhāozi	zhǎobu	zhǎomáfan	zhǎotou
招子	找补	找麻烦	找头
zhàozi	zhàotou	zhézi	zhězi
罩子	兆头	折子	褶子
zhèmexiē	zhèmeyàng	zhēnzi	zhēnjiao
这么些	这么样	榛子	针脚
zhěnzi	zhènzi	zhènghou	zhīwu
疹子	阵子	症候	支吾
zhīzi	zhīzi	zhīzi	zhíliu
支子	枝子	栀子	直溜

zhíxìngzi 直性子	zhōngzi 盅子	zhōuzheng 周正	zhóuzi 轴子
zhǒuzi 肘子	zhūzhu 蛛蛛	zhǔzi 主子	zhuābiànzi 抓辫子
zhuǎnguānxi 转关系	zhuànyou 转悠	zhuàntou 赚头	zhuānghútu 装糊涂
zhuāngménmian 装门面	zhuāngyàngzi 装样子	zhuāngzi 桩子	zhuàngshi 壮实
zhuàngyuan 状元	zhuàngzi 状子	zhuīzi 锥子	zhuìzi 坠子
zhuózi 镯子	zìhao 字号	zòngzi 粽子	zūzi 租子
zǔzong 祖宗	zuānkòngzi 钻空子	zuōfang 作坊	zuòyuèzi 坐月子
zuòzi 座子	zuòzuo 做作		

二、普通话儿化词语表

A

āigèr
挨个儿

B

bájiānr 拔尖儿	báibānr 白班儿	báibúr 白醭儿	báigānr 白干儿
bǎitānr 摆摊儿	bàijiāzir 败家子儿	bǎncār 板擦儿	bǎogér 饱嗝儿
bàodǔr 爆肚儿	bèiwōr 被窝儿	běnshǎir 本色儿	bèntour 奔头儿
bíliángr 鼻梁儿	bìnghàor 病号儿	bùdéjìnr 不得劲儿	bāogānr 包干儿
bīnggùnr 冰棍儿			

C

chàdàor 岔道儿　chàngpiānr 唱片儿　chūquānr 出圈儿　chuànménr 串门儿
chàdiǎnr 差点儿

D

dāchár 答茬儿　dǎdǔnr 打盹儿　dǎgér 打嗝儿　dǎmíngr 打鸣儿
dǎzár 打杂儿　dānxiánr 单弦儿　dànjuér 旦角儿　dāobàr 刀把儿
dāopiànr 刀片儿　diàoménr 调门儿　dǐngniúr 顶牛儿　dǐngshìr 顶事儿
dòufugānr 豆腐干儿　dòufunǎor 豆腐脑儿　dòujiǎor 豆角儿　dòuyár 豆芽儿
dàhuǒr 大伙儿　dàir 带儿　dōur 兜儿

G

gètóur 个头儿　gòuběnr 够本儿　gòujìnr 够劲儿　guōguor 蝈蝈儿
guōtiēr 锅贴儿　gànhuór 干活儿　gèr 个儿　guānggùnr 光棍儿

H

hǎohāor 好好儿　hǎowánr 好玩儿　huàr 画儿　huór 活儿

K

kāirènr 开刃儿　kǒushàor 口哨儿　kùchār 裤衩儿　kùdōur 裤兜儿
kuàibǎnr 快板儿　kòngr 空儿

L

lèngshénr 愣神儿　liǎndànr 脸蛋儿　lǎotóur 老头儿　liáotiānr 聊天儿

M

méishìr	miàntiáor	mòshuǐr	
没事儿	面条儿	墨水儿	

N

nǎhuìr	nǎr	nàmènr	nàhuìr
哪会儿	哪儿	纳闷儿	那会儿
nàmediǎnr	nàr	nǎor	nítāir
那么点儿	那儿	脑儿	泥胎儿
niānjiūr	niǎnnianzhuànr	niǎor	nàmènr
拈阄儿	捻捻转儿	鸟儿	纳闷儿
nàozhewánr	niántóur		
闹着玩儿	年头儿		

O

ǒujiér

藕节儿

P

pánrcài	pàngdūnr	páogēnr	pǎotuǐr
盘儿菜	胖墩儿	刨根儿	跑腿儿
píbǎnr	piànrhuì	piànrtāng	pūgaijuǎnr
皮板儿	片儿会	片儿汤	铺盖卷儿
púdūnr			
蒲墩儿			

Q

qǐmíngr	qiāngzǐr	qiǎojìnr	qiúr
起名儿	枪子儿	巧劲儿	球儿
qūqur			
蛐蛐儿			

R

ràoyuǎnr	rénr	rényǐngr	rényuánr
绕远儿	人儿	人影儿	人缘儿

S

sāngrènr	sǎngménr	shǎjìnr	shànmiànr

桑葚儿	嗓门儿	傻劲儿	扇面儿
shàngzuòr	shōutānr	shùyīnliángr	shuǎxīnyǎnr
上座儿	收摊儿	树阴凉儿	耍心眼儿
shuōtour	sǐkòur	sǐxīnyǎnr	sòngxìnr
说头儿	死扣儿	死心眼儿	送信儿
suànbànr	suìbùr		
蒜瓣儿	碎步儿		

T

tìr	tóngzǐr	tóutour	tòuliàngr
屉儿	铜子儿	头头儿	透亮儿
tùryé			
兔儿爷			

W

wánrmìng	wéibór	wéizuǐr
玩儿命	围脖儿	围嘴儿

X

xìgāotiǎor	xiàběnr	xiànrbǐng	xiànzhóur
细高挑儿	下本儿	馅儿饼	线轴儿
xiǎngr	xiàngpiānr	xiǎobiànr	xiǎoqǔr
响儿	相片儿	小辫儿	小曲儿
xiǎoxīnyǎnr	xiéménr	xínglijuǎnr	xiànr
小心眼儿	邪门儿	行李卷	馅儿
xiǎoháir	xīnyǎnr		
小孩儿	心眼儿		

Y

yārlí	yānzuǐr	yánbiānr	yāobǎnr
鸭儿梨	烟嘴儿	沿边儿	腰板儿
yǎozìr	yémenr	yīdīngdiǎnr	yīgejìnr
咬字儿	爷们儿	一丁点儿	一个劲儿
yīgǔjìnr	yīgǔnǎor	yīliūr	yīshùnr
一股劲儿	一股脑儿	一溜儿	一顺儿
yír	yīnr	yīngmíngr	yǐngpiānr
姨儿	音儿	应名儿	影片儿

yǒuménr　yǒupànr　yānjuǎnr　yánr
有门儿　有盼儿　烟卷儿　沿儿

yīgejìnr　yīhuìr　yīkuàir　yīxiàr
一个劲儿　一会儿　一块儿　一下儿

yīdiǎnr　yǒudiǎnr
一点儿　有点儿

Z

zábànr　zǎozǎor　zhǎngsháor　zhǎochár
杂拌儿　早早儿　掌勺儿　找茬儿

zhàomiànr　zhàopiānr　zhèr　zhēnbír
照面儿　照片儿　这儿　针鼻儿

zhōngbuliūr　zhōngjiànr　zhuājiūr　zhuǎr
中不溜儿　中间儿　抓阄儿　爪儿

zhǔnr　zǒudàor　zǒudiàor　zǒushénr
准儿　走道儿　走调儿　走神儿

zǒuwèir　zuòhuór　zhèhuìr　zuòr
走味儿　做活儿　这会儿　座儿

三、双音节词语变调词汇

1.“一”、“不”变调词语

不必 búbì　不便 búbiàn　不测 búcè
不错 búcuò　不待 búdài　不但 búdàn
不当 búdàng　不定 búdìng　不断 búduàn
不对 búduì　不忿 búfèn　不够 búgòu
不顾 búgù　不过 búguò　不讳 búhuì
不济 bújì　不见 bújiàn　不快 búkuài
不愧 búkuì　不力 búlì　不利 búlì
不料 búliào　不吝 búlìn　不论 búlùn
不妙 búmiào　不日 búrì　不善 búshàn
不胜 búshèng　不是 búshì　不适 búshì
不遂 búsuì　不肖 búxiào　不屑 búxiè
不逊 búxùn　不外 búwài　不要 búyào
不意 búyì　不用 búyòng　不在 búzài

不振 búzhèn　不致 búzhì　不住 búzhù
一半 yíbàn　一并 yíbìng　一带 yídài
一旦 yídàn　一道 yídào　一动 yídòng
一定 yídìng　一度 yídù　一概 yígài
一共 yígòng　一贯 yíguàn　一刻 yíkè
一路 yílù　一气 yíqì　一切 yíqiè
一色 yísè　一味 yíwèi　一线 yíxiàn
一向 yíxiàng　一样 yíyàng　一再 yízài
一阵 yízhèn　一致 yízhì　一般 yìbān
一斑 yìbān　一边 yìbiān　一端 yìduān
一发 yìfā　一晃 yìhuǎng　一经 yìjīng
一举 yìjǔ　一口 yìkǒu　一览 yìlǎn
一连 yìlián　一旁 yìpáng　一齐 yìqí
一起 yìqǐ　一如 yìrú　一身 yìshēn
一生 yìshēng　一时 yìshí　一手 yìshǒu
一体 yìtǐ　一同 yìtóng　一统 yìtǒng
一头 yìtóu　一无 yìwú　一些 yìxiē
一心 yìxīn　一行 yìxíng　一应 yìyīng
一早 yìzǎo　一朝 yìzhāo　一直 yìzhí
一准 yìzhǔn　一总 yìzǒng

2．上声变调词语(选自《大纲》〔表一〕)

(1)上＋阴

把关 bǎguān　摆脱 bǎituō　保温 bǎowēn
北方 běifāng　比分 bǐfēn　贬低 biǎndī
表彰 biǎozhāng　饼干 bǐnggān　补充 bǔchōng
补贴 bǔtiē　捕捞 bǔlāo　捕捉 bǔzhuō
产区 chǎnqū　产生 chǎnshēng　厂家 chǎngjiā
敞开 chǎngkāi　处方 chǔfāng　打击 dǎjī
导师 dǎoshī　点钟 diǎnzhōng　法官 fǎguān
法规 fǎguī　反攻 fǎngōng　反击 fǎnjī
反思 fǎnsī　反之 fǎnzhī　纺织 fǎngzhī
改编 gǎibiān　感激 gǎnjī　鼓吹 gǔchuī
股东 gǔdōng　管家 guǎnjiā　广播 guǎngbō
海滨 hǎibīn　海关 hǎiguān　海军 hǎijūn

好吃 hǎochī　好多 hǎoduō　好说 hǎoshuō
好听 hǎotīng　好些 hǎoxiē　火山 huǒshān
火灾 huǒzāi　假装 jiǎzhuāng　简称 jiǎnchēng
简单 jiǎndān　剪刀 jiǎndāo　减低 jiǎndī
减轻 jiǎnqīng　解剖 jiěpōu　紧缩 jǐnsuō
卡车 kǎchē　可观 kěguān　可惜 kěxī
口腔 kǒuqiāng　老家 lǎojiā　老师 lǎoshī
老乡 lǎoxiāng　领先 lǐngxiān　马车 mǎchē
满腔 mǎnqiāng　抹杀 mǒshā　某些 mǒuxiē
母亲 mǔqīn　哪些 nǎxiē　脑筋 nǎojīn
普通 pǔtōng　启发 qǐfā　起初 qǐchū
审批 shěnpī　始终 shǐzhōng　首都 shǒudū
首先 shǒuxiān　手工 shǒugōng　手巾 shǒujīn
水灾 shuǐzāi　体操 tǐcāo　体温 tǐwēn
挑拨 tiǎobō　统一 tǒngyī　晚餐 wǎncān
惋惜 wǎnxī　委托 wěituō　武装 wǔzhuāng
舞厅 wǔtīng　小说 xiǎoshuō　许多 xǔduō
演出 yǎnchū　演说 yǎnshuō　眼光 yǎnguāng
野生 yěshēng　野心 yěxīn　冶金 yějīn
有关 yǒuguān　展出 zhǎnchū　展开 zhǎnkāi
展销 zhǎnxiāo　掌声 zhǎngshēng　整天 zhěngtiān
指标 zhǐbiāo　嘱托 zhǔtuō　转播 zhuǎnbō
转交 zhuǎnjiāo

(2)上＋阳

保持 bǎochí　保存 bǎocún　保留 bǎoliú
饱和 bǎohé　宝石 bǎoshí　本来 běnlái
本能 běnnéng　本人 běnrén　比如 bǐrú
笔直 bǐzhí　贬值 biǎnzhí　表达 biǎodá
表明 biǎomíng　表情 biǎoqíng　表扬 biǎoyáng
补偿 bǔcháng　补习 bǔxí　采集 cǎijí
草原 cǎoyuán　产值 chǎnzhí　阐明 chǎnmíng
厂房 chǎngfáng　场合 chǎnghé　齿轮 chǐlún
储藏 chǔcáng　储存 chǔcún　处罚 chǔfá
处决 chǔjué　处于 chǔyú　此时 cǐshí

歹徒 dǎitú	党员 dǎngyuán	倒霉 dǎoméi
导航 dǎoháng	导游 dǎoyóu	等级 děngjí
等于 děngyú	抵达 dǐdá	点名 diǎnmíng
点燃 diǎnrán	典型 diǎnxíng	赌博 dǔbó
躲藏 duǒcáng	法郎 fǎláng	法人 fǎrén
法庭 fǎtíng	法则 fǎzé	反驳 fǎnbó
反常 fǎncháng	返回 fǎnhuí	仿佛 fǎngfú
匪徒 fěitú	否决 fǒujué	否则 fǒuzé
腐蚀 fǔshí	改革 gǎigé	改良 gǎiliáng
赶忙 gǎnmáng	感觉 gǎnjué	感情 gǎnqíng
敢于 gǎnyú	搞活 gǎohuó	古人 gǔrén
古文 gǔwén	管辖 guǎnxiá	果然 guǒrán
果实 guǒshí	海拔 hǎibá	海峡 hǎixiá
海洋 hǎiyáng	狠毒 hěndú	缓和 huǎnhé
伙食 huǒshí	火柴 huǒchái	几何 jǐhé
假如 jiǎrú	检查 jiǎnchá	检察 jiǎnchá
简明 jiǎnmíng	简直 jiǎnzhí	狡猾 jiǎohuá
解除 jiěchú	解答 jiědá	解决 jiějué
紧急 jǐnjí	警察 jǐngchá	举行 jǔxíng
凯旋 kǎixuán	考察 kǎochá	考核 kǎohé
可怜 kělián	可能 kěnéng	可行 kěxíng
恳求 kěnqiú	口头 kǒutóu	朗读 lǎngdú
老成 lǎochéng	老人 lǎorén	理由 lǐyóu
礼节 lǐjié	礼堂 lǐtáng	脸盆 liǎnpén
两极 liǎngjí	两旁 liǎngpáng	旅途 lǚtú
旅行 lǚxíng	旅游 lǚyóu	履行 lǚxíng
马达 mǎdá	满怀 mǎnhuái	满足 mǎnzú
免除 miǎnchú	美德 měidé	美元 měiyuán
猛然 měngrán	敏捷 mǐnjié	女儿 nǚ’ér
女人 nǚrén	偶然 ǒurán	品德 pǐndé
品尝 pǐncháng	品行 pǐnxíng	朴实 pǔshí
普查 pǔchá	普及 pǔjí	起床 qǐchuáng
起伏 qǐfú	起来 qǐlái	起源 qǐyuán
企图 qǐtú	乞求 qǐqiú	启程 qǐchéng

谴责 qiǎnzé 抢劫 qiǎngjié 请求 qǐngqiú
取得 qǔdé 扫房 sǎofáng 扫雷 sǎoléi
扫盲 sǎománg 扫描 sǎomiáo 赏罚 shǎngfá
赏识 shǎngshí 少陪 shǎopéi 审核 shěnhé
省城 shěngchéng 史籍 shǐjí 史前 shǐqián
史实 shǐshí 史学 shǐxué 守敌 shǒudí
守节 shǒujié 守灵 shǒulíng 守则 shǒuzé
手勤 shǒuqín 手球 shǒuqiú 手头 shǒutóu
手镯 shǒuzhuó 手足 shǒuzú 数伏 shǔfú
署名 shǔmíng 耍滑 shuǎhuá 爽直 shuǎngzhí
水雷 shuǐléi 水流 shuǐliú 水牛 shuǐniú
水球 shuǐqiú 水田 shuǐtián 水文 shuǐwén
水银 shuǐyín 水闸 shuǐzhá 坦白 tǎnbái
挺拔 tǐngbá 统筹 tǒngchóu 椭圆 tuǒyuán
晚年 wǎnnián 网球 wǎngqiú 往来 wǎnglái
往常 wǎngcháng 往年 wǎngnián 委员 wěiyuán
舞台 wǔtái 洗涤 xǐdí 显然 xiǎnrán
享福 xiǎngfú 小时 xiǎoshí 小型 xiǎoxíng
小学 xiǎoxué 选拔 xuǎnbá 选集 xuǎnjí
选民 xuǎnmín 选择 xuǎnzé 雪白 xuěbái
眼前 yǎnqián 眼神 yǎnshén 演习 yǎnxí
演员 yǎnyuán 养成 yǎngchéng 养殖 yǎngzhí
野蛮 yěmán 以及 yǐjí 以来 yǐlái
以前 yǐqián 以为 yǐwéi 饮食 yǐnshí
隐藏 yǐncáng 隐瞒 yǐnmán 勇于 yǒngyú
有名 yǒumíng 有时 yǒushí 友情 yǒuqíng
友人 yǒurén 与其 yǔqí 语文 yǔwén
语言 yǔyán 沼泽 zhǎozé 整洁 zhěngjié
整齐 zhěngqí 指明 zhǐmíng 只得 zhǐdé
只能 zhǐnéng 种族 zhǒngzú 肿瘤 zhǒngliú
主持 zhǔchí 主流 zhǔliú 主权 zhǔquán
主食 zhǔshí 主题 zhǔtí 主席 zhǔxí
转达 zhuǎndá 转移 zhuǎnyí 转折 zhuǎnzhé
准时 zhǔnshí 准则 zhǔnzé 总则 zǒngzé

总结 zǒngjié　走廊 zǒuláng　祖国 zǔguó
阻拦 zǔlán　阻挠 zǔnáo　组成 zǔchéng
组合 zǔhé　嘴唇 zuǐchún

(3)上＋去

把戏 bǎxì　百货 bǎihuò　柏树 bǎishù
摆动 bǎidòng　绑架 bǎngjià　宝贵 bǎoguì
宝剑 bǎojiàn　宝库 bǎokù　保护 bǎohù
保健 bǎojiàn　保密 bǎomì　保卫 bǎowèi
保障 bǎozhàng　保证 bǎozhèng　保重 bǎozhòng
北面 běimiàn　本性 běnxìng　本质 běnzhì
笔试 bǐshì　比价 bǐjià　比较 bǐjiào
比赛 bǐsài　比喻 bǐyù　比重 bǐzhòng
贬义 biǎnyì　表面 biǎomiàn　表示 biǎoshì
表现 biǎoxiàn　补救 bǔjiù　补课 bǔkè
采购 cǎigòu　采纳 cǎinà　采用 cǎiyòng
彩色 cǎisè　草案 cǎo’àn　草地 cǎodì
草率 cǎoshuài　产地 chǎndì　阐述 chǎnshù
场地 chǎngdì　场面 chǎngmiàn　吵架 chǎojià
丑恶 chǒu’è　处境 chǔjìng　储备 chǔbèi
储蓄 chǔxù　打败 dǎbài　打价 dǎjià
打猎 dǎliè　打破 dǎpò　打仗 dǎzhàng
胆量 dǎnliàng　胆怯 dǎnqiè　党派 dǎngpài
党性 dǎngxìng　倒闭 dǎobì　导致 dǎozhì
捣乱 dǎoluàn　等候 děnghòu　底片 dǐpiàn
抵抗 dǐkàng　抵制 dǐzhì　董事 dǒngshì
懂事 dǒngshì　堵塞 dǔsè　短处 duǎnchù
短促 duǎncù　短暂 duǎnzàn　躲避 duǒbì
法定 fǎdìng　法令 fǎlìng　法律 fǎlǜ
法院 fǎyuàn　法治 fǎzhì　反倒 fǎndào
反动 fǎndòng　反对 fǎnduì　反抗 fǎnkàng
反馈 fǎnkuì　反面 fǎnmiàn　反射 fǎnshè
反问 fǎnwèn　反应 fǎnyìng　反映 fǎnyìng
访问 fǎngwèn　诽谤 fěibàng　粉末 fěnmò
粉碎 fěnsuì　讽刺 fěngcì　否认 fǒurèn

腐败 fǔbài　腐化 fǔhuà　腐烂 fǔlàn
抚育 fǔyù　改变 gǎibiàn　改建 gǎijiàn
改进 gǎijìn　改善 gǎishàn　改造 gǎizào
改正 gǎizhèng　赶快 gǎnkuài　赶上 gǎnshàng
感到 gǎndào　感动 gǎndòng　感化 gǎnhuà
感冒 gǎnmào　感谢 gǎnxiè　感受 gǎnshòu
岗位 gǎngwèi　港币 gǎngbì　稿件 gǎojiàn
古代 gǔdài　古迹 gǔjì　鼓励 gǔlì
鼓动 gǔdòng　骨肉 gǔròu　股份 gǔfèn
股票 gǔpiào　管道 guǎndào　广大 guǎngdà
广泛 guǎngfàn　广阔 guǎngkuò　轨道 guǐdào
滚动 gǔndòng　海岸 hǎi'àn　海面 hǎimiàn
喊叫 hǎnjiào　罕见 hǎnjiàn　好看 hǎokàn
好像 hǎoxiàng　缓慢 huǎnmàn　悔恨 huǐhèn
毁坏 huǐhuài　火箭 huǒjiàn　火力 huǒlì
火焰 huǒyàn　火药 huǒyào　伙伴 huǒbàn
假定 jiǎdìng　假冒 jiǎmào　假若 jiǎruò
假设 jiǎshè　简化 jiǎnhuà　简陋 jiǎnlòu
简要 jiǎnyào　简易 jiǎnyì　检测 jiǎncè
奖励 jiǎnglì　奖状 jiǎngzhuàng　讲话 jiǎnghuà
讲课 jiǎngkè　讲述 jiǎngshù　讲义 jiǎngyì
讲座 jiǎngzuò　搅拌 jiǎobàn　缴纳 jiǎonà
角度 jiǎodù　角落 jiǎoluò　脚步 jiǎobù
解放 jiěfàng　解雇 jiěgù　解散 jiěsàn
解释 jiěshì　谨慎 jǐnshèn　尽快 jǐnkuài
尽量 jǐnliàng　紧凑 jǐncòu　紧密 jǐnmì
紧迫 jǐnpò　紧俏 jǐnqiào　锦绣 jǐnxiù
警告 jǐnggào　警惕 jǐngtì　警卫 jǐngwèi
酒店 jiǔdiàn　酒会 jiǔhuì　举办 jǔbàn
考虑 kǎolǜ　考试 kǎoshì　考验 kǎoyàn
可爱 kě'ài　可怕 kěpà　可贵 kěguì
可见 kějiàn　可是 kěshì　可恶 kěwù
可笑 kěxiào　渴望 kěwàng　恳切 kěnqiè
恐怖 kǒngbù　孔雀 kǒngquè　口袋 kǒudài

口号 kǒuhào　口气 kǒuqì　口试 kǒushì
苦难 kǔnàn　款待 kuǎndài　老汉 lǎohàn
老化 lǎohuà　冷淡 lěngdàn　冷静 lěngjìng
冷却 lěngquè　礼拜 lǐbài　礼貌 lǐmào
礼物 lǐwù　理发 lǐfà　理会 lǐhuì
理论 lǐlùn　理事 lǐshì　脸色 liǎnsè
领会 lǐnghuì　领事 lǐngshì　领袖 lǐngxiù
领域 lǐngyù　垄断 lǒngduàn　笼罩 lǒngzhào
旅店 lǚdiàn　旅客 lǚkè　履带 lǚdài
屡次 lǚcì　马克 mǎkè　马力 mǎlì
马路 mǎlù　马上 mǎshàng　马戏 mǎxì
满意 mǎnyì　满月 mǎnyuè　美丽 měilì
美术 měishù　猛烈 měngliè　免费 miǎnfèi
勉励 miǎnlì　敏锐 mǐnruì　脑力 nǎolì
拟定 nǐdìng　纽扣 niǔkòu　女士 nǚshì
女性 nǚxìng　暖气 nuǎnqì　呕吐 ǒutù
跑步 pǎobù　品质 pǐnzhì　普遍 pǔbiàn
企业 qǐyè　岂不 qǐbù　启事 qǐshì
起哄 qǐhòng　起劲 qǐjìn　起诉 qǐsù
强迫 qiángpò　抢救 qiǎngjiù　请假 qǐngjià
请教 qǐngjiào　请客 qǐngkè　请问 qǐngwèn
请愿 qǐngyuàn　染料 rǎnliào　扰乱 rǎoluàn
忍耐 rěnnài　忍受 rěnshòu　软件 ruǎnjiàn
闪电 shǎndiàn　闪耀 shǎnyào　审定 shěndìng
审判 shěnpàn　审讯 shěnxùn　审议 shěnyì
省会 shěnghuì　省略 shěnglüè　史料 shǐliào
使劲 shǐjìn　使命 shǐmìng　使用 shǐyòng
守卫 shǒuwèi　首相 shǒuxiàng　首要 shǒuyào
手电 shǒudiàn　手段 shǒuduàn　手绢 shǒujuàn
手套 shǒutào　手续 shǒuxù　手艺 shǒuyì
暑假 shǔjià　水稻 shuǐdào　水电 shuǐdiàn
水分 shuǐfèn　水库 shuǐkù　水利 shuǐlì
水力 shuǐlì　损害 sǔnhài　损耗 sǔnhào
损坏 sǔnhuài　索性 suǒxìng　所谓 suǒwèi

所在 suǒzài 坦克 tǎnkè 倘若 tǎngruò
讨论 tǎolùn 讨厌 tǎoyàn 体谅 tǐliàng
体现 tǐxiàn 体验 tǐyàn 体育 tǐyù
体制 tǐzhì 体质 tǐzhì 体重 tǐzhòng
挑衅 tiǎoxìn 挑战 tiǎozhàn 铁道 tiědào
铁路 tiělù 统计 tǒngjì 统战 tǒngzhàn
统治 tǒngzhì 土地 tǔdì 土豆 tǔdòu
妥善 tuǒshàn 晚报 wǎnbào 晚饭 wǎnfàn
晚会 wǎnhuì 挽救 wǎnjiù 往后 wǎnghòu
往日 wǎngrì 往事 wǎngshì 伪造 wěizào
伟大 wěidà 稳定 wěndìng 武力 wǔlì
武器 wǔqì 午饭 wǔfàn 喜鹊 xǐquè
喜事 xǐshì 喜讯 xǐxùn 喜悦 xǐyuè
显示 xiǎnshì 显著 xiǎnzhù 享乐 xiǎnglè
享受 xiǎngshòu 想念 xiǎngniàn 响应 xiǎngyìng
小便 xiǎobiàn 小麦 xiǎomài 小数 xiǎoshù
写作 xiězuò 选定 xuǎndìng 选用 xuǎnyòng
眼镜 yǎnjìng 眼泪 yǎnlèi 养分 yǎngfèn
养料 yǎngliào 养育 yǎngyù 氧化 yǎnghuà
氧气 yǎngqì 野兽 yěshòu 野外 yěwài
冶炼 yěliàn 以便 yǐbiàn 以后 yǐhòu
以内 yǐnèi 以上 yǐshàng 以外 yǐwài
以下 yǐxià 以至 yǐzhì 以致 yǐzhì
饮料 yǐnliào 引入 yǐnrù 引用 yǐnyòng
引诱 yǐnyòu 隐蔽 yǐnbì 勇气 yǒngqì
踊跃 yǒngyuè 涌现 yǒngxiàn 有待 yǒudài
有害 yǒuhài 有力 yǒulì 有气 yǒuqì
有趣 yǒuqù 有限 yǒuxiàn 有效 yǒuxiào
有意 yǒuyì 有益 yǒuyì 有用 yǒuyòng
友爱 yǒu'ài 友谊 yǒuyì 语调 yǔdiào
语气 yǔqì 早饭 zǎofàn 早日 zǎorì
怎样 zěnyàng 展示 zhǎnshì 展望 zhǎnwàng
展现 zhǎnxiàn 掌握 zhǎngwò 涨价 zhǎngjià
诊断 zhěnduàn 整顿 zhěngdùn 整个 zhěnggè

整数 zhěngshù　指令 zhǐlìng　指望 zhǐwàng
种类 zhǒnglèi　主办 zhǔbàn　主动 zhǔdòng
主力 zhǔlì　主任 zhǔrèn　主义 zhǔyì
主要 zhǔyào　转变 zhuǎnbiàn　转动 zhuǎndòng
转告 zhuǎngào　转化 zhuǎnhuà　转让 zhuǎnràng
转入 zhuǎnrù　准备 zhǔnbèi　准确 zhǔnquè
子弹 zǐdàn　子弟 zǐdì　仔细 zǐxì
总数 zǒngshù　总算 zǒngsuàn　总务 zǒngwù
走道 zǒudào　阻碍 zǔ'ài　阻力 zǔlì
左右 zuǒyòu

(4)上+上

把柄 bǎbǐng　保管 bǎoguǎn　保姆 bǎomǔ
保守 bǎoshǒu　保险 bǎoxiǎn　保养 bǎoyǎng
堡垒 bǎolěi　饱满 bǎomǎn　本领 běnlǐng
彼此 bǐcǐ　表演 biǎoyǎn　采访 cǎifǎng
采取 cǎiqǔ　产品 chǎnpǐn　厂长 chǎngzhǎng
场所 chǎngsuǒ　吵嘴 chǎozuǐ　处理 chǔlǐ
打倒 dǎdǎo　打扰 dǎrǎo　打扫 dǎsǎo
党委 dǎngwěi　岛屿 dǎoyǔ　导体 dǎotǐ
导演 dǎoyǎn　点火 diǎnhuǒ　典礼 diǎnlǐ
顶点 dǐngdiǎn　法语 fǎyǔ　反感 fǎngǎn
粉笔 fěnbǐ　抚养 fǔyǎng　辅导 fǔdǎo
腐朽 fǔxiǔ　改组 gǎizǔ　赶紧 gǎnjǐn
感慨 gǎnkǎi　感染 gǎnrǎn　感想 gǎnxiǎng
港口 gǎngkǒu　搞鬼 gǎoguǐ　稿纸 gǎozhǐ
给与 gěiyǔ　鼓舞 gǔwǔ　鼓掌 gǔzhǎng
古典 gǔdiǎn　古老 gǔlǎo　管理 guǎnlǐ
广场 guǎngchǎng　海港 hǎigǎng　好比 hǎobǐ
好感 hǎogǎn　好久 hǎojiǔ　好转 hǎozhuǎn
甲板 jiǎbǎn　假使 jiǎshǐ　检举 jiǎnjǔ
检讨 jiǎntǎo　简短 jiǎnduǎn　剪彩 jiǎncǎi
减产 jiǎnchǎn　减少 jiǎnshǎo　奖品 jiǎngpǐn
讲解 jiǎngjiě　讲理 jiǎnglǐ　讲演 jiǎngyǎn
仅仅 jǐnjǐn　尽管 jǐnguǎn　考古 kǎogǔ

考取 kǎoqǔ	可口 kěkǒu	可巧 kěqiǎo
可喜 kěxǐ	可以 kěyǐ	口语 kǒuyǔ
苦恼 kǔnǎo	老板 lǎobǎn	老虎 lǎohǔ
老鼠 lǎoshǔ	冷饮 lěngyǐn	理睬 lǐcǎi
理解 lǐjiě	理想 lǐxiǎng	礼品 lǐpǐn
两手 liǎngshǒu	潦草 liǎocǎo	了解 liǎojiě
领导 lǐngdǎo	领土 lǐngtǔ	旅馆 lǚguǎn
蚂蚁 mǎyǐ	美好 měihǎo	美满 měimǎn
勉强 miǎnqiǎng	渺小 miǎoxiǎo	敏感 mǐngǎn
奶粉 nǎifěn	恼火 nǎohuǒ	扭转 niǔzhuǎn
女子 nǚzǐ	偶尔 ǒuěr	品种 pǐnzhǒng
谱曲 pǔqǔ	起草 qǐcǎo	起点 qǐdiǎn
起码 qǐmǎ	请柬 qǐngjiǎn	请帖 qǐngtiě
审理 shěnlǐ	审美 shěnměi	省长 shěngzhǎng
手表 shǒubiǎo	手法 shǒufǎ	手指 shǒuzhǐ
首领 shǒulǐng	首脑 shǒunǎo	首长 shǒuzhǎng
守法 shǒufǎ	水产 shuǐchǎn	水果 shuǐguǒ
水土 shuǐtǔ	所属 suǒshǔ	所以 suǒyǐ
所有 suǒyǒu	统统 tǒngtǒng	土壤 tǔrǎng
瓦解 wǎjiě	往返 wǎngfǎn	往往 wǎngwǎng
稳妥 wěntuǒ	舞蹈 wǔdǎo	侮辱 wǔrǔ
洗澡 xǐzǎo	想法 xiǎngfǎ	享有 xiǎngyǒu
小鬼 xiǎoguǐ	小米 xiǎomǐ	小组 xiǎozǔ
许可 xǔkě	选举 xuǎnjǔ	选取 xuǎnqǔ
选手 xuǎnshǒu	演讲 yǎnjiǎng	也许 yěxǔ
以免 yǐmiǎn	以往 yǐwǎng	饮水 yǐnshuǐ
引导 yǐndǎo	引起 yǐnqǐ	影响 yǐngxiǎng
永久 yǒngjiǔ	永远 yǒngyuǎn	勇敢 yǒnggǎn
友好 yǒuhǎo	予以 yǔyǐ	雨水 yǔshuǐ
语法 yǔfǎ	远景 yuǎnjǐng	允许 yǔnxǔ
早点 zǎodiǎn	早晚 zǎowǎn	早已 zǎoyǐ
展览 zhǎnlǎn	掌管 zhǎngguǎn	整理 zhěnglǐ
整体 zhěngtǐ	整整 zhěngzhěng	指导 zhǐdǎo
指点 zhǐdiǎn	指引 zhǐyǐn	只管 zhǐguǎn

只好 zhǐhǎo　只有 zhǐyǒu　种种 zhǒngzhǒng
主导 zhǔdǎo　主管 zhǔguǎn　主体 zhǔtǐ
准许 zhǔnxǔ　总得 zǒngděi　总理 zǒnglǐ
总统 zǒngtǒng　走访 zǒufǎng　走狗 zǒugǒu
祖母 zǔmǔ　阻挡 zǔdǎng　组长 zǔzhǎng

3. 上声变调词语(选自《大纲》〔表二〕)

(1)上+阳

靶台 bǎtái　把持 bǎchí　百合 bǎihé
百灵 bǎilíng　百年 bǎinián　柏油 bǎiyóu
板胡 bǎnhú　板结 bǎnjié　版图 bǎntú
饱学 bǎoxué　北极 běijí　本行 běnháng
本题 běntí　本文 běnwén　本源 běnyuán
本职 běnzhí　鄙薄 bǐbó　鄙人 bǐrén
鄙俗 bǐsú　笔名 bǐmíng　笔谈 bǐtán
比邻 bǐlín　比值 bǐzhí　匾额 biǎn'é
贬词 biǎncí　表白 biǎobái　表层 biǎocéng
表格 biǎogé　表决 biǎojué　表盘 biǎopán
表皮 biǎopí　裱糊 biǎohú　屏除 bǐngchú
丙纶 bǐnglún　捕食 bǔshí　卜辞 bǔcí
补白 bǔbái　补苗 bǔmiáo　补情 bǔqíng
补遗 bǔyí　补足 bǔzú　采伐 cǎifá
采掘 cǎijué　彩绸 cǎichóu　彩虹 cǎihóng
彩排 cǎipái　彩陶 cǎitáo　彩霞 cǎixiá
惨白 cǎnbái　惨然 cǎnrán　草丛 cǎocóng
草莓 cǎoméi　草皮 cǎopí　草坪 cǎopíng
草图 cǎotú　草鞋 cǎoxié　草鱼 cǎoyú
产权 chǎnquán　铲除 chǎnchú　谄谀 chǎnyú
炒勺 chǎosháo　扯皮 chěpí　逞能 chěngnéng
逞强 chěngqiáng　褫夺 chǐduó　齿龈 chǐyín
侈谈 chǐtán　宠儿 chǒng'ér　丑角 chǒujué
处刑 chǔxíng　揣摩 chuǎimó　蠢材 chǔncái
蠢人 chǔnrén　打场 dǎcháng　打滑 dǎhuá
打劫 dǎjié　打拳 dǎquán　打头 dǎtóu
歹毒 dǎidú　傣族 dǎizú　胆寒 dǎnhán

胆囊 dǎnnáng	胆识 dǎnshí	党龄 dǎnglíng
党旗 dǎngqí	党团 dǎngtuán	倒舌 dǎoshé
岛国 dǎoguó	导言 dǎoyán	等同 děngtóng
等闲 děngxián	底盘 dǐpán	抵偿 dǐcháng
点题 diǎntí	点头 diǎntóu	典籍 diǎnjí
顶棚 dǐngpéng	赌钱 dǔqián	短评 duǎnpíng
短途 duǎntú	耳垂 ěrchuí	耳环 ěrhuán
耳鸣 ěrmíng	耳熟 ěrshóu	耳闻 ěrwén
耳穴 ěrxué	法权 fǎquán	法学 fǎxué
反刍 fǎnchú	反诘 fǎnjié	返潮 fǎncháo
返航 fǎnháng	访求 fǎngqiú	斐然 fěirán
菲薄 fěibó	粉肠 fěncháng	粉尘 fěnchén
粉皮 fěnpí	腐绸 fǔchóu	腐竹 fǔzhú
抚摩 fǔmó	赶集 gǎnjí	岗楼 gǎnglóu
稿酬 gǎochóu	梗直 gěngzhí	拱门 gǒngmén
拱桥 gǒngqiáo	苟同 gǒutóng	狗熊 gǒuxióng
古籍 gǔjí	古玩 gǔwán	骨骼 gǔgé
骨节 gǔjié	骨折 gǔzhé	广博 guǎngbó
鬼魂 guǐhún	滚圆 gǔnyuán	果决 guǒjué
果皮 guǒpí	果园 guǒyuán	裹挟 guǒxié
海潮 hǎicháo	海防 hǎifáng	海涵 hǎihán
海轮 hǎilún	海螺 hǎiluó	海绵 hǎimián
海棠 hǎitáng	海员 hǎiyuán	海蜇 hǎizhé
好人 hǎorén	虎狼 hǔláng	虎牙 hǔyá
缓刑 huǎnxíng	谎言 huǎngyán	火红 huǒhóng
火急 huǒjí	火苗 huǒmiáo	火舌 huǒshé
伙房 huǒfáng	伙同 huǒtóng	几时 jǐshí
甲虫 jiǎchóng	甲鱼 jiǎyú	钾肥 jiǎféi
简洁 jiǎnjié	简捷 jiǎnjié	剪裁 jiǎncái
剪除 jiǎnchú	剪辑 jiǎnjí	减员 jiǎnyuán
奖惩 jiǎngchéng	讲和 jiǎnghé	讲评 jiǎngpíng
讲情 jiǎngqíng	讲求 jiǎngqiú	讲台 jiǎngtái
讲坛 jiǎngtán	讲学 jiǎngxué	皎洁 jiǎojié
绞刑 jiǎoxíng	搅浑 jiǎohún	矫捷 jiǎojié

角膜 jiǎomó	解嘲 jiěcháo	解毒 jiědú
解乏 jiěfá	解围 jiěwéi	谨防 jǐnfáng
锦纶 jǐnlún	锦旗 jǐnqí	井然 jǐngrán
警笛 jǐngdí	警觉 jǐngjué	迥然 jiǒngrán
韭黄 jiǔhuáng	九泉 jiǔquán	久留 jiǔliú
久违 jiǔwéi	矩形 jǔxíng	咀嚼 jǔjué
卷舌 juǎnshé	卡钳 kǎqián	慨然 kǎirán
楷模 kǎimó	砍伐 kǎnfá	考查 kǎochá
考勤 kǎoqín	可疑 kěyí	恐龙 kǒnglóng
口传 kǒuchuán	口福 kǒufú	口服 kǒufú
口红 kǒuhóng	口诀 kǒujué	口粮 kǒuliáng
口蘑 kǒumó	口琴 kǒuqín	口舌 kǒushé
口实 kǒushí	苦于 kǔyú	垮台 kuǎtái
缆绳 lǎnshéng	累及 lěijí	垒球 lěiqiú
冷藏 lěngcáng	冷门 lěngmén	礼服 lǐfú
礼仪 lǐyí	里程 lǐchéng	理财 lǐcái
理疗 lǐliáo	脸皮 liǎnpí	两全 liǎngquán
两头 liǎngtóu	了结 liǎojié	凛然 lǐnrán
领结 lǐngjié	柳条 liǔtiáo	旅程 lǚchéng
卵巢 luǎncháo	卵石 luǎnshí	满员 mǎnyuán
莽原 mǎngyuán	美容 měiróng	美名 měimíng
美学 měixué	每年 měinián	缅怀 miǎnhuái
免除 miǎnchú	渺茫 miǎománg	奶茶 nǎichá
奶名 nǎimíng	奶娘 nǎiniáng	奶牛 nǎiniú
奶皮 nǎipí	奶头 nǎitóu	奶牙 nǎiyá
奶羊 nǎiyáng	奶油 nǎiyóu	恼人 nǎorén
脑膜 nǎomó	脑桥 nǎoqiáo	脑炎 nǎoyán
拟人 nǐrén	碾坊 niǎnfáng	碾盘 niǎnpán
碾砣 niǎntuó	忸怩 niǔní	扭结 niǔjié
女皇 nǚhuáng	女郎 nǚláng	女流 nǚliú
女墙 nǚqiáng	女权 nǚquán	女神 nǚshén
女王 nǚwáng	暖房 nuǎnfáng	暖阁 nuǎngé
暖壶 nuǎnhú	暖帘 nuǎnlián	暖流 nuǎnliú
藕荷 ǒuhé	偶合 ǒuhé	跑鞋 pǎoxié

捧哏 pěnggén　匹敌 pǐdí　漂白 piǎobái
品格 pǐngé　品级 pǐnjí　品名 pǐnmíng
启迪 qǐdí　启蒙 qǐméng　启明 qǐmíng
企鹅 qǐ'é　乞求 qǐqiú　乞怜 qǐlián
起程 qǐchéng　起锚 qǐmáo　起头 qǐtóu
起疑 qǐyí　卡壳 qiǎké　浅薄 qiǎnbó
抢夺 qiǎngduó　强求 qiǎngqiú　巧合 qiǎohé
取决 qǔjué　曲牌 qǔpái　犬牙 quǎnyá
染坊 rǎnfáng　乳儿 rǔ'ér　乳房 rǔfáng
软磨 ruǎnmó　软食 ruǎnshí　软席 ruǎnxí
扫房 sǎofáng　扫雷 sǎoléi　扫盲 sǎománg
扫描 sǎomiáo　赏罚 shǎngfá　赏识 shǎngshí
少陪 shǎopéi　审核 shěnhé　省城 shěngchéng
史籍 shǐjí　史前 shǐqián　史实 shǐshí
史学 shǐxué　守敌 shǒudí　守节 shǒujié
守灵 shǒulíng　手雷 shǒuléi　手炉 shǒulú
手勤 shǒuqín　手球 shǒuqiú　手头 shǒutóu
手镯 shǒuzhuó　手足 shǒuzú　数伏 shǔfú
署名 shǔmíng　耍滑 shuǎhuá　爽直 shuǎngzhí
水雷 shuǐléi　水流 shuǐliú　水牛 shuǐniú
水球 shuǐqiú　水田 shuǐtián　水文 shuǐwén
水银 shuǐyín　水闸 shuǐzhá　水族 shuǐzú
死敌 sǐdí　死活 sǐhuó　死结 sǐjié
死棋 sǐqí　死囚 sǐqiú　锁国 suǒguó
塔台 tǎtái　坦然 tǎnrán　坦途 tǎntú
讨伐 tǎofá　讨饶 tǎoráo　讨嫌 tǎoxián
体裁 tǐcái　体察 tǐchá　体罚 tǐfá
体格 tǐgé　体形 tǐxíng　铁环 tiěhuán
铁皮 tiěpí　铁骑 tiěqí　铁拳 tiěquán
铁蹄 tiětí　统辖 tǒngxiá　土豪 tǔháo
土黄 tǔhuáng　土族 tǔzú　晚年 wǎnnián
网球 wǎngqiú　往常 wǎngcháng　往来 wǎnglái
委员 wěiyuán　尾鳍 wěiqí　舞台 wǔtái
喜人 xǐrén　喜糖 xǐtáng　洗尘 xǐchén

洗劫 xǐjié　　铣床 xǐchuáng　　显灵 xiǎnlíng
险情 xiǎnqíng　　享年 xiǎngnián　　想来 xiǎnglái
响鼻 xiǎngbí　　小儿 xiǎo'ér　　小节 xiǎojié
小结 xiǎojié　　小名 xiǎomíng　　小瞧 xiǎoqiáo
小人 xiǎorén　　小鞋 xiǎoxié　　写实 xiěshí
选材 xuǎncái　　雪莲 xuělián　　雪人 xuěrén
雪原 xuěyuán　　哑铃 yǎlíng　　哑谜 yǎmí
掩藏 yǎncáng　　眼馋 yǎnchán　　眼福 yǎnfú
眼红 yǎnhóng　　眼帘 yǎnlián　　眼眉 yǎnméi
眼皮 yǎnpí　　眼球 yǎnqiú　　眼熟 yǎnshú
养神 yǎngshén　　仰承 yǎngchéng　　野营 yěyíng
已然 yǐrán　　引航 yǐnháng　　引流 yǐnliú
引桥 yǐnqiáo　　引擎 yǐnqíng　　引言 yǐnyán
隐伏 yǐnfú　　隐疾 yǐnjí　　隐情 yǐnqíng
瘾头 yǐntóu　　影集 yǐngjí　　影迷 yǐngmí
影评 yǐngpíng　　永别 yǒngbié　　永恒 yǒnghéng
永诀 yǒngjué　　永眠 yǒngmián　　涌流 yǒngliú
有劳 yǒuláo　　有钱 yǒuqián　　有为 yǒuwéi
有余 yǒuyú　　宇航 yǔháng　　语词 yǔcí
雨情 yǔqíng　　远程 yuǎnchéng　　远房 yuǎnfáng
远门 yuǎnmén　　远行 yuǎnxíng　　远洋 yuǎnyáng
远足 yuǎnzú　　陨石 yǔnshí　　枣红 zǎohóng
枣泥 zǎoní　　早茶 zǎochá　　早年 zǎonián
早熟 zǎoshú　　澡堂 zǎotáng　　澡塘 zǎotáng
掌权 zhǎngquán　　长房 zhǎngfáng　　涨潮 zhǎngcháo
找寻 zhǎoxún　　爪牙 zhǎoyá　　枕席 zhěnxí
诊察 zhěnchá　　疹疗 zhěnliáo　　整容 zhěngróng
整形 zhěngxíng　　纸牌 zhǐpái　　纸钱 zhǐqián
纸型 zhǐxíng　　指环 zhǐhuán　　指南 zhǐnán
指纹 zhǐwén　　指责 zhǐzé　　主角 zhǔjué
主谋 zhǔmóu　　转学 zhuǎnxué　　准绳 zhǔnshéng
紫红 zǐhóng　　总裁 zǒngcái　　总合 zǒnghé
总集 zǒngjí　　总评 zǒngpíng　　总则 zǒngzé
走读 zǒudú　　走卒 zǒuzú　　祖传 zǔchuán

祖坟 zǔfén　　祖籍 zǔjí　　阻隔 zǔgé
阻截 zǔjié　　组阁 zǔgé　　嘴甜 zuǐtián
嘴严 zuǐyán　　左轮 zuǒlún

(2)上＋上

矮小 ǎixiǎo　　靶场 bǎchǎng　　把守 bǎshǒu
百感 bǎigǎn　　板斧 bǎnfǔ　　板眼 bǎnyǎn
版本 bǎnběn　　绑腿 bǎngtuǐ　　宝塔 bǎotǎ
保举 bǎojǔ　　北纬 běiwěi　　本土 běntǔ
绷脸 běngliǎn　　笔法 bǐfǎ　　笔挺 bǐtǐng
笔筒 bǐtǒng　　笔洗 bǐxǐ　　笔者 bǐzhě
匕首 bǐshǒu　　比拟 bǐnǐ　　比武 bǐwǔ
扁柏 biǎnbǎi　　表尺 biǎochǐ　　表土 biǎotǔ
补给 bǔjǐ　　补角 bǔjiǎo　　补考 bǔkǎo
补品 bǔpǐn　　补养 bǔyǎng　　补语 bǔyǔ
采暖 cǎinuǎn　　采种 cǎizhǒng　　踩水 cǎishuǐ
彩礼 cǎilǐ　　草本 cǎoběn　　草草 cǎocǎo
草稿 cǎogǎo　　草莽 cǎomǎng　　草拟 cǎonǐ
草体 cǎotǐ　　草写 cǎoxiě　　草纸 cǎozhǐ
场景 chǎngjǐng　　炒米 chǎomǐ　　吵嚷 chǎorǎng
扯谎 chěhuǎng　　耻骨 chǐgǔ　　尺码 chǐmǎ
楚楚 chǔchǔ　　处女 chǔnǚ　　处暑 chǔshǔ
处死 chǔsǐ　　蠢蠢 chǔnchǔn　　打靶 dǎbǎ
打赌 dǎdǔ　　打鼓 dǎgǔ　　打滚 dǎgǔn
打搅 dǎjiǎo　　打铁 dǎtiě　　打响 dǎxiǎng
打眼 dǎyǎn　　胆敢 dǎngǎn　　胆管 dǎnguǎn
党羽 dǎngyǔ　　倒把 dǎobǎ　　倒手 dǎoshǒu
捣鬼 dǎoguǐ　　捣毁 dǎohuǐ　　导管 dǎoguǎn
底稿 dǐgǎo　　诋毁 dǐhuǐ　　抵挡 dǐdǎng
典雅 diǎnyǎ　　碘酒 diǎnjiǔ　　顶嘴 dǐngzuǐ
斗胆 dǒudǎn　　抖擞 dǒusǒu　　赌本 dǔběn
短跑 duǎnpǎo　　短少 duǎnshǎo　　短语 duǎnyǔ
躲闪 duǒshǎn　　耳语 ěr'yǔ　　法宝 fǎbǎo
法网 fǎwǎng　　砝码 fǎmǎ　　反比 fǎnbǐ
反悔 fǎnhuǐ　　反响 fǎnxiǎng　　反省 fǎnxǐng

仿古 fǎnggǔ　匪首 fěishǒu　府邸 fǔdǐ
腐乳 fǔrǔ　俯角 fǔjiǎo　辅佐 fǔzuǒ
改悔 gǎihuǐ　改口 gǎikǒu　改写 gǎixiě
改选 gǎixuǎn　赶巧 gǎnqiǎo　赶走 gǎnzǒu
耿耿 gěnggěng　梗死 gěngsǐ　拱手 gǒngshǒu
苟且 gǒuqiě　枸杞 gǒuqǐ　鼓手 gǔshǒu
古板 gǔbǎn　古董 gǔdǒng　古朴 gǔpǔ
骨髓 gǔsuǐ　谷雨 gǔyǔ　拐角 guǎijiǎo
管保 guǎnbǎo　鬼脸 guǐliǎn　滚滚 gǔngǔn
果脯 guǒfǔ　果敢 guǒgǎn　果品 guǒpǐn
海产 hǎichǎn　海岛 hǎidǎo　海底 hǎidǐ
海里 hǎilǐ　海马 hǎimǎ　海藻 hǎizǎo
好手 hǎoshǒu　虎口 hǔkǒu　火把 huǒbǎ
火海 huǒhǎi　火警 huǒjǐng　火腿 huǒtuǐ
火种 huǒzhǒng　脊髓 jǐsuǐ　济济 jǐjǐ
给养 jǐyǎng　假死 jiǎsǐ　简谱 jiǎnpǔ
剪影 jiǎnyǐng　剪纸 jiǎnzhǐ　减法 jiǎnfǎ
检点 jiǎndiǎn　俭朴 jiǎnpǔ　俭省 jiǎnshěng
奖赏 jiǎngshǎng　讲稿 jiǎnggǎo　搅扰 jiǎorǎo
脚本 jiǎoběn　脚掌 jiǎozhǎng　解体 jiětǐ
警犬 jǐngquǎn　警醒 jǐngxǐng　酒鬼 jiǔguǐ
久仰 jiǔyǎng　久远 jiǔyuǎn　举止 jǔzhǐ
矩尺 jǔchǐ　卷尺 juǎnchǐ　卡尺 kǎchǐ
咯血 kǎxiě　楷体 kǎitǐ　坎坷 kǎnkě
考场 kǎochǎng　拷打 kǎodǎ　可鄙 kěbǐ
可耻 kěchǐ　可好 kěhǎo　可取 kěqǔ
可体 kětǐ　恳请 kěnqǐng　口齿 kǒuchǐ
口角 kǒujiǎo　口紧 kǒujǐn　口水 kǒushuǐ
口吻 kǒuwěn　苦楚 kǔchǔ　苦胆 kǔdǎn
苦水 kǔshuǐ　傀儡 kuǐlěi　捆绑 kǔnbǎng
懒散 lǎnsǎn　朗朗 lǎnglǎng　老本 lǎoběn
老茧 lǎojiǎn　老手 lǎoshǒu　老小 lǎoxiǎo
冷场 lěngchǎng　冷暖 lěngnuǎn　冷水 lěngshuǐ
冷眼 lěngyǎn　脸谱 liǎnpǔ　两可 liǎngkě

凛凛 lǐnlǐn	领海 lǐnghǎi	领口 lǐngkǒu
领取 lǐngqǔ	笼统 lǒngtǒng	鲁莽 lǔmǎng
马脚 mǎjiǎo	玛瑙 mǎnǎo	美感 měigǎn
米酒 mǐjiǔ	腼腆 miǎntiǎn	母语 mǔyǔ
拇指 mǔzhǐ	奶水 nǎishuǐ	奶嘴 nǎizuǐ
脑海 nǎohǎi	脑髓 nǎosuǐ	拟稿 nǐgǎo
努嘴 nǔzuǐ	藕粉 ǒufěn	跑表 pǎobiǎo
跑马 pǎomǎ	捧场 pěngchǎng	漂染 piǎorǎn
普选 pǔxuǎn	谱表 pǔbiǎo	谱写 pǔxiě
启齿 qǐchǐ	乞讨 qǐtǎo	起笔 qǐbǐ
起稿 qǐgǎo	起火 qǐhuǒ	起跑 qǐpǎo
浅显 qiǎnxiǎn	遣返 qiǎnfǎn	抢险 qiǎngxiǎn
抢嘴 qiǎngzuǐ	襁褓 qiǎngbǎo	取保 qǔbǎo
取景 qǔjǐng	取暖 qǔnuǎn	取巧 qǔqiǎo
取舍 qǔshě	龋齿 qǔchǐ	曲谱 qǔpǔ
犬齿 quǎnchǐ	犬马 quǎnmǎ	染指 rǎnzhǐ
乳母 rǔmǔ	软骨 ruǎngǔ	洒扫 sǎsǎo
扫尾 sǎowěi	傻眼 shǎyǎn	闪闪 shǎnshǎn
赏脸 shǎngliǎn	少礼 shǎolǐ	少许 shǎoxǔ
审处 shěnchǔ	婶母 shěnmǔ	省俭 shěngjiǎn
史馆 shǐguǎn	使者 shǐzhě	矢口 shǐkǒu
始祖 shǐzǔ	守寡 shǒuguǎ	首府 shǒufǔ
首肯 shǒukěn	首尾 shǒuwěi	手笔 shǒubǐ
手感 shǒugǎn	手稿 shǒugǎo	手鼓 shǒugǔ
手脚 shǒujiǎo	手紧 shǒujǐn	手巧 shǒuqiǎo
手软 shǒuruǎn	手写 shǒuxiě	手癣 shǒuxuǎn
手语 shǒuyǔ	手纸 shǒuzhǐ	数九 shǔjiǔ
甩手 shuǎishǒu	爽口 shuǎngkǒu	爽朗 shuǎnglǎng
水笔 shuǐbǐ	水表 shuǐbiǎo	水彩 shuǐcǎi
水草 shuǐcǎo	水火 shuǐhuǒ	水碱 shuǐjiǎn
水饺 shuǐjiǎo	水井 shuǐjǐng	水鸟 shuǐniǎo
水手 shuǐshǒu	水塔 shuǐtǎ	水藻 shuǐzǎo
水肿 shuǐzhǒng	水准 shuǐzhǔn	死板 sǐbǎn
死党 sǐdǎng	死角 sǐjiǎo	死守 sǐshǒu

死水 sǐshuǐ	榫眼 sǔnyǎn	索引 suǒyǐn
锁骨 suǒgǔ	倘使 tǎngshǐ	躺椅 tǎngyǐ
讨好 tǎohǎo	讨巧 tǎoqiǎo	体检 tǐjiǎn
体统 tǐtǒng	体癣 tǐxuǎn	铁板 tiěbǎn
铁笔 tiěbǐ	铁饼 tiěbǐng	铁轨 tiěguǐ
铁甲 tiějiǎ	铁水 tiěshuǐ	铁索 tiěsuǒ
铁塔 tiětǎ	挺举 tǐngjǔ	统属 tǒngshǔ
土产 tǔchǎn	土法 tǔfǎ	土匪 tǔfěi
土改 tǔgǎi	吐口 tǔkǒu	腿脚 tuǐjiǎo
婉转 wǎnzhuǎn	晚场 wǎnchǎng	晚点 wǎndiǎn
晚景 wǎnjǐng	枉法 wǎngfǎ	萎靡 wěimǐ
委婉 wěiwǎn	猥琐 wěisuǒ	尾骨 wěigǔ
武打 wǔdǎ	五彩 wǔcǎi	五指 wǔzhǐ
舞场 wǔchǎng	舞曲 wǔqǔ	喜酒 xǐjiǔ
喜雨 xǐyǔ	洗礼 xǐlǐ	洗手 xǐshǒu
洗雪 xǐxuě	显眼 xiǎnyǎn	显影 xiǎnyǐng
险阻 xiǎnzǔ	小产 xiǎochǎn	小丑 xiǎochǒu
小脚 xiǎojiǎo	小楷 xiǎokǎi	小脑 xiǎonǎo
小跑 xiǎopǎo	小品 xiǎopǐn	小巧 xiǎoqiǎo
小写 xiǎoxiě	小雨 xiǎoyǔ	写法 xiěfǎ
醒酒 xǐngjiǔ	许久 xǔjiǔ	选本 xuǎnběn
选种 yuǎnzhǒng	雪耻 xuěchǐ	哑场 yǎchǎng
掩体 yǎntǐ	眼底 yǎndǐ	眼睑 yǎnjiǎn
眼角 yǎnjiǎo	养老 yǎnglǎo	仰角 yǎngjiǎo
仰泳 yǎngyǒng	窈窕 yǎotiǎo	野火 yěhuǒ
野史 yěshǐ	以远 yǐyuǎn	隐语 yǐnyǔ
勇猛 yǒngměng	有底 yǒudǐ	有理 yǒulǐ
有请 yǒuqǐng	有喜 yǒuxǐ	雨点 yǔdiǎn
雨伞 yǔsǎn	远古 yuǎngǔ	远祖 yuǎnzǔ
早产 zǎochǎn	早场 zǎochǎng	眨眼 zhǎyǎn
斩首 zhǎnshǒu	辗转 zhǎnzhuǎn	

第六讲　朗读

一　朗读

讲朗读之前得先搞清一个问题,即:为什么要朗读?简单地说无非是以朗读者自己的身份讲述作品中的人、事、理,评述作品中人物的是与非,把作品中人物的思想、情感及朗读者的评价态度用有声语言告诉听众,这就是我们朗读的目的。

任何朗读都是为了实现一定的朗读目的。那么,什么是朗读?又怎样实现朗读目的呢?

朗读,是把书面语言转化为发音规范的有声语言的再创作活动。

这里的"发音规范"是指用普通话朗读。"书面语言"与"有声语言"同是语言,但它们在记录人们的语言时各有侧重。许世荣先生在为张颂先生《朗读学》一书作的《序》里有详尽的叙述:

"书面语言和口头语言彼此关联着,相互汲取营养,相互促进发展。书面语言把口头语言做了性质的变化,化声音为文字形式,改听觉的接受为视觉的接受。同时,精炼加工,消除一般人口头经常难免出现的一些毛病,如重复、罗嗦、凌乱、模糊;甚至用词不当,词不达意;语序颠倒,任意添补;不合语法规律,词语配合不妥;音节或重沓,或脱落,或打顿,结结巴巴,期期艾艾。书面上则经过修饰润色,在遣词、造句、诠段、谋篇方面,都加了工,消灭了口头语言的上述语病。从形式上看,干净利索,条理清楚,加强了语言的精密性、艺术性,似是胜过口语的粗糙,但却有一个不可弥补的最大缺欠,缺欠了一个语言的重要成分(要素)——语音。语言是词汇、语法、语音三者的结合体,有如三鼎足的关系。严格地说,书面上写的语言是不完全的语言。语气、语调、语势、语感,抑扬顿挫,轻重缓急,书面上受到局限,全都表达不出来。外国语言学家曾说'语言不等于言语','言语要比语言的材料(词汇、语法)丰富得多'。这里所谓言语,就是说话,是口语。'丰富'是什么呢?就是语音所表达的东西。口头语言中因为多了一层语音的作用,于是它才增加了活力,有了跳跃的生命。"

从这段阐述中可以看出，有声语言是生活化的语言，它包含着作品中人物的思想情感、音容笑貌，向人们展示着生活画面，跃动着活的生命力。

“转化”就是再创作或叫做还原，它研究的是有声语言怎样再现作品中人物的思想、情感等。就朗读者来说，是看其音声造形能力和朗读水平的高低；就作品内容来说，看其包含怎样的情感、气息状态和声音形式。例如：表达喜悦、高兴之情，则气息饱满，如汩汩清流，滔滔不绝，声音高亢、宏亮，语感色彩有一种喜悦的跳跃感；表现悲伤之情，则气息下沉，声音低暗，语速缓慢，语感色彩有一种迟滞感。

因此“转化”与“再创作”研究的是有声语言的表达方法，或者说怎样实现朗读目的问题。

二　朗读方法

朗读作为再创作，首先要分析理解作品中的思想、情感、事理、方法，引发自己的态度情感，摸清听众的水平，确定好朗读目的并把这一目的形之于声。归纳起来有四个方面：

（一）掌握作品内容

阅读分析作品，了解作品说的是什么；感受作品，使作品文字在心中“活”（变成生活形象）起来，这是朗读准备工作重要的一步。对作品中的字、词、句、成语典故，不但要解决其声、韵、调、语流音变等读音问题，还要全神贯注地揣摩和体味语句之间的逻辑关系，加深具体感受。这样作品的脉络会更加清晰，人物、事件的来龙去脉，就会在朗读者头脑中活起来，有利于有声语言的表达。

例如：

桂林山水

人们都说：“桂林山水甲天下。”我们乘着木船，荡舟漓江，来观赏桂林的山水。

我看见过波澜壮阔的大海，欣赏过水平如镜的西湖，却从没看见过漓江这样的水。漓江的水真静啊，静得让你感觉不到它在流动；漓江的水真清啊，清得可以看见江底的沙石；漓江的水真绿啊，绿得仿佛那是一块无瑕的翡翠。船桨激起的微波，扩散出一道道水纹，才让你感觉到船在前进，岸在后移。

我攀登过峰峦雄伟的泰山，游览过红叶似火的香山，却从没看见过桂林这一带的山。桂林的山真奇啊，一座座拔地而起，各不相连，像老人，像巨象，像骆驼，奇峰罗列，形态万千；桂林的山真秀啊，像翠绿的屏障，像新生的竹笋，色彩明丽，倒映水中；桂林的山真险啊，危峰兀立，怪石嶙峋，好像一不小心就会栽倒下来。

这样的山围绕着这样的水，这样的水倒映着这样的山，再加上空中云雾迷蒙，山间绿树红花，江上竹筏小舟，让你感到像是走进了连绵不断的画卷，真是"舟行碧波上，人在画中游"。

朗读这篇文章要把握四点：

一是语气词"啊"的音变：静啊、清啊、绿啊、奇啊、秀啊、险啊这些词，依照"啊"的音变规律怎样读？

二是读准确下面的字词。

甲天下 jiǎtiānxià	乘着 chéngzhe	山水 shānshuǐ
仿佛 fǎngfú	无瑕 wúxiá	翡翠 fěicuì
桨 jiǎng	扩 kuò	似火 sìhuǒ
骆驼 luòtuo	屏障 píngzhàng	竹笋 zhúsǔn
兀立 wùlì	嶙峋 línxún	

三是理清作品脉络、结构。

本文分为三个层次。第一层(第1段)，写荡舟漓江，观赏桂林山水；第二层(第2、3段)，写桂林山水的特色；第三层(第4段)，写桂林山水给人的总体感受。在文中，作者运用了许多生动传神的比喻，把漓江水的静、清、绿和桂林山的奇、秀、险鲜活地展现出来，最后以云雾、绿树、红花作衬，构成了一幅优美动人的画卷。全文的内容就是一句话——"桂林山水甲天下"。

四是细细揣摩一些重点词句，理解其饱含的诗情画意。使单个的文字变成自己头脑中鲜活的、跳跃的各种形象，再用有声语言表达出来，才会收到最佳效果。如本文中的"静、清、绿"，"奇、秀、险"，"拔"，"一不小心"，"栽倒下来"，"兀立"，"嶙峋"，"无瑕的翡翠"及"舟行碧波上，人在画中游"等词句。要理解他们在文中表现出的具体形象、动作、情态。如"拔"这个词，当你"看"到从地底下拉出来，立于地面的动作形象时，朗读中，就会不由自主地用延长这个音节的音程，来表现"拔"的过程，听感上就形象生动得多了。

（二）确定朗读目的

朗读目的就是“为什么要朗读”的问题。前面已经讲过。朗读目的中应包含作者的写作意图和朗读者对作品的评价。既要使作品的态度、情感再现出来，又要把朗读者的态度情感表现出来。朗读不是被动地传声复述，朗读者思想感情的运用，语气的转换，重音位置、停连位置的确定，内在语的滚动，都取决于朗读目的。

仍以《桂林山水》为例。

我们在理解、分析、感受作品内容，特别是对朗读目的有了正确认识的基础上，就可以把本篇的朗读目的确定为：

作者通过诗情画意的描绘，为我们展现了“桂林山水甲天下”的主旨。朗读时不仅要体现作者这一意图，更重要的是通过有声语言的表达，唤起听众对祖国美丽如画的大好河山的热爱之情。

只有确定了朗读目的，增强了朗读的愿望，朗读者鲜明的态度、真实的感情才能在声音、语气中表露出来。

朗读中还应有语句目的，语段目的。它们的概括、提炼和文章的目的是一样的，有了它们，朗读作品的目的就有了明晰的依托。

（三）区别对待朗读对象

朗读总有一定的听众对象。学会区别对待朗读对象，能更好地在朗读中与朗读对象进行交流，以达到听读双方感情交融。

普通话测试中，应试人面对的听众对象是测试员。这些测试员，有的是经过各省测试中心的语言文字专家培训测试的，有些是国家测试中心培训测试的。他们的普通话水平达到了国家普通话水平等级标准要求的等级，其中还有许多是各省的语言文字专家。这一语言交际过程，不应该停留在不错字、不落字、不添字，不颠倒、不重复，语句流畅的层面上，而是要做到切合朗读内容和朗读目的的需要，表达出更深刻的主旨和更丰富的感情。

仍以《桂林山水》为例。

朗读者仅仅表达出桂林山水之美是远远不够的，应给对方更多的启迪、强烈的感染以及丰富的遐想，激发起对方对如画的祖国山河美景的向往、赞美和喜爱之情。

当然以上是针对高层次交流对象的。面对文化层次高低不同的听众，我们应调整表达的深度。如果面对的是小学生或文化程度低的人，只要做到字词准确、内容清楚、亲切有趣，且语流较慢，给学生留下思考、理解词语意思的时间。对一些生疏难懂的词语，要表达确切，并加以强调。充分利用作品中学生比较熟悉的、贴切的、形象的比喻，把桂林山水之美表达出来。

（四）掌握表达技巧

朗读的表达技巧，是朗读者实现朗读目的的重要手段。表达技巧受朗读者心理状态（朗读目的）的支配。为此，朗读技巧应分两步来练习。第一步是“内部心理”练习，包括形象感受、逻辑感受、内在语、语气等；第二步是“外在表达技巧”练习，有语调、停连、重音和节奏等。

1．内部心理状态

（1）形象感受

朗读者的形象感受，来源于作品中的词语概念对朗读者内心刺激而引起的对客观事物的感知、体会、思考。词语概念对朗读者的可贵之处，在于它造就了客观事物的整体知觉刺激，反映事物个别属性的感觉已融化在整体之中。朗读者只要抓住那些表达事物形象的“实词”，透过文字“目击其物”，好像“看到、听到、嗅到、尝到、触到”一样，使作品中的情、景、物、人、事、理在朗读者的心里形成“内心视象”。例如：

① 天冷极了，下着雪，又快黑了。（安徒生《卖火柴的小女孩》）

朗读这段文字，“冷、雪、黑”等实词刺激着朗读者的视觉、触觉等感官，透过这些表达形象的字词，产生视觉形象，“看到”雪花、天黑，并产生触觉感知，“感到”冷极了。

② 今天清早，雪停了，天也晴了。一轮红日升起来，把雪后的大地照得分外耀眼。茫茫田野一片雪白，巍巍群山遍身银装。

审视这段文字，其画面以静为主，静中有动，就像截取了一个冬日雪霁后清晨美景镜头，让客体定住不动，容我们细细地看，慢慢地品味。晴空万里如洗，一轮红日喷薄而出，万里江山，银装素裹，与阳光相互映衬，明丽而光艳，有刘勰所谓“视通万里”的意境。

③ ……热心肠的同志送给我两瓶。一开瓶子塞儿，就是那么一股甜香；调上半杯一喝，甜香里带着股清气，很有点鲜荔枝的味儿。（杨朔《荔枝蜜》）

读这段文字，是嗅觉和味觉想象给我们的感受。当你读到“一开瓶子塞儿”时，就会情不自禁地抽一下鼻子，深吸一口气，“觉得”一股甜香味儿扑鼻而来，好像我们已经“闻到了”、“尝到了”。

④ 路漫漫其修远兮,吾将上下而求索。(屈原《离骚》)

“漫漫”、“修远”、“上下”不但给人以空间上觉得宏大,时间上觉得漫长,还能给人雄浑、坚毅的感受。正如“采菊东篱下,悠然见南山”给人以“东篱”与“南山”之间的“高低”、“远近”之感。“上穷碧落下黄泉,两处茫茫皆不见”带给人的不仅是天上、地下的空间变化,还有主人翁内心深处无处寻觅、无尽沉重的思念与悲伤等等。这些事例带给朗读者的时空想象真可谓“思接千载”、“视通万里”。孟德斯鸠在《论趣味》中指出:“人们总想扩大自己的眼界,愿意看到尽可能多的空间,精神总是想逃避界限;日常生活中总难达到这个目的,只能借助于艺术的帮助。”美术作品的构图很能说明这一点。例如:在满纸上画出大大小小的骆驼,总有屈指可数的局限,如果只画一只、两只骆驼,前有一尾,后有一头,反而造成了无限大、无数多的空间物态。朗读者朗读时的形象感受和美术作品的艺术构思,在这一点上是相通的。

在时空想象中,朗读者眼界开阔到什么程度,就会对作品描绘的时间、空间认识到什么程度,以至感受到什么程度。

(2) 逻辑感受

作品中的逻辑关系,主要指全篇各层次、各段落、各语句之间的内在联系,这种内在联系,犹如经络布满文章的通篇。不论是时间顺序、空间顺序、观点顺序,还是情节、矛盾、问题,在语言文字上,更多的是从虚词中获得,在朗读者头脑中形成强烈的感受,进而转化为朗读者的思路,形成内心的“语流”,以增强有声语言表达的征服力。

逻辑感受主要应体现在两个方面:语言目的要明确,不能似是而非;语言脉络要清晰,不能模棱两可。

语言目的必须抓住语句、篇章的真正含义,把握实质,这就要确定语句的重音、篇章的目的。语言脉络指的是上下衔接,前后呼应。这就要抓住贯通文气,连接层次的语句以及起着“鹊桥”作用的虚词。

例如:

我们纪念他,不仅因为他的文章写得好,是一个伟大的文学家。而且因为他是一个民族解放的急先锋,给革命以很大的助力。他并不是共产党组织中的一个人,然而他的思想、行动、著作,都是马克思主义的。(毛泽东《论鲁迅》)

“为什么要纪念鲁迅”是这段文字论述中的中心。而贯通文气,给朗读者以强烈逻辑感受的是“不仅”、“而且”、“然而”几个虚词。“不仅……而且……”组成一个递进复句,指出纪念鲁迅的原因,接着又用“(虽然)

……然而……”组成一个转折复句,透彻地表达出纪念鲁迅的伟大意义。

有些作品的逻辑感受,要抓住内容重点。所谓重点,无非是最能体现主旨和目的的段落、语句。这些段落语句的思想最深刻丰富,感情最炽烈饱满。朗读时,抓住它们,理清它们与篇以及它们内部层与层、句与句、词组与词组之间的关系,才会收到事半功倍的朗读效果。

(3) 内在语

作品中的词语和句子,有时体现的是其表面的、直接的含义,有时并不体现其直接的、表面的含义。例如:用“祈求”的语气来命令,用“命令”的语气来劝告。“亲爱的”也可以表达“恨”;“你真坏”一句,也可以是“你真好”。这些含义,与词语、句子表面意义不一致,获得这样的理解,我们是通过说话人的语气、语调、语态才得到对其语情、语意的理解的。这就是内在语,它潜藏在朗读者的内心深处。

内在语是为朗读目的服务的。没有内在语,有声语言就会失去光彩和生命。朗读时,内在语潜流在朗读者内心深处涌动得越厚实,朗读也就越有深度,越有“味儿”。例如:

① 为了整个班,为了整个潜伏部队,为了这次战斗的胜利,邱少云像千斤巨石一般,趴在火堆里一动也不动。(《邱少云》)

朗读时,这段文字的内在语应该是:“坚定的信念,顽强的毅力,融化为伟大的精神力量。使英雄忍受着全身烧灼的剧烈痛苦,以难以想象的克制力,默默地、舍生忘死地执行着潜伏任务。”有了这样丰厚的内在语潜流不停地涌动,邱少云牺牲的壮烈场面,才能真切地再现出来。

② 奶奶把小女孩抱起来,搂在怀里。她们俩在光明和快乐中飞走了,越飞越高,飞到那没有寒冷,没有饥饿,也没有痛苦的地方去了。(《卖火柴的小女孩》)

从文字表面看,这一段的基调应是快慰的、幸福的、欢乐的。但从故事内容和主题思想来理解,这些词语的内在语所表现的却是极度的痛苦与凄惨——小女孩只有死去才能永远摆脱寒冷和饥饿。朗读时,使这些反义的内在语在心中涌动,就能把可怜的小女孩冻饿而死的悲惨结局恰如其分地表达出来。

(4) 语气

作品是以句子为基本单位的。作品中蕴含的思想情感,分布于不同的句子中,使句子有了具体的思想感情。朗读作品也是以句子为基本单位,以有声语言的形式把句子中的思想感情准确地表达出来。这样,朗读出的每一个句子既有内在的情,又有在这种情支配下所产生的外在气息状态、声音形式，成了情、气、声三者的融合体，这就是朗读上所讲的语气。

语气包含两个方面的内容：既有内在的思想感情的色彩和分量（也称“神”），又有外在的快慢、高低、强弱、虚实的声音形式（又称“形”）。所以说，语气就是朗读中的“神”与“形”的结合体。

朗读时，朗读者的情感、气息、声音状态，同表达有着极为密切的关系。有什么样的感情，就产生什么样的气息；有什么样的气息，就有什么样的声音状态。语气运用的一般规律是：喜则气满声高，悲则气沉声缓，爱则气徐声柔，憎则气足声硬，急则气短声促，冷则气少声淡，惧则气提声抖，怒则气粗声重，疑则气细声黏，静则气舒声平。朗读实践告诉我们，只有感情上的千变万化，才有气息上的千姿百态，也才有声音上的姹紫嫣红。当然，感情的引发不是随心所欲的，而是受着朗读目的和语言环境制约的。

有人说：“朗读学实质上是语气学。”可见，语气在朗读中的重要地位。朗读中要会运用语气，就是要学会情、气、声三者恰当地结合。首先，能准确分析出篇、段、句的深刻内在语，再去体悟其中所含的思想情感，然后用生活中表达情意的经验和语气运用的一般规律，摸索不同情感支配下的气息状态、声音形式，就能获得一定的音声造型能力，恰当地完成有声语言的表达过程。

例如：

① 我们进步时，妈妈就满脸微笑，温柔地表扬我们；当我们沮丧失落时，妈妈就谆谆教导，循循善诱，犹如春天的雨露，滋润着我们的心田。（作品34号《献给母亲的歌儿》）

这段文字表达的感情是爱。我陶醉地沐浴在母亲的爱里和我对母亲深深的爱里。朗读时，“气徐声柔”，语气色彩有一种温和感，口腔宽松，气息深长、舒展，声音柔和、低细，充满自慰。

② 因为岛屿挡住了它的转动，它狠狠地用脚踢着，用手推着，用牙咬着。（鲁彦《听潮》）

这是在大海发怒的语境中说的。“踢”、“推”、“咬”非常形象地表露了海的性格，感情是急躁的、憎恨的。朗读时“气足声硬”。语气色彩造成一种挤压感，口腔紧窄，气息流动猛，多阻塞，声音冲撞、有力。

③ 过不多久，忽然有一个更小的脑袋从叶间探出来。哟。雏儿！正是这小家伙！（作品3号《珍珠鸟》）

本段文字表达的是：意料之外又在意料之中的喜悦之情。朗读时，气息饱满，声音较高，语感色彩有一种跳跃感，所谓“喜则气满声高”。

④ 他蓦地抽回手去,深深地吸了一口气,用尽所有的力气举起手来,直指着正北方向,“好,好同志……你……你把它带给……”(王愿坚《七根火柴》)

这句话,是长征中一位红军战士临终前勉强说出来的。朗读时,感情是悲壮的,气息是短促的,声音是虚弱的、断续的,所谓“悲则气沉声缓”。最后一句可以这样处理:实声停留在“它”字上,“带给”两字用气息托出来的虚声吐露出口外。

⑤ 海睡熟了。

大小的岛拥抱着,偎依着,也静静地恍惚入了梦乡。(鲁彦《听潮》)

这是在万籁俱寂的语境中说的。感情是平静的,气息是舒缓的,声音是低细的,充满着安谧,正所谓“静则气舒声平”。

⑥ 今天,这里有没有特务?你站出来!是好汉的站出来!你出来讲!(闻一多《最后一次演讲》)

这段话是闻一多在极大愤怒的语境中说的,主要情感表现为愤怒。朗读时,语气色彩造成一种震动感,口腔如鼓,气息如椽,声音强硬,正所谓“怒则气粗声重”。

⑦ 询问者感到困惑:

怎么会都对呢?您是不愿意还是不敢分辨是非呢?(作品27号《启示的启示》)

这是对智者的回答表示怀疑。朗读时,语气色彩有一种踟蹰感,口腔欲松还紧,气息欲连还断,声音像被什么东西拉着,流动不畅,即所谓“疑则气细声黏”。

⑧ “彦,这里会塌了!”妻战栗起来,叫着说,“我怕!”(鲁彦《听潮》)

朗读这句话,感情是惧怕的。气息上提,悬于心,有点像倒流;语气色彩造成紧缩感,声音战栗、发抖,即所谓“惧则气提声抖”。

以上所举这些语气特征,在朗读中绝不是孤立的,经常是交错结合、结伴同行。因此,语气永远不会单一,在综合中却有主次之分,主要感情造成语气的主要色彩。这种主次又不是截然分离,各不相干,它们在相互交叠中,形成色彩缤纷的语气。另外,语气种类是丰富的,多姿多彩的,人类有多少种情感,就有多少种语气。

2. 外在的表达形式

(1) 语调

语调是语气外在的快慢、高低、强弱、虚实等各种声音形式的总和。因此,朗读时,只有语气的千变万化,才有语调的丰富多彩。

朗读实践证明,“曲折性”是语调的根本特征。语调不是字调,不能把它固定在上扬、下降、平直的框框里。如语气词“啊”,从声调来看,属阴平调,调值是55,调势平且直。从字义上讲,只表示惊疑或赞叹。但从思想感情的变化状态来看,“啊”表示的意义却是多种多样的,它可以表示迟疑、坚定、悲哀、兴奋、轻松、沉重、淡漠、热情、向往、失望、愤恨等。因此,如果硬要规定作品中的某种语句必须用某类语调朗读,势必造成千人一腔。

语调的“曲折性”表现在有声语言中,就是语句的趋向和态势,也叫“语势”。朗读时,正确把握住语势,就能跳出框框,得心应口。

例如:

“天冷极了,下着雪,又快黑了。”(安徒生《卖火柴的小女孩》)

这是个一般的陈述句,它的语势变化从下图可以看出来。

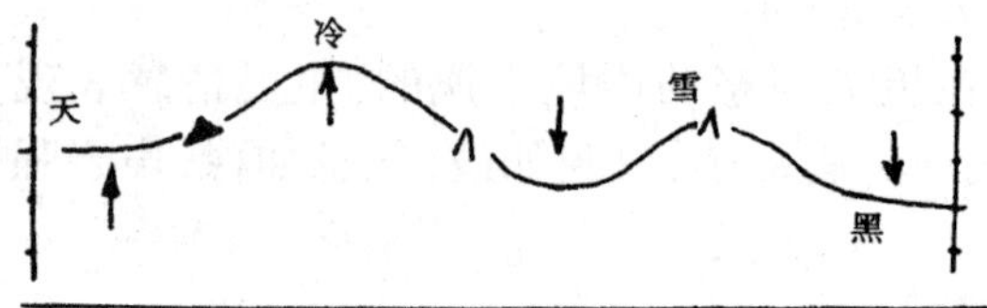

(利用声调记调的五度标记法来记录语气变化)

起始“天”字为中3度,“天”后一挫▲,给全句主要重音“冷”带来了一股寒气,同时达到全句最高点,∧稍停后下滑,“雪”字稍高于“天”字半度,“黑”又下降,落为全句最低点收尾。这样处理,就会使全句错落有致,参差有别,使语境“冷”的气氛自然地表露出来。如果按陈述句“平直调”处理,会显得呆板失色。

(2) 停连

停连,是朗读语流中声音的顿歇和延续。声音中断是停顿,声音延续是连接。

朗读中的停连,首先是朗读者和听者生理上的需要。生理上一定的呼吸量,决定了不可能一口气把一篇作品读完,总要换气,而换气时的暂不出声,这时就形成停顿。吸气之后,又可以继续朗读,这时就要连接。

其次是朗读者心理需要,即表达对作品的理解、感受、态度、情感的需要。例如:在作品层次之间、段落之间、小层次之间、语句之间、词组和词组之间,要区分其间的关系、意义时,声音上递进、呼应时,承上启下、思前想后时都要停顿。有时,为了表达组织严密、感情奔流、语意连贯、情势紧张、意境完整,朗读时就会把停顿放在句中,略掉句与句之间的标点,用连接代替声音的延续,声音形式上给听众一种千回百转,一气呵成之感,从这点上看,"停连"就是有声语言的标点符号。

朗读中,这种停中有连,连中有停,显出朗读者对作品控制得心应口的心理变化之妙。

在文章中,作停连标注时,可以参考以下符号:

停顿时间长用∧,无论是有无标点符号处都可使用,如用于标点的地方,表示时间再长些。停顿时间短用▲,多用于句中,表示时间很短,有时只是声音一挫。连接用‿,词组号用______。

例如:

① 王大娘听到声音,十分高兴,赶忙走了出来,她看到∧儿子有些奇怪,就对他说:"这是粮店的刘同志。"

"她看到儿子有些奇怪"一句,依据语境,是"儿子"奇怪,应该在"看到"后面标一停顿符号,就是"她看到∧儿子有些奇怪"。如果在"儿子"后面标上停顿符号就成了"王大娘"奇怪了,显然是不对的。

② 妈妈▲送我走出家门,并三番五次地叮嘱我∧路上小心。(作品36号《雪花飘啊飘……》)

依照语境,应该在"我"后面停,"路上小心"是妈妈叮嘱的话,叮嘱的对象才是我。如果把停顿放在"叮嘱"后面,叮嘱的对象听起来成了"我路上小心"了。

③ 最贵的一张∧值八百美元。

这个句子,如果把停顿放在"一张"之后,听者的理解就是:最贵的只有一张。如果把停顿放在"的"后面,那么,"最贵的"是一个集合体,每一张价值都是八百美元。朗读时,要根据句子所在语境,选择停顿的地方。

以上三个例句说明,句中的停连,应该以表意为依据,把一个句子划分为若干意义群。停顿就放在一个意义群之后,准确地反映句中层次之间的关系,准确地传达句意,听者听得准确、清晰,不产生歧义。这种停连具有正确区别句意的作用,我们称之为"区别性停连"。

④ 井冈山▲五百里林海,最使人难忘的∧是毛竹。(《井冈翠竹》)

在"井冈山"后略略一顿,目的是把人们带进作者所描绘的五百里林海之中。"最使人难忘的"后面作一较长时间的停顿,"毛竹"两字用深沉、回味、抒情的语气读出,表达出对井冈山翠竹的深厚眷恋之情。

⑤ ……但它们那种不畏风霜的姿态▲却使人油然而生敬意,久久∧

不忘。∧当时很想把这种感觉写下来，但又▲不能写成。（《松树的风格》）

朗读时，为了给听者以“想象”和“回味”的时间，在“久久”后应顿一下，在“不忘”后再作一较长时间的停顿，然后一转语气，“当时”两字提升，紧接下文快读，“但又”后稍缓，“不能写成”自然平缓结束。

第一个顿歇，是为了把听者带入过去。第二个顿歇，使听者进入遐想。而提升“当时”两字，是把听者从遐想中领回到现实中，最后一句，一气呵成。

以上两例用的是回味性的停连，这种方法不仅有区别出句意的作用，更重要的是把听者带入过去，使其在停顿中有想象、思考的余地，并在停顿创造的氛围中受到感染。

⑥ 我们必须强调▲学习马克思主义理论的极端重要性。

朗读这句话，会发现句中的主要词语之间，存在某种呼应关系。“强调”是呼，“重要性”是应，“强调”后需停顿。如果取消这一停顿，呼应关系就模糊了。停顿时间要短一些，否则造成呼应中断。

⑦ 现在，我向大家介绍∧唐代大诗人杜甫▲揭露统治阶级横征暴敛的诗篇。

“介绍”是呼，“诗篇”是应，“介绍”后面要有稍长的停顿；“杜甫”后面作短时间的停顿，时间不能超过“介绍”后面的停顿。如果，“介绍”后停顿短或不停顿。而在杜甫后面安排较长时间的停顿，呼应关系就会改变：“介绍”成了呼，“杜甫”成了它的应。这样处理，语意会破碎而混乱。

以上两例讲的是呼应性停连。我们可以看出，运用呼应性停连，使语句内部各词、词组的关系清楚、确定，且能使语句意义明确，朗读语气、语调严谨贯通。这种停连，在多概念语句朗读中，作用很大。

⑧ 母亲和我▲都叹息他的景况：多子，饥荒，∧苛税，∧兵，匪，官，绅，都苦得他∧像一个木偶人了。

句中七个并列成分，都用逗号点开了。为了显示并列关系，各并列成分都一样停顿，有点儿机械。遇到并列成分较多的情况，一般采取分组的方法，或按内容、或按类别、或按数目，尽量避免一个一个地读出来，造成单调乏味、呆板拖拉的感觉。这里的七个并列成分，按内容可以分为三组：“多子、饥荒”一组，“苛税”一组，“兵、匪、官、绅”一组。每组内部都有某种内在联系，数目上也悬殊不大，无论从语感或听感上，都使人感到有声语言顺畅、自然。天灾、人祸、重压、盘剥也能从中得以准确的表现。分组后，在保持并列感的基础上，组与组之间的停顿时间可稍长，组内各成分之间的停顿时间可稍短。

⑨ 到处都是鸟声，到处都是鸟影。大的，小的，∧花的，黑的，∧有的▲站在树枝上叫，有的▲飞起来，在扑翅膀……（巴金《小鸟的天堂》）

句中六个并列成分，按类别分为三组：第一组是“大小”类，第二组是“颜色”类，第三组是“动作”类。两个“有的”之后作时间稍短的对等停顿，以表现鸟儿们不同的“动作”和“鸟的天堂”中的热闹景象。

⑩ 白荷花在这些大圆盘之间冒出来。有的∧才展开三片花瓣儿。有的∧花瓣儿全都展开了，露出嫩黄色的小莲蓬。有的∧还是花骨朵儿，看起来饱胀得马上要破裂似的。

这一段，后三句都是在“有的”之后停顿，以表现并列关系。第二个“有的”很容易与“花瓣儿”连接，意思就变了，与原意不符，也破坏了并列关系。这样停顿，从并列关系的同位置、同时间中使文中省略的“白荷花”也就显露出来了。

以上三个例子讲的是并列性停连。

并列性停连，是指在作品里属于同等位置、同等关系、同等样式的词语之间的停顿及各成分内部的连接。内容之间的并列关系，决定它们的停顿应该同位置、同时间，而它们各自内部的连接较紧，有时有些小停顿，可时间不宜长。

⑪ 桂林的山真奇啊，一座座拔地而起，各不相连。∧像老人，像巨象，像骆驼，∧奇峰罗列，形态万千。（《桂林山水》）

这段文字前面三句和后面两句是总写桂林山之“奇”，中间是分写桂林山的“奇”。分别要在前一个句号之后和后面“奇峰”之前有一个长时间的停顿，不然，前、后对于中间的综合意味就表现不出来。而“真奇啊”与“拔地而起”、“各不相连”之间，停顿时间不宜长，所以要连起来读。中间三个以“像”起头的短句，也要连起来读。这种停连既可严谨地区分句子意义群和意义群之间的远近关系，也可以使表意准确、完整。

⑫ 这些石刻狮子，有的∧母子相抱，有的∧交头接耳，有的∧像倾听水声，∧姿态万状，惟妙惟肖。

在“有的像倾听水声”之后，要有一个综合性停顿，时间要长些，否则，“姿态万状，惟妙惟肖”一句对于前面三个并列性的词句的综合意味就表现不出来。而“姿态万状”和“惟妙惟肖”都是综合性词语，二者之间的停顿不宜长，所以要连接起来。

⑬ 葡萄成熟的季节，一大串一大串挂在绿叶底下，有∧红的、白的、

紫的、青的、▲暗红的、淡绿的，∧五光十色，美丽极了。

这样的句子比较常见，“有”是领属性词，“五光十色，美丽极了”是综合性词语。“有”后边要有一个稍长的停顿，而不能没有停顿，与“红的”紧连。同样，“淡绿的”之后更要有较长的停顿，以显示其后的综合性，不能紧接“五光十色”。

以上三个例句中，都有分合性停连。

分合性停连包括先分后合、先合后分两种情况。先合后分再合是这两种情况的联合。只有把握了分合关系，对于运用区分、并列、呼应等停连才更有利。

⑭ 风筝花花绿绿，各式各样，有“鹞鹰”，有“鹦鹉”，有“仙鹤”，有“蜈蚣”……∧可没有“大蜻蜓”。

在“蜈蚣”后面安排一个较长时间的停顿，一方面含有另外式样的风筝还有不少的意思，另一方面含有缺少某一样式风筝的思索，然后转入下句。这里的间歇号所表示的停顿时间，长于“各式各样”后面的领属性停顿，更长于分列成分之间的并列性停顿，于是，为思维过程、心理变化提供了有利条件，并且使这里的转换显得水到渠成。即使没有省略号，也应该这样处置。

⑮ 清早出发的时候，天气晴朗暖和，∧没想到中午突然刮起了暴风，下起了大雪，气温急剧下降。

和上句一样，为了着重显示天气突变，在“暖和”之后要有一个转换性停顿。这里的停顿，既是“天气晴朗暖和”的舒适爽快感的延续，又是对天气突变的一种准备和酝酿。突变之后，连接要迅速，其后的所有停顿时间都相对缩短。要是说“雨过天晴”，转换前后的停连情况也许是另外一个样子，或者正与此句相反。

以上两个例句中，划出来的是转换性停连。这种停连是在语句之间或语句之内，或顺流而下忽然逆上，或明亮清新忽而暗浊，或惊涛骇浪突然平静，或痛不欲生竟又大喜过望……为了表现句意、文势、感情，就要运用转换性停连。这种停顿，时间相应延长，具体把握要随势而变。

⑯ 俱往矣，数风流人物，还看∧今朝。(毛泽东《沁园春·雪》)

这一停顿，强调了“今朝”，提示听众去细细体味毛泽东同志这一词句的深刻含义——唯有当今时代的无产阶级及其代表人物，才是创造世界历史的真正英雄。

⑰ 人，不能低下高贵的头，只有怕死鬼∧才乞求自由；毒刑拷打∧算

得了什么！死亡∧也无法叫我开口！

在“鬼”后一停顿，让人领会作者所指——革命的叛徒，与上面的“人”形成鲜明对照。前者坚贞，后者变节；前者伟大，后者卑劣。其余两处，都着意刻画了共产党人的英雄气概。

⑱ 森林爷爷∧一点儿▲也不着慌。

这样处理，不会把句子断碎，反更突出了对风魔王的蔑视。可见，在被强调的词语前后同时安排停顿，有时也很有表现力。

在句子之间、词组或词之间，为了强调某个句子、词组或词，就在前边或后边停顿，甚至前后同时进行停顿，使所强调的词句突现出来，相应的其他不强调的词句中，有停连处也相对缩短一些时间。这就是强调性停连。

从作品全篇看，凡是重点层、重点段、重点句、重点词，都会使用强调性停连，只是有的非常明显，有的却因为有其他因素的存在而隐蔽一些罢了。这些与“重音”有关。

⑲ ……人群里，年长的是∧大娘，大爷，同年的是∧大哥，大嫂，兄弟，姐妹，都是亲人。∧又仿佛队伍同志是▲群众，群众又同时是▲队伍，根本分不清……(《歌声》)

这一段文字的字里行间，洋溢着作者和乡亲们兴奋、激动之情，呈现出亲切、感人的场面。朗读时，语速较快，衔接较紧，需要做些连接处理。

⑳ 啊呀，我的太太！您真是大户人家的太太的话。我们山里的人，小户人家，这算得什么？她有小叔子，也得娶老婆，不嫁了她，那有这一注钱来做聘礼？她的婆婆倒是精明强干的女人呵，很有打算，所以就将她嫁到山里去。(《祝福》)

卫婆子这种走家串巷的女人，一向是以深知别家底细为荣，喜欢多嘴多舌，加上又喝了点酒，说起话来就更眉飞色舞，滔滔不绝，因此，在有些有标点的地方也应该做连接处理。

㉑ 团长一声令下：“团旗，上！”我∧跃出战壕，高举红旗，向敌人的阵地∧冲上去。

在“下”与“团”“旗”与“上”、“壕”与“高”、“旗”与“向”之间，虽然都有标点符号，但因为要表现紧张的情势，运用紧连而缩短了停顿的时间。这种停而紧连造成积极进行、一往直前的紧张气氛和较强的动作感，比起一步一停来要好得多。由于连而有停，特别有意安排了“我”和“阵地”之后的停顿，就使得有声语言紧张而不仓促，动作感强而又有层次。

㉒ 人们都说:“桂林山水甲天下。”∧我们▲乘着木船,荡舟▲漓江,来观赏▲桂林的山水。

把第一个句号后面的三个句子连起来,并在句中作短时间的停顿,进行朗读,不仅从听感上,觉得每一个动作的目的都很明确,同时给人一种三个动作同时发生、所创造的意境完整的感觉。如果分开读,听感就不一样了。

㉓ 中华人民共和国外交部新闻司昨天发布公告。

依据句意,“中华人民共和国外交部新闻司”是一个词组,如果读成“中华人民共和国 外交部 新闻司”,就会支离破碎,语意含混不清,因此,词组要连起来读。

㉔“某公司 不慎将0001号转账支票丢失,声明作废”。不能读成“……不慎将 0001号转账支票丢失”。

把需要连起来读的词或词组连在一起,避免破坏语意。

从⑲到㉔这几个例子是两种连接。⑲到㉒是为表现兴奋、激动之情,特殊心理,紧张的情势,完美的意境,而去掉句与句之间的标点,用连接号代替的特殊处理;㉓、㉔则是句中词组的连接,为了保证词语意义的完整作出的处理。

停连的一般规律,源于生活语言,基于生理条件,但又有其艺术语言的特点。

安排停连,要依据作品内容和具体语句,并以思想感情的运动状态为前提。作品的标点符号是朗读者进行停连安排的重要参考,因为,标点符号是为了看的,停顿和连接才是为了听的。一般来说,句子越长、内容越丰富,停顿就越多;相反,句子越短、内容越浅显,停顿就越少。感情凝重深沉时,停顿较多;感情欢快急切时,连接较紧。

只要有两个词语组合,就会有停连问题。在组合中,停顿时间长,表示组合关系松动,或统领其后。停顿时间短,表示前后关系较紧密,或受制于前,或要求速进。停连必须同重音、语气、节奏一起共同完成朗读的音声化再创作,它是朗读的重要支柱,有人称它为朗读的一张“王牌”。

(3) 重音

每篇作品都有主题,朗读作品都有目的,落实到语句中,语句也有目的。重音就是体现语句目的的重要手段。朗读时,为了实现朗读目的,强调或突出的词、短语,甚至某个音节,称为重音。重音经常在独立、完整的语句中出现,因此称为“语句重音”。一个独立完整的句子,只有一个主要重音。重音用一个实心黑点“·”来标注。

重音的位置,没有固定格式。

例如:朗读“我喜欢听花鼓戏”这句话,重音不同,表意有别。

我喜欢听花鼓戏。(强调“我”喜欢……)

我喜欢听花鼓戏。(谁说我“不喜欢”?)

我喜欢听花鼓戏。(不喜欢“看”或“唱”)

我喜欢听花鼓戏。(不是“花鼓戏”不喜欢听)

四处重音,四个作用,朗读时要根据上下文提供的语言环境,语句目的,精细地分析出语句的实质,再根据遣词造句的具体情况确定重音位置。

例如:

① 如果没有太阳,地球上将到处是黑暗,到处是寒冷,没有风、雪、雨、露,没有草、木、鸟、兽,自然也不会有人。

“黑暗”与“寒冷”,“风、雪、雨、露”与“草、木、鸟、兽”,互相并列,表明了“不能没有太阳”的目的。

② 桂林的山真奇啊……桂林的山真秀啊……桂林的山真险啊……

这里的“奇”、“秀”、“险”是并列重音,“真”是次要重音。

③ 古时候有一个人,一手拿着矛,一手拿着盾,在街上叫卖。

“矛”和“盾”,是全文的核心词,在本句中是并列关系。突出这两个词,突出它们的并列关系,统领全篇。“古时候”、“在街上”、“叫卖”等,都不应成为重音。

以上三个实例中的重音都是并列性重音。

作品中常有并列语句、词组和词因之而有并列性。并列关系使内容得以完整表现。并列成分是相辅相成的有机并列,而最主要的并列成分便形成并列性重音。

并列性重音体现内容中的不同角度、不同方面、不同情况、不同途径,但思想感情的趋向是一致的。

并列性重音显示着并列关系中的区别性,那些重复出现的相同词语一般不作重音。

④ 在茂密的森林里,有一只老虎正在寻找食物。一只狐狸从老虎身边窜过。老虎扑过去,把狐狸逮住了。

我们看到,“老虎——狐狸——扑——逮”,是很清楚的一件事的连续发展。几个连续性重音简要地显示了它的进程。如果误把“食物”、“窜过”作为重音,连续性的主体便不清晰了,也就失去了连续性。

⑤ 忽然,孔雀发现湖里有一只鸟,跟他一模一样,十分漂亮。他立刻停住脚步,展开尾巴。那美丽的尾巴抖动着,像一把五彩洒金的大扇子。谁知湖里的那只鸟也停住脚步,展开尾巴。那美丽的尾巴也抖动着,像一把五彩洒金的大扇子。

这一段中的两个“也”字都是递进性重音,既承上又启下,扩展出新的语意。

⑥ 第一次到鲁家:“头上扎着白头绳,乌裙,蓝夹袄,月白背心,年纪大约二十六七,脸色青黄,但两颊还是红的。”(《祝福》)

第二次到鲁家:“她仍然头上扎着白头绳,乌裙、蓝夹袄,月白背心,脸色青黄,只是两颊上已经消失了血色,顺着眼,眼角上带些泪痕,眼光也没有先前那样精神了。”(《祝福》)

这是对祥林嫂外貌变化的描写,有层次地展现了祥林嫂命运的变化历程。变化中揭示了人物内心的创伤,到“她分明已经纯乎是一个乞丐了”的时候,外貌的变化更突现了被封建礼教摧残的特征。

⑦ 我们要造成民主风气,要改变文艺界的作风,首先要改变干部作风;改变干部作风首先要改变领导干部的作风;改变领导干部的作风,首先从我们几个人改起。(《周恩来》)

这几个语句重音,把改变作风的对象范围,由大到小、由普遍到重点,清楚地突现出来,给人一种步步递进,一气呵成之感。

从以上④、⑤、⑥、⑦几个实例可以看出:

有些作品,从内容上看是层层发展的,许多句子的关系是步步递进的。体现递进关系的重音我们称之为递进性重音。

递进性重音表现出人物、事件、行为、思想等在时空顺序中的进程。在全篇作品中,有时通过一个人、一件事、一种景色、一种感受等不同的、细微的变化,达到显示事物发展的目的。

递进性重音具有顺序性、新鲜性、链条直进性,抓住这些特点,有利于准确地确定重音位置。

⑧ 孔雀很美丽,可是骄傲。

“美丽”是值得肯定的,如果下面是“而且很谦逊”,那就是递进性重音了。“骄傲”是不值得肯定的,恰与上文相反,但又不是对比,所以成了转折性重音。

⑨ 这正如地上的路,其实地上本没有路,走的人多了,也便成了路。

“路”是比喻性重音,“没有”为转折性重音,“多”与“成”为递进性重音,但都是“没有”的转折性重音。

⑩ 我因为常见些但愿不如所料,以为未必竟如所料的事,却每每恰如所料的起来,所以很恐怕这事也一律。

“不如”与“竟如”为递进性重音,“恰如”为转折性重音。转折性重音有时还会落在虚词上。

⑧、⑨、⑩三个实例是转折性重音。转折性,反映了语言链条的发展有某种多向性的特点。首先一定要获得转折感受,然后再确定转折性重音。转折性重音又加强了这种感受。

⑪ 乌鸦听了狐狸的话,得意极了,就唱起了歌来。

⑫ 森林爷爷一点儿也不着慌。

⑬ 他把嗓子都喊哑了,可是除了呼呼的风声,什么也听不见。

⑭ 她守护的那群骆驼,一头也没有丢失。

⑮ 尽管海力布焦急地催促大家,可是谁也不相信。

⑯ 它什么都怕,可是它又那么勇猛,不要说见着小虫和老鼠,就是遇上蛇也敢斗一斗。

⑰ 战斗进行了很久,敌人始终不能前进一步。

⑱ 试工期内,她整天的做,似乎闲着就无聊,又有力,简直抵得过一个男子,所以第三天就定局,每月工钱五百文。

⑪～⑱这些例子里,都是强调性重音,要强调的词或词组,有时间的长短,有空间的大小,有数量的多少,有程度的极限,有性格的强弱,有感情的浓淡……都给人以较鲜明的印象,很有点儿“极而言之”的味道。因此,从语句目的出发,落实到具体的词汇结构上,把那些“极而言之”的词或词组加以突出,便成了强调性重音。类似“谁也……”、“什么都……”、“一点儿也……”、“极”、“很”等,都属于强调性重音的常见位置,常用词。

⑲ 河里连一滴水也没有了,河中心的泥土也裂成乌龟壳似的。田里呢,早就像开了无数的小沟,——有两尺多阔,你能说不像沟么?那些苍白色的泥土,干硬得就跟水门汀差不多。好像它们过了一夜功夫还不曾把白天吸下去的热气吐完,这时,它们那些扁长的嘴巴里似乎有白烟一样的东西往上冒。

站在桥上的人就如同浑身的毛孔都闭住,心中泛淘淘,像要呕出什么来。(茅盾《雷雨前》)

这一段文字,几乎句句设喻,使读者对干旱、炎热产生了具体感受,因此,喻体词就成了重音。朗读中突出这些比喻,使被比喻的事物鲜明活脱,生动可感。确定比喻重音时,要注意比喻双方的结合点,这才是重音位置所在。

⑳ 雨，哗哗地下着。

下雨的声音是用“哗哗”来摹拟的。“下着”是雨的必然如此的动态。因此，象声词“哗哗”作为拟声性重音，成为全句之“神”。如果句子的主旨在于“长时间下”，写成“雨，哗哗地下个不住”，那么重音就在“不住”上，成为强调性重音。

㉑ 这几个青年妇女咬紧牙，制止住心跳，摇橹的手并没有慌，水在两旁大声地哗哗，哗哗，哗哗哗！（孙犁《荷花淀》）

这里的象声词，远不是一种简单的摹拟声音。七个“哗”字，呈二、二、三的序列，恰恰集中地表现了摇橹者的心境：心虽跳，手不慌；极力镇静，奋力摇橹。同文章前面那“……轻轻划着船，船两旁的水，哗，哗，哗”的平稳状态完全不同，但都是起伏心潮的写照。

⑳、㉑两例中重音是象声词来承担的。象声词作为拟声性重音，在全句中起着“传神”的作用，其他词处于必然如此的地位，或只起补充、辅助的作用。

确定拟声性重音，必须把握象声词与中心词的内在联系，必须把握包含象声词的语句成分，以及同这个成分搭配的语句成分之间的内在联系。

㉒ 猎人追上来找不着狼，就问东郭先生：“你看见一只狼没有？它往哪里跑了？”东郭先生犹豫了一下，说：“我没有看见狼。这儿岔道多，它也许从岔道逃走了。”（《东郭先生和狼》）

句子中，几个重音，一问一答，表现出较强的呼应关系。可以称为呼应性重音。确定这类重音要抓住它们的内在联系，即呼应重点。

㉓ 赵一曼笑着说：“是啊，什么时候才能不丢碗呢？”（《赵一曼》）

上文已谈到“丢碗”，这里肯定“不丢碗”，“不”为肯定性重音。

㉔ 原来他喜欢的不是真龙。（《叶公好龙》）

上文说如何喜欢龙，真龙来了却害怕，“不是”为肯定性重音。

㉕ 至于看桃花的迷宫内所，是龙华，也是屠场，我的好几个青年朋友就死在那里，所以我是不去的。（鲁迅）

“龙华”和“屠场”是转折性重音，“屠场”和“死”是递进性重音；而“不去”，因为有“看桃花”的思想，所以成为肯定性重音。“不去”，作为主要重音，把“忍看朋辈成新鬼，怒向刀丛觅小诗”的深沉冷峻的心境含蓄地表现了出来。

作品中经常用“是”、“有”、“在”、“不是”、“没有”、“不”、“没”等表示对人、事、物等肯定的判断。无论用哪一个词，在句子里都表示某种判断的确定无疑，都是被肯定的对象在上文已经出现过，给听者留下较深的印象，下文只是强调它们被肯定的性质，则这些词要作为肯定性重音。

在这一类重音中，总有一种或明显、或隐蔽的思想、疑问、要求……像“是不是”、“有没有”都是。肯定性重音就含有承接上文的“再次申明”、“明确肯定”之意。

㉖ 尼采就自诩过他是太阳，光热无穷，只是给与，不想取得。

“太阳”是正面意思，的确“光热无穷，只是给与，不想取得”，但是，是尼采“自诩”的，尼采根本不是太阳，也不配用太阳自比。因此，“太阳”是反义性重音，表明对这种自诩的否定态度。如是正面意思，则“太阳”便成为比喻性重音。

㉗ 他们说中国是个贫油国家。

我国石油蕴藏量是很丰富的，说“贫油”是贬义，但我们不同意。为了表明我们的态度，要否定这“贫油”，所以是反义性重音。

㉘ ……其间耳闻目睹的所谓国家大事，算起来也很不少……

“国家大事”一般指对国家很有影响的重大事件，是正面意思。但这里，却是反义性重音，表现“我”对那些事件的蔑视和否定。

作品的褒贬，不一定与词语的一般意义吻合，有时，褒义词用于贬义，贬义词用于褒义。这种情况下，为了突出它们的相反含义，就把它们作为重音，即反义性重音。一般的说法是“反语”，那是从语气上讲的，我们在这里是仅从重音的角度讲。确定反义重音，有时我们可以从字面上了解到，其特征是有词语“所谓”或引号，但重要的还是我们必须抓住语句本质、内在深意。

总之，如果说停顿和连接，解决了作品内容构成的分合。那么，重音要解决的是，作品内容词语关系的主次。

确定重音，还要从朗读目的、愿望的高度，在理解和感受作品的基础上，深入到作品的感情脉络中，去分析、把握重音的位置及其表达。表现重音的方法很多。重捶、重读是突出，轻读、拖长也是突出。可以快中显慢，也可以重中见轻，还可以高低相间，虚实互转，前后顿歇。

(4) 节奏

节奏，是在朗读中，由朗读者一定的思想感情的波澜起伏所形成的，在有声语言的表达上显示的快与慢、抑与扬、轻与重、虚与实等种种回环交替的声音形式。

节奏是就一个完整的语段或整篇作品来说的。如《卖火柴的小女孩》，这个故事充满了对穷苦小女孩的深切同情，并鲜明地揭示出贫富悬殊的阶级社会的一角。“冷”与“饿”是作品的一条明线，也是小女孩不可解脱的痛苦,就像一根火柴要驱走那黑夜寒冷一样地不可能。所以她只能在幻想中进入天堂——大年夜冻饿而死。作者用幻境破灭,突出现实生活的冷酷无情。在节奏运用上要造成“幻境破灭”后的反差,即由扬转抑,可以说是欲抑先扬,由扬渐扬,更扬,突出最抑,一个回环交替,又一个回环交替,最后落入“低沉型”节奏之中。

因此,《卖火柴的小女孩》应为以抑为主,抑扬交替,低沉型节奏。

朗读所形成的节奏,种类很多,主要有以下几种类型:

紧张型——急促、紧张、气急、音短;

轻快型——多扬、少抑、轻快、欢畅;

高亢型——语势向高峰逐步推进,高昂、爽朗;

低沉型——语势抑闷、沉重、语音缓慢、偏暗;

凝重型——多抑少扬,语音沉着,坚实、有力;

舒缓型——气长而稳,语音舒展自如。

三　朗读作品训练

(一) 朗读难点练习

1. 语流音变练习(以下·为着重号,不是重音符号。)

(1) 读准短文中的上声变调

又过了十来天,老鼠又说:“我二姐又要生孩子,请我去吃饭。”猫说:“早去早回。”老鼠边答应边往外走。

天黑了,老鼠回来了,腆着肚子,满嘴都是油。猫问:“你二姐生了啥呀?”“生个白胖丫头。”“起个什么名字?”“叫一半。”

作品28号:《猫和老鼠》

小鸟啾啾戏柳枝,春花遍地开。妈妈每在新春之前,总是要为自己定下一个计划,今年要在那亩地开辟一片瓜地,让瓜结得大大的,甜甜的,让儿女们假期美美地吃上好瓜;或者在田埂上种些高粱、玉米,好让儿女们过节能吃上甜甜的高粱饴、香喷喷的玉米棒,妈妈总是想着我们能吃上可口美味的东西,从不说她要吃什么。

作品34号:《献给母亲的歌》

雪地中一位年轻的母亲拉着身后的小女儿跑着,笑着。忽然,母亲脚下一滑,摔倒在雪地上。我忙跑过去拉起她,她却不顾自己,而是马上扶起坐在地上的小女儿。女儿也很懂事地给妈妈拍去头发上的雪,轻轻地问了一声:“妈妈,您疼不疼?”母亲由衷地笑了,笑得那么舒心。

望着雪片纷飞中母女俩紧紧相偎的身影,我的脑海里立刻映出了十年前似曾相似的一幕:那时,我也曾十分乖巧地为妈妈拍雪,扶妈妈走路。可十年后同样的雪天,我却只顾自己的兴致把妈妈的关心搁在一边。也许妈妈并未留意我的话,但17岁的我应该理解父母的苦心,因为在他们的眼里我永远是个长不大的孩子。

作品36号:曹展《雪花飘呀飘……》

啊,是对我的美好前途的憧憬支撑着她活下去,为了给她那荒唐的梦至少加一点真实的色彩,我只能继续努力,与时间竞争,直到1938年我被征入空军。巴黎很快失陷,我辗转调到英国皇家空军。刚到英国就接到了母亲的来信。这些信是由在瑞士的一个朋友秘密地转到伦敦,送到我手中的。

作品37号:罗曼·加里《我的母亲独一无二》

(2) 读准短文中“一”的变调

巴尼打量了一下周围的树木,决定把一棵直径超过两英尺的松树锯倒。出人意料的是:松树倒下时,上端猛地撞在附近的一棵大树上,一下子松树弯成了一张弓,旋即又反弹回来,重重地压在巴尼的右腿上。

……

巴尼把断腿简单包扎了一下,他决定爬回去。一路上巴尼忍着剧痛,一寸一寸地爬着;他一次次地昏迷过去,又一次次地苏醒过来,心中只有一个念头:一定要活着回去!

作品21号:沈亚刚译《难以想象的抉择》

小脚又一次地踏上了人行道,另一只脚也费力地提到了空中,这回可真是憋足了劲。

“加油!加油!”旁边的小姑娘喊着。

终于两只脚都站到了人行道上去了,这也许是孩子一生中拿下的第一个高地,小胖脸同时绽开了笑容——了不起的胜利!

“好一个登山者!”胡子老爷爷幽默地说,他摸摸孩子的头,“一开头总是困难的,但现在总算对付过去了。乖孩子,祝你永远向新的高度进军!”

作品25号:孙继梓译《第一次》

江南有位书生,他父亲在国子监里当助教,他也随父亲住在京城。有一天,他偶然路过寿字大街,见有一间书肆,便走了进去。书肆里有一个少年书生,挑中了一部《吕氏春秋》,点数铜钱交钱时,不小心,一个铜钱掉在地上,轱辘到一边去了,少年并没有发觉。江南书生看见了,暗中把钱踩在脚下,没有作声。等买书少年走后,他俯下身子把铜钱拾了起来,装入自己的衣袋中。他以为自己做得巧妙,没人看见。其实旁边坐着一位老者,早就看见了,老者忽地起来,问他姓啥名甚。书生办了昧心事,只得如实说出自己的姓名。老者听罢,冷笑一声走了。

作品 30 号:《贪得一钱丢了官》

(3) 读准短文中"不"的变调

从山沟沟里跨进大学那年,我才 16 岁,浑身上下飞扬着土气。没有学过英语,不知道安娜·卡列尼娜是谁;不会说普通话,不敢在公开场合讲一句话;不懂得烫发能增加女性的妩媚;第一次看到班上男同学搂着女同学跳舞,吓得心跳脸红……

作品 19 号:艾菲《我不再羡慕》

商人则认为应属水果,据理力争:西红柿有丰富的果汁,这是一般蔬菜所不具备的;它又可以生食,同一般蔬菜也不一样;形状色泽也都应当属于水果范畴。双方为此争执不下,最后只好把它作为被告,送进美国高等法院,接受审判。

作品 24 号:《美国历史上的西红柿案件》

反省我自己吧:我正在做的那件事一再失利,我该学得聪明一点,不能再闷着头蛮干一气了——我是个有头脑的人,可不是虫子。

第三个人询问智者:"观察同一只虫子,两个人的见解和判断截然相反,得到的启示迥然不同。可敬的智者,请您说说,他们哪一个对呢?"

智者回答:"两个人都对。"

询问者感到困惑:"怎么会都对呢? 您是不愿还是不敢分辨是非呢?"

智者笑了笑,回答道:"太阳在白天放射光芒,月亮在夜晚投洒清辉——它们是相反的;你能不能告诉我:太阳和月亮,究竟谁是谁非?"

作品 27 号:伊人《启示的启示》

听师父说,水的温度已经刚好,看见桶里还剩有冷水,做弟子的就随手倒掉了。正在澡盆里的师父眼看弟子倒掉剩水,不禁语重心长地说:"世界上的任何东西,不管是大是小,是多是少,是贵是贱,都各有各的用处,不要随便就浪费了。你刚才随手倒掉的剩水,不就可以用来灌浇花草树木吗?这样水得其用,花草树木也眉开眼笑,一举两得,又何乐而不为呢?"

作品 29 号:《珍视自己的存在价值》

(4) 读准短文中"啊"的音变

雪花飘啊(wa)飘,我目送那对母女远去,便急切地回转身,我要回家去对父母说:"爸爸、妈妈,雪大路滑,当心啊(na)"!

作品 36 号:曹展《雪花飘啊飘……》

啊(a),是对我的美好前途的憧憬支撑着她活下去,为了给她那荒唐的梦至少加一点真实的色彩,我只能继续努力,与时间竞争……

作品 37 号:罗曼·加里《我的母亲独一无二》

郊外的景色真美啊(ya)!湛蓝的天空,像一池倒映的湖水……

作品 41 号:庞秀玉《爱痕》

满桥豪笑满桥歌啊(ya)!……我仰望一碧蓝天,心底轻声呼喊:家乡的桥啊(wa),我梦中的桥!

作品 42 号:郑莹《家乡的桥》

采燕窝的绝技,一代代地传下来了,可真是一方水土养一方人啊(na)。

作品 40 号:钦文《神奇燕子洞》

大雪整整下了一夜。今天早晨,天放晴了,太阳出来了。推开门一看,嗬!好大的雪啊(ya)!

作品 10 号:峻青《第一场雪》

早上我起来的时候,小屋里射进两三方斜斜的太阳,太阳他有脚啊(wa),轻轻悄悄地挪移了。

作品 23 号:朱自清《匆匆》

一只小小的虫子,这样的执著、顽强,失败了,不屈服;跌倒了,从头干;真是百折不回啊(ya)!

作品 27 号:《启示的启示》

老鼠说:"猪油放在家里,我嘴馋,不如藏到远一点的地方去,到冬天再取来吃。"猫说:"行啊(nga)。"

作品 28 号:《猫和老鼠》

奇怪啊(ya),怎么楼前凭空涌起那么多黑黝黝的小山,一重一重的,起伏不断?

作品 45 号:杨朔《荔枝蜜》

(5) 读准短文中的轻声音节

我和太太在马来西亚槟榔屿参加一个游览团体。向导带我们到橡胶园参观割胶。一个男童爬上一棵椰树,正打算用弯刀割下一个椰子,他母亲便在附近房子里叫嚷。

我告诉太太:"她说'孩子,小心啊,别把手指割掉'。"

向导惊讶地问:"原来你懂马来话。"

作品 20 号:言者《轻轻的一声叮咛》

燕子去了,有再来的时候;杨柳枯了,有再青的时候;桃花谢了,有再开的时候。但是,聪明的你告诉我,我们的日子为什么一去不复返呢?——是有人偷了他们罢:那是谁?又藏在何处呢?是他们自己逃走了罢:现在又到了哪里呢?

作品 23 号:朱自清《匆匆》

我说:"花生的价钱便宜,谁都可以买来吃,都喜欢吃。这就是它的好处。"

……

父亲说:"花生的好处很多,有一样最可贵:它的果实埋在地下,不像桃子、石榴、苹果那样,把鲜红嫩绿的果实高高地挂在枝头上,使人一见就生爱慕之心。你们看它矮矮地长在地上,等到成熟了,也不能立刻分辨出来它有没有果实,必须挖出来才知道。"

作品 8 号:许地山《落花生》

(6) 读准短文中的儿化词

这地方的火烧云变化极多,一会儿红彤彤的,一会儿金灿灿的,一会儿半紫半黄,一会儿半灰半百合色。葡萄灰,梨黄,茄子紫,这些颜色天空都有,还有些说也说不出来、见也没见过的颜色。

作品 9 号：萧红《火烧云》

大雪整整下了一夜。今天早晨，天放晴了，太阳出来了。推开门一看，嗬！好大的雪啊！山川、河流、树木、房屋，全都罩上了一层厚厚的雪，万里江山，变成了粉妆玉砌的世界。落光了叶子的柳树上，则挂满了毛茸茸、亮晶晶的银条儿；而那些冬夏常青的松树和柏树上，则挂满了蓬松松、沉甸甸的雪球儿。一阵风吹来，树枝轻轻地摇晃，美丽的银条儿和雪球儿簌簌地落下来，玉屑似的雪末儿随风飘扬，映着清晨的阳光，显出一道道五光十色的彩虹。

作品 10 号：峻青《第一场雪》

吃鲜荔枝蜜，倒是时候。有人也许没听说过这稀罕物儿吧……热心肠的同志送给我两瓶。一开瓶子塞儿，就是那么一股甜香；调上半杯一喝，甜香里带着股清气，很有点鲜荔枝的味儿。

作品 45 号：杨朔《荔枝蜜》

忽然，母亲脚下一滑，摔到在雪地上。我忙跑过去拉起她，她却不顾自己，而是马上扶起坐在地上的小女儿。女儿也很懂事地给妈妈拍去头发上的雪，轻轻地问了一声："妈妈，您疼不疼？"

作品 36 号：曹展《雪花飘呀飘……》

2. 朗读长句练习

乔治·华盛顿是∧美利坚合众国的第一任总统。就是他∧领导美国公民∧为了自由∧为了独立∧浴血奋战，赶走了统治者。

作品 12 号：刘喜云译《上将与下士》

爸爸▲等于给我一个谜语，这谜语∧比课本上的"日历挂在墙壁，一天撕去一页，使我心里着急"∧和"一寸光阴一寸金，寸金难买寸光阴"还让我感到可怕；也比作文本上的"光阴似箭，日月如梭"∧更让我觉得有一种说不出的滋味。

作品 14 号：林清玄《和时间赛跑》

在闽西南▲苍苍茫茫的崇山峻岭之中，点缀着数以千计的圆形土楼，充满神奇的山寨气息。这就是∧被誉为"世界居民奇葩、世上独一无二的神话般的∧山区建筑模式的∧客家人民居。"

作品 39 号：张宇生《世界民居奇葩》

蜚声于世的悉尼歌剧院，坐落在▲澳大利亚著名港口城市悉尼∧三面环海的贝尼朗岬角上。

……

1956年，当时的澳大利亚总理凯希尔∧应担任乐团总指挥的好友古申斯的请求，决定∧由政府出资∧在贝尼朗建造一座现代化的歌剧院。有30个国家的建筑师∧送来了223个设计方案，由美国著名建筑师沙里宁等人组成的评委会∧负责评选。

作品22号：司徒一凡《悉尼歌剧院建设轶事》

3. 关于短文中音译外来词的读音

短文中出现的音译外来词（主要是人名、地名等一些专有名词）应该按所用汉字的声母、韵母、声调读，不能按外语的发音习惯改变汉字的声母、韵母或声调。例如：

人名：

乔治·华盛顿　　卡廷

安娜·卡列尼娜　　约翰·克里斯朵夫

巴尼·罗伯格　　沙里宁

凯希尔　　古申斯

耶尔恩·乌特松　　俄罗拉答利

彼得·弗雷特　　罗伯特·吉本·约翰逊

地名：

悉尼　　贝尼朗岬角

威而斯　　耐斯城

摩根纪念馆　　萨文河畔

苏格兰　　巴黎

大不列颠　　伦敦

渥太华　　澳大利亚

4. 读短文时应该注意的其他问题

(1)自然流畅。

(2)不添字、不漏字、不改字。

(3)避免回读。

（二）朗读测试指导

朗读短文。从朗读作品材料中以抽签方式抽取一篇。

考查应试人用普通话朗读材料的水平。重点考察语音(即声母、韵母、声调的发音)、连读音变(上声变调,“一”、“不”变调)、轻声、儿化、语气词“啊”的音变以及语调、语气、停连等项目。

1. 语音准确明晰

朗读要把普通话语音的标准和规范放在首位,普通话语音要准确按原文去朗读,不漏字,不加字,不改字。语句的长短变化,要把文章表达的意思传达出来。语音要明晰,要防止把语流中间的某些音吃掉。语流中的语音变化也比较复杂,容易受前一个音节的影响,“上声、一、不、轻声、儿化、语气词‘啊’”的音变现象,还有不同的语气语调,都会影响朗读的语音面貌,因此朗读时语音要准确明晰。

2. 表达流畅自然

流畅是指不要中断,不要重复,语速不能过快或过慢。为了做到连贯流畅,朗读时视觉要有一定的提前量。朗读时视觉提前量一般是3～5个字,不能看到哪儿读到哪儿,要脑口并用,让“看—想—说”在瞬间先后完成,即所谓“速看慢读,由己达人”。停顿、断句恰当自然。避免出现由于停顿造成断句的不当,致使语义被肢解或产生歧义,使人不知所云。

文章朗读测试时感情的表达要适度,既不可平直单调,又不可过于夸张,尤其不能过于追求形式,忽高忽低,或用虚声朗读,拿腔拿调,做出似乎是感情丰富的样子。

3. 语速快慢适中

朗读的速度要适中。速度太快,容易出现发音含混不清,倒字、吃字现象;速度过慢,一字一顿地读,会破坏作品内容的完整性和语义的严密性。

4. 克服方言语调

应试人受方言的影响,在普通话语音的各个方面可能会留有方言色彩,从而影响自己的普通话语音面貌。例如:某类声母或韵母有系统性缺陷,在语流中某类声调有系统性缺陷;轻声词未读轻声或非轻声词有轻声化倾向;受方言影响朗读节奏忽快忽慢;出现方言词读音,或语气词有明显的方言痕迹。当然,声调和语气在语调中是主要因素。因此,在练习中要特别注意语调训练。

5. 把握朗读技巧

做朗读练习时,要从语音、语气、节奏、停连、语速、结构层次、感情基调等方面对文章进行细致分析,甚至在书上划一些记号。同时每个应试人应该针对自己的实际,确定自己的重点、难点,进行反复练习,读的时候做到心中有数。比如:有的人普通话某一方面的问题大一些,有的人语速把握不好,有的人轻重表达不好,有些人断句不当等等。

6. 临考做好以下几点

(1) 浏览文章。拿到文章必须迅速浏览,判断文章是什么题材,确定朗读的基调和语气。

(2) 分析结构层次。长文章一定有结构,短文章或段落一定有层次。要读清语意,读出层次,才能读得自然流畅。

(3) 找准和突破语音难点。普通话语音自然是朗读测试的重点,要尽快找到自己的语音难点,予以突破。另外,轻声、儿化词隐含其中,要尽快找准,心中有数。

(4) 快速默读。明确了上述几点,应尽快把文章扫视一遍,以使思路明晰,口齿灵活。

由于时间很短,上述几项可以在默读中一次性结合完成。

训练题

朗读下面一篇文章,要求语音准确明晰,自然流畅,语速适中,4 分钟之内读完。然后请他人说说朗读中有哪些错误和值得注意的问题。

作品 26 号

自从传言有人在萨文河畔散步时无意发现了金子后,这里便常有来自四面八方的淘金者。他们都想成为富翁,于是寻遍整个河床,还在河床上挖出很多大坑,希望借助它们找到更多的金子。的确,有一些人找到了,但另外一些人因为一无所得而只好扫兴归去。

也有不甘心落空的,便驻扎在这里,继续寻找。彼得·弗雷特就是其中一员。他在河床附近买了一块没人要的土地,一个人默默地工作。他为了找金子,已把所有的钱都押在这块土地上。他埋头苦干了几个月,直到土地全变成了坑坑洼洼,他失望了——他翻遍了整块土地,但连一丁点金子都没看见。

六个月后,他连买面包的钱都没有了。于是他准备离开这儿到别处去谋生。

就在他即将离去的前一个晚上,天下起了倾盆大雨,并且一下就是三天三夜。雨终于停了,彼得走出小木屋,发现眼前的土地看上去好像和以前不一样:坑坑洼洼已被大水冲刷平整,松软的土地上长出一层绿茸茸的小草。

“这里没找到金子”，彼得忽有所悟地说，“但这土地很肥沃，我可以用来种花，并且拿到镇上去卖给那些富人，他们一定会买些花装扮他们华丽的客厅。如果真是这样的话，那么我一定会赚许多钱，有朝一日我也会成为富人……”

于是他留了下来。彼得花了不少精力培育花苗，不久田地里长满了美丽娇艳的各色鲜花。

五年以后，彼得终于实现了他的梦想——成了一个富翁。“我是唯一的一个找到真金的人！”他时常不无骄傲地告诉别人，“别人在这儿找不到金子后便远远地离开，而我的‘金子’是在这块土地里，只有诚实的人用勤劳才能采集到。”

语音提示

1. 河畔 hépàn　　2. 淘金者 táojīnzhě
3. 驻扎 zhùzhā　　4. 这里 zhèli
5. 默默地 mòmòde　　6. 一丁点儿 yīdīngdiǎnr
7. 绿茸茸 lǜrōngrōng　　8. 鲜花(儿) xiānhuār

(三) 朗读作品练习

作品 1 号：

在船上，为了看日出，我特地(tèdì)起个大早。那时(nàshí)天还没有亮，周围是很寂静(jìjìng)的，只有(zhǐyǒu)机器房的声音。

天空变成了浅蓝色，很浅很浅的；转眼间天边出现了一道红霞，慢慢儿(mànmānr)扩大了它的范围，加强了它的光亮。我知道(zhīdao)太阳要从那天际升起来了，便目不转睛地(de)望着那里。

果然，过了一会儿(yíhuìr)，在那里就出现了太阳的一小半，红是红得很，却没有光亮。这太阳像负着什么(shénme)重担似的(shìde)，慢慢儿，一步一步地，努力向上面(shàngmian)升起来，到了最(zuì)后，终于冲破了云霞，完全跳出了海面。那颜色真红得可爱。一刹那(yíchànà)间，这深红的东西(dōngxi)，忽然(hūrán)发出(fāchū)夺目(duómù)的光亮，射得(shède)人眼睛(yǎnjing)发痛，同时附近的云也添了光彩。

有时太阳走入云里，它的光线却仍(réng)从云里透射下来，直射到水面上。这时候(shíhou)，人要分辨出何处是水，何处是天，很不容易，因为只能够(nénggòu)看见光亮的一片。

有时天边有黑云(hēiyún)，而且云片很厚。太阳出来了，人却不能够看见它。然而太阳在黑云里放射出光芒，透过黑云的周围，替黑云镶

(xiāng)了一道光亮的金边,到后来才慢慢儿透出重围(chóngwéi),出现在天空,把一片片黑云变成了紫云或红霞。这时候,光亮的不仅是太阳、云和海水,连我自己也成了光亮的了。

这不是‖很伟大的奇观么?

(《海上日出》,选自《巴金文集》,共407字。)

作品2号:

没有(méiyǒu)一片绿叶(lǜyè),没有一缕炊烟,没有一粒泥土(nítǔ),没有一丝花香,只有水的世界,云的海洋。

一阵台风袭过(xíguò),一只孤单的小鸟无家可归,落到被卷到洋里的木板上,乘(chéng)流而下,姗姗(shānshān)而来,近了,近了!……

忽然,小鸟张开翅膀(chìbǎng),在人们头顶盘旋了几圈(jǐquān),“噗啦”(pūlā)一声落到了船上。许是累了?还是发现了“新大陆”?水手撵(niǎn)它它不走,抓它,它乖乖地(guāiguāide)落在掌心。可爱的小鸟和善良的水手结成(jiéchéng)了朋友(péngyou)。瞧,它多美丽,娇巧的小嘴儿(xiǎozuǐr),啄(zhuó)理着绿色的羽毛,鸭子样的扁脚,呈现出春草的鹅黄。水手们把它带到舱里,给它“搭铺”(dāpù),让它在船上安家落户,每天,把分到的一塑料筒淡水匀给它喝,把从祖国带来的鲜美的鱼肉分给它吃,天长日久,小鸟和水手的感情日趋笃厚(dǔhòu)。清晨,当第一束(shù)阳光射进舷窗(xiánchuāng)时,它便敞开美丽的歌喉,唱啊(nga)唱,嘤嘤(yīngyīng)有韵,宛如春水淙淙(cóngcóng)。人类给它以生命,它毫不悭吝(qiānlìn)地把自己的艺术青春(qīngchūn)奉献(fèngxiàn)给了哺育(bǔyù)它的人。可能都是这样?艺术家们的青春只会献给尊敬(zūnjìng)他们的人。

小鸟给远航生活蒙(méng)上了一层(céng)浪漫色调(sèdiào),返航时,人们爱不释手,恋恋不舍地想把它带到异乡。可小鸟憔悴(qiáocuì)了,给水,不喝!喂肉,不吃!油亮的羽毛失去了光泽(guāngzé)。是啊(ra),我‖们有自己的祖国,小鸟也有它的归宿(guīsù)。人和动物都是一样啊(nga),哪儿(nǎr)也不如故乡好!

慈爱的水手们决定(juédìng)放开(fàngkai)它,让它回到大海的摇篮去,回到蓝色的故乡去。离别前,这个大自然的朋友与水手留影纪念。它站在许多人的头上,肩上,掌上,胳膊(gēbo)上,与喂养过它的人们,一起融进那蓝色的画面……

(王文杰《可爱的小鸟》,节选自《散文》1981年7月号,共514字。)

作品3号:

真好!朋友(péngyou)送我一对珍珠鸟。放在一个简易的竹条(zhútiáo)编成的笼子里,笼内还有一卷干草,那是小鸟儿(xiǎoniǎor)舒适(shūshì)又温暖(wēnnuǎn)的巢(cháo)。

有人说,这是一种怕人的鸟。

我把它挂在窗前,那儿(nàr)还有一大盆异常茂盛(màoshèng)的法国吊兰。我便用吊兰长长的、串生(chuànshēng)着小绿叶的垂蔓(chuíwàn)蒙盖在鸟笼上,它们就像躲进深幽的丛林一样安全;从中传出笛儿(dí'er)般又细又亮的叫声,就格外轻松自在(zìzai)了。

阳光从窗外射入(shèrù),透过这里,吊兰那些无数指甲(zhǐjia)状的小叶,一半成了黑影,一半被照透,如同碧玉(bìyù),斑斑驳驳(bānbān-bóbó),生意葱茏(cōnglóng),小鸟的影子就在这中间隐约(yǐnyuē)闪动,看不完整,有时连笼子也看不出,却见它们可爱的鲜红小嘴儿(zuǐr)从绿叶中伸出来。

我很少扒开叶蔓瞧它们,它们便渐渐敢伸出小脑袋(nǎodai)瞅瞅(chǒuchou)我。我们就这样一点点熟悉(shúxī)了。

三个月后,那一团愈发(yùfā)繁茂的绿蔓里边,发出一种尖细又娇嫩(jiāonèn)的鸣叫。我猜到,是它们有了雏儿(chúr)。我呢?决不(juébù)掀开叶片往里看,连添食加水时也不睁(zhēng)大好奇的眼去惊动它们。过不多久,忽然有一个更小的脑袋从叶间探出来。哟,雏儿!正是这小家伙(jiāhuo)!

它小,就能轻易地由疏格的笼子钻出身。瞧,多么(duōme)像它的父母:红嘴红脚,蓝灰色的毛,只是后‖背还没生出珍珠似的(shìde)圆圆的白点;它好肥,整个身子好像一个蓬松(péngsōng)的球儿(qiúr)。

(节选自冯骥才《珍珠鸟》,《人民日报》1984年2月14日,共430字。)

作品4号:

起先,这小家伙(xiǎojiāhuo)只在(zhǐzài)笼子四周(sìzhōu)活动,随后就在屋里飞来飞去,一会儿(yíhuìr)落在柜顶上,一会儿神气十足地(shénqì-shízúde)站在书架上,啄(zhuó)着书背上那些大文豪的名字(míngzi);一会儿把灯绳(dēngshéng)撞得来回摇动,跟着逃到画框(huàkuàng)上去了。只要大鸟儿(niǎor)在笼里生气地叫一声,它立即飞回笼里去。

我不管它。这样久了,打开窗子,它最多只在窗框上站一会儿,决不飞出去。

渐渐它胆子大了，就落在我书桌(shūzhuō)上。

它先是离我较远，见我不去伤害它，便一点点挨近，然后蹦(bèng)到我的杯子上，俯下头来喝茶，再偏过脸瞧瞧(qiáoqiao)我的反应。我只是微微一笑，依旧写东西(dōngxi)，它就放开胆子跑到稿子上，绕着(ràozhe)我的笔尖(bǐjiānr)蹦来蹦去；跳动的小红爪子(zhuǎzi)在纸上发出嚓嚓响。

我不动声色(búdòngshēngsè)地写，默默享受着这小家伙亲近的情意。这样，它完全放心了。索性(suǒxìng)用那涂了蜡似的(shìde)、角质(jiǎozhì)的小红嘴，"嗒嗒"啄着(zhuōzhe)我颤动的笔尖。我用手抚一抚它细腻(xìnì)的绒毛，它也不怕，反而友好地啄两下我的手指。

白天，它这样淘气地陪伴我；天色入暮(rùmù)，它就在父母再三的呼唤声中，飞向笼子，扭动滚圆的身子，挤开那些绿叶(lǜyè)钻进去。

有一天，我伏案(fú'àn)写作时，它居然(jūrán)落在我的肩上。我手中的笔不觉停了，生怕惊跑它。呆一‖会儿，扭头看，这小家伙竟趴在我的肩头睡着了……

我笔尖一动，流泻(liúxiè)下一时的感受：

信赖，往往创造出美好的境界。

（节选自冯骥才《珍珠鸟》，《人民日报》1984年2月14日，共445字。）

作品5号：

盼望着，盼望着，东风来了，春天的脚步(jiǎobù)近了。

一切(yíqiè)都像刚睡醒(shuìxǐng)的样子，欣欣然张开了眼。山朗润(lǎngrùn)起来了，水涨起来(zhǎngqilai)了，太阳的脸红起来了。

小草偷偷地从土里钻出来，嫩嫩的(nènnènde)，绿绿的(lǜlǜde)。园子里，田野里，瞧去，一大片一大片满是的。坐着，躺着，打两个滚儿(gǔnr)，踢(tī)几脚球，赛几趟跑，捉(zhuō)几回迷藏(mícáng)。风轻悄悄的，草软绵绵的。

……

"吹面不寒杨柳风"，不错的，像母亲的手抚摸着你。风里带来些新翻的泥土(nítǔ)的气息(qìxī)。混着(hùnzhe)青草味儿(wèir)，还有各种花的香，都在微微湿润(shīrùn)的空气里酝酿(yùnniàng)。鸟儿(niǎo'er)将巢安在繁花绿叶当中，高兴(gāoxìng)起来了，呼朋引伴地卖弄(màinong)清脆(qīngcuì)的喉咙，唱出(chàngchū)宛转(wǎnzhuǎn)的曲子(qǔzi)，跟轻风流水应和着(yìnghèzhe)。牛背上(niúbèishang)牧童的短笛(duǎndí)，这时候(shíhou)也成天嘹亮地响着。

雨是最寻常的,一下就是三两天。可别恼,看,像牛毛,像花针,像细丝,密密地斜织(xiézhī)着,人家屋顶上全笼着一层薄烟(bóyān)。树叶儿(shùyèr)却绿得发亮,小草儿也青得逼(bī)你的眼。傍晚时候,上灯了,一点点黄晕(huángyùn)的光,烘托(hōngtuō)出一片安静(ānjìng)而和平的夜。在乡下,小路上,石桥边,有撑(chēng)起伞慢慢走着的人,地里还有工作的农民,披着(pīzhe)蓑(suō)戴着笠。他们的房屋,稀稀疏疏的,在雨里静默着。

天上风筝(fēngzheng)渐渐多了,地上孩子也多了。城里乡下,家家户户,老老‖小小,也赶趟儿(gǎntàngr)似的(shìde),一个个都出来了。舒活舒活筋骨(jīngǔ),抖擞(dǒusǒu)抖擞精神,各(gè)做各的一份儿(fènr)事去。"一年之计在于春",刚起头儿(tóur),有的是(yǒudeshì)工夫(gōngfu),有的是希望。

春天像刚落地的娃娃(wáwa),从头到脚都是新的,它生长(shēngzhǎng)着。

春天像小姑娘(gūniang),花枝招展的,笑着,走着。

春天像健壮的青年(qīngnián),有铁(tiě)一般的胳膊(gēbo)和腰脚,领着(lǐngzhe)我们上前去。

(朱自清《春》,节选自《朱自清文集》,共519字。)

作品6号:

到纽约(Niǔyuē),不去看看(kànkan)闻名(wénmíng)世界的自然历史(lìshǐ)博物馆(bówùguǎn),将会是件憾事。这个由一百多个(yìbǎiduōge)国营(guóyíng)、民营基金会,两百多家大公司及(jí)五十多万会员鼎力(dǐnglì)相助支持的民营机构,收藏(shōucáng)了数十万件价值连城(jiàzhíliánchéng)的物品(wùpǐn),实在(shízài)值得(zhíde)一看再看,其中包括(bāokuò)中国周口店发现的史前人类头盖骨等。

第一次去参观时,刚好在一楼的摩根纪念馆(jìniànguǎn)欣赏闪闪晶亮(jīngliàng)的各种(gèzhǒng)宝石。忽然(hūrán),一位男(nán)导游迅速(xùnsù)脱下夹克(jiākè),盖在一块数百公斤重的大石头(shítou)的一个缺口(quēkǒu)上,再将带来的游客叫到跟前:

"你们看着,这只是一块普通的石头吧!这位女士请你过来一下!"一位游客走到前面,导游员将夹克像变魔术似的(shìde)拿开(nákāi),那女士伸头望了一下,不禁(bùjīn)大声"啊"地("ā"de)叫了起来。

随着这一声惊叫(jīngjiào),我和其他游客一块(yíkuàir)涌上前去,看个究竟(jiūjìng)。原来里面竟然是耀眼闪光的紫水晶。导游员说话了:

这块石头有个动人的故事。它原本是弃置在一位美国人住所的院子里。有一天,主人因石头有碍观瞻(guānzhān),就叫人来将它搬走。谁知就在搬上卡车(kǎchē)时,工人一时失手(shīshǒu),石头掉在地上,碰裂(pèngliè)了一个缺口,大家就像你们刚才一样,都叫了起来,因为这并不是一块普通的石头,而是一块紫水晶。主人知道(zhīdao)真相后,平静(píngjìng)地说:"这块石头我本来就是要丢掉的。现在虽然发现它是宝物,想必(xiǎngbì)是上帝的旨意,我一言既出,绝不(juébù)反悔。我决定(juédìng)不占为己有,而将它送给博物馆,让更多的人来欣赏。"

(爱薇《一言既出》,《南洋日报》1992年10月14日,共475字。)

作品7号:

朋友(péngyou)即将(jíjiāng)远行。

暮春时节(shíjié),又邀了几位朋友在家小聚。虽然都是极熟(jíshú)的朋友,却是终年难得(nándé)一见,偶尔电话里相遇,也无非是几句寻常话。一锅小米稀饭,一碟(yìdié)大头菜,一盘自家酿制(niàngzhì)的泡菜,一只(yìzhī)巷口买回的烤鸭,简简单单,不像请客,倒像家人团聚。

其实,友情也好,爱情也好,久而久之都会转化为亲情。

说也奇怪,和新朋友会谈文学、谈哲学(zhéxué)、谈人生道理等等,和老朋友却只话家常,柴米油盐,细细碎碎,种种琐事(suǒshì)。很多时候(shíhou),心灵的契合(qìhé)已经不需要太多的言语来表达。

朋友新烫了个头,不敢回家见母亲,恐怕惊骇(jīnghài)了老人家(lǎorénjia),却欢天喜地来见我们,老朋友颇能(pōnéng)以一种趣味性的眼光欣赏这个改变。

年少(niánshào)的时候,我们差不多(chàbuduō)都在为别人(biéren)而活,为苦口婆心的父母活,为循循善诱(xúnxúnshànyòu)的师长活,为许多观念(guānniàn)、许多传统的约束力(yuēshùlì)而活。年岁逐增(niánsuìzhúzēng),渐渐挣脱(zhèngtuō)外在的限制与束缚(shùfù),开始懂得为自己活,照自己的方式做一些(yìxiē)自己喜欢的事,不在乎(zàihu)别人的批评意见(yìjiàn),不在乎别人的诋毁流言,只在乎那一份(yífèn)随心所欲的舒坦(shūtan)自然。偶尔,也能够纵容自己放浪一下,并且有一种恶作剧(èzuòjù)的窃喜(qièxǐ)。

……

就让生命顺其自然，水到渠成吧，犹如窗前的‖乌桕(wūjiù)，自生自落之间，自有一分圆融丰满的喜悦。春雨轻轻落着，没有诗，没有酒，有的只是一分相知相属(xiāngzhǔ)的自在(zìzài)自得。

夜色在笑语中渐渐沉落，朋友起身告辞，没有挽留，没有送别，甚至没有问归期。

已经过了大喜大悲的岁月，已经过了伤感流泪的年华，知道了聚散原来是这样的自然和顺理成章，懂得这点，便懂得珍惜每一次相聚的温馨，离别便也欢喜。

(节选自杏林子《朋友及其他》，《台湾散文选萃》，共 540 字。)

作品 8 号：

我们家的后园有半亩空地(kòngdì)，母亲(mǔqin)说："让它荒着怪可惜(kěxī)的，你们(nǐmen)那么(nàme)爱吃花生，就开辟出来(kāipìchulai)种花生吧。"我们姐弟几个都很高兴，买种(mǎizhǒng)，翻地，播种(bōzhòng)，浇水，没过几个月，居然收获了。

母亲说："今晚我们过一个收获节(shōuhuòjié)，请你们父亲也来尝尝(chángchang)我们的新花生，好不好?"我们都说好。母亲把花生做成了好几样食品(shípǐn)，还吩咐(fēnfu)就在后园的茅亭(máotíng)里过这个节。

晚上(wǎnshang)天色不太好，可是父亲也来了，实在很难得(nándé)。

父亲说："你们爱吃花生么?"

我们争着(zhēngzhe)答应(dāying)："爱!"

"谁能把花生的好处说出来?"

姐姐(jiějie)说："花生的味美。"

哥哥(gēge)说："花生可以榨油。"

我说："花生的价钱(jiàqian)便宜(piányi)，谁都可以买来吃，都喜欢吃。这就是它的好处。"

父亲说："花生的好处很多，有一样最可贵：它的果实埋在地里(dìli)不像桃子(táozi)、石榴(shíliu)、苹果那样，把鲜红嫩绿(nènlǜ)的果实高高地(gāogāode)挂在枝头上，使人一见就生爱慕(àimù)之心。你们看它矮矮地长在地上，等到成熟(chéngshú)了，也不能立刻(lìkè)分辨出来它有没有果实，必须(bìxū)挖出来(wāchulai)才知道(zhīdao)。"

我们都说是，母亲也点点头。

父亲接下去(jiēxiaqu)说："所以你们要像花生，它虽然(suīrán)不好看，可是很有用，不是外表好看而没有实用的东西(dōngxi)。”

我说：“那么，人要做有用的人。不要做只讲体面(tǐmian)而对别人(biéren)没有好处的人了。”

‖父亲说：“对。这是我对你们的希望。”

我们谈到夜深才散。花生做的食品都吃完了，父亲的话却深深地印在我的心上。

(许地山《落花生》，共445字。)

作品9号：

晚饭过后，火烧云上来了。霞光照得小孩子的脸红红的。大白狗(dàbáigǒu)变成(biànchéng)红的了，红公鸡变成金的了，黑(hēi)母鸡变成紫檀色(zǐtánsè)的了。喂猪的老头儿(lǎotóur)在墙根(qiánggēn)靠着，笑盈盈地(xiàoyīngyīngde)看着他的两头小白猪变成小金猪了。他刚想说：“你们也变了……”旁边走来一个乘凉(chéngliáng)的人，对他说：“您老人家(lǎorenjia)必要高寿，您老是金胡子了。”

天空的云从西边一直(yìzhí)烧到东边，红彤彤(hóngtōngtōng)的，好像是天空着了火(zháolehuǒ)。

这地方(dìfang)的火烧云变化极多(jíduō)，一会儿(yíhuìr)红彤彤的，一会儿金灿灿的，一会儿半紫半黄，一会儿半灰半百合色(bǎihésè)。葡萄灰，梨黄，茄子紫，这些颜色天空都有，还有些说也说不出来、见也没见过的颜色。

一会儿，天空出现一匹马，马头向南，马尾向西。马是跪着的，像是在等着(děngzhe)有人骑到它背上(bèishang)，它才站起来似的(shìde)。过了两三秒钟，那匹马大起来了，马腿伸开了，马脖子也长了，一条马尾巴(wěiba)可不见了。看的人正在寻找马尾巴，那匹马就变模糊(móhu)了。

忽然(hūrán)又来了一条大狗。那条狗十分(shífēn)凶猛(xiōngměng)，它在前边跑着，后边似乎(sìhū)还跟着好几条小狗。跑着跑着，小狗不知跑到哪里(nǎli)去了，大狗也不见了。

接着(jiēzhe)又来了一条大狮子，跟庙门前的大石头狮子一模一样(yìmú－yíyàng)，也是那么(nàme)大，也是那样蹲着(dūnzhe)，很威武‖很镇静(zhènjìng)地蹲着。可是一转眼(yìzhuǎnyǎn)就变了。要想再看到那头大狮子，怎么也看不到了。

一时恍恍惚惚(huǎnghuǎng－hūhū)的，天空里又像这个，又像那个，其实(qíshí)什么(shénme)也不像，什么也看不清了。可是天空偏偏不等待那些爱好(àihào)它的孩子。一会儿工夫(gōngfu)火烧云下去了。

(萧红《火烧云》,共492字。)

作品10号:

这是入冬以来,胶东半岛上第一场雪。

雪纷纷扬扬,下得很大。开始还伴着一阵儿(yízhènr)小雨,不久就只见(zhǐjiàn)大片大片的雪花,从彤(tóng)云密布的天空中飘落(piāoluò)下来。地面上一会儿(yíhuìr)就白了(báile)。冬天的山村,到了夜里就万籁俱寂(wànlàijùjì),只听得雪花簌簌地(sùsùde)不断往下落,树木的枯枝被雪压断(yāduàn)了。偶尔咯吱(gēzhī)一声响。

大雪整整(zhěngzhěng)下了一夜。今天早晨(zǎochen),天放晴了,太阳出来了。推开门一看,嗬!好大的雪啊(ya)!山川、河流、树木、房屋,全都罩上了一层厚厚的雪,万里江山,变成了粉妆玉砌(fěnzhuāngyùqì)的世界。落光了叶子(yèzi)的柳树上挂满了毛茸茸(máorōngrōng)亮晶晶(liàngjīngjīng)的银条儿;而那些(nàxie)冬夏常青的松树和柏树(bǎishù)上,则挂满了蓬松松沉甸甸(chéndiāndiān)的雪球儿(xuěqiúr)。一阵风吹来,树枝轻轻地摇晃(yáohuàng),美丽的银条儿和雪球儿簌簌地落下来,玉屑(yùxiè)似的(shìde)雪末儿(xuěmòr)随风飘扬,映着(yìngzhe)清晨(qīngchén)的阳光,显出一道道五光十色的彩虹。

大街上的积雪(jīxuě)足有(zúyǒu)一尺(yìchǐ)多深,人踩上去,脚底下(dǐxia)发出咯吱咯吱的响声。一群群孩子在雪地里堆雪人(xuěrén),掷(zhì)雪球。那欢乐的叫喊声,把树枝上的雪都震落下来了。

俗话(súhuà)说:“瑞雪兆丰年(fēngnián)。”这句话有充分的科学根据,并不是一句迷信的成语。寒冬大雪,可以冻死一部分越冬的害虫;融化了的水渗(shèn)进土‖层深处,又能供应(gōngyìng)庄稼(zhuāngjia)生长的需要。我相信这一场十分(shífēn)及时(jíshí)的大雪,一定会促进(cùjìn)明年春季作物(zuòwù),尤其是小麦的丰收。有经验的老农把雪比做是“麦子的棉被”。冬天“棉被”盖得越厚,明春麦子就长得越好,所以又有这样一句谚语(yànyǔ):“冬天麦盖三层被,来年枕着馒头(mántou)睡。”

我想,这就是人们为什么(shénme)把及时的大雪称为(chēngwéi)“瑞雪”的道理(dàoli)吧。

(峻青《第一场雪》,共526字。)

作品 11 号:

我们的船渐渐地逼近(bījìn)榕树了。我有机会看清它的真面目(miànmù):是一棵大树,有数不清(shǔbuqīng)的丫枝(yāzhī),枝上又生根,有许多根一直垂到地上,伸进泥土(nítǔ)里。一部分树枝垂到水面,从远处看,就像一棵大树斜躺在水面上一样。

现在正是枝繁叶茂的时节(shíjié)。这棵榕树好像在把它的全部生命力(shēngmìnglì)展示给我们看。那么(nàme)多的绿叶(lǜye),一簇(cù)堆在另一簇的上面,不留一点缝隙(fèngxì)。翠绿的颜色明亮地在我们的眼前闪耀,似乎每一片树叶上都有一个新的生命在颤动(chàndòng),这美丽的南国(nánguó)的树!

船在树下泊(bó)了片刻(piànkè),岸上很湿(shī),我们没有(méiyǒu)上去。朋友(péngyou)说这里是"鸟的天堂",有许多鸟在这棵树上做窝,农民(nóngmín)不许人去捉(zhuō)它们。我仿佛听见(tīngjiàn)几只鸟扑(pū)翅的声音,但是等到我的眼睛(yǎnjing)注意地看那里时,我却看不见一只鸟的影子。只有无数的树根立在地上,像许多根木桩。地是湿的,大概涨潮时河水常常冲上岸去。"鸟的天堂"里没有一只鸟,我这样想到。船开了,一个朋友拨着船,缓缓地流到河中间去。

第二天,我们划着(huázhe)船到一个朋友的家乡去,就是那个有山有塔的地方(dìfang)。从学校出发,我们又经过那"鸟的天堂"。

这一次是在早晨,阳光照在水面上也照在树梢(shùshāo)上。一切(yíqiè)都‖显得非常光明。我们的船也在树下泊了片刻。

起初四周围非常清静(qīngjìng)。后来忽然起了一声鸟叫。我们把手一拍(yìpāi),便看见一只大鸟飞了起来,接着又看见第二只,第三只。我们继续(jìxù)拍掌,很快地这个树林就变得很热闹(rènao)了。到处都是鸟声,到处都是鸟影(niǎoyǐng)。大的,小的,花的,黑(hēi)的,有的站在枝上叫,有的飞起来,在扑翅膀。

……

(节选自巴金《小鸟的天堂》,共 521 字。)

作品 12 号:

乔治·华盛顿是美利坚合众国的第一任总统。就是他领导(lǐngdǎo)美国人民为了自由为了独立(dúlì)浴血(yùxuè)奋战,赶走了统治者。

乔治·华盛顿是个伟人,但并非后来人所想像的,他专做伟大的事,把不伟大的事都留给不伟大的人去做。实际上,他若在你面前,你会觉得(juéde)他普通得就和你一样,一样的诚实(chéngshí)、一样的热情(rèqíng)、一样的与人为善。

有一天,他身穿没膝(mòxī)的大衣,独自一人走出营房(yíngfáng)。他所遇到的士兵(shìbīng),没一个认出(rènchū)他。在一处,他看到一个下士领着手下的士兵筑街垒(jiēlěi)。

“加把劲(jiābǎjìn)!”那个下士对抬着巨大水泥块(shuǐníkuài)的士兵们喊道:“一、二,加把劲!”但是,那下士自己的双手连石块都不碰一下。因为石块很重,士兵们一直没能把它放到位置上。下士又喊:“一、二,加把劲!”但是士兵们还是不能把石块放到位置(wèizhi)上。他们的力气(lìqi)几乎(jīhū)用尽。石块就要滚落下来。

这时,华盛顿已经(yǐjing)疾步(jíbù)跑到跟前用他强劲(qiángjìng)的臂膀(bìbǎng),顶住(dǐngzhù)石块。这一援助很及时(jíshí),石块终于放到了位置上。士兵们转过(zhuǎnguò)身,拥抱华盛顿,表示感谢。

“你为什么光喊加把劲而让自己的手放在衣袋里呢?”华盛顿问那下士。

“你问我? 难道(nándào)你看不出我是这里的下士吗?”

“哦,这倒(dào)是真的!”华盛顿说着,解开大衣‖纽扣(niǔkòu),向这位鼻孔(bíkǒng)朝天,背绞(jiǎo)双手的下士露(lòu)出他的军服。“按衣服(yīfu)看,我就是上将。不过,下次再抬重东西(dōngxi)时,你就叫上我!”

你可以想像,那位下士看到站在自己面前的是华盛顿本人,是多么(duōme)羞愧,但至此他也才真正(zhēnzhèng)懂得:伟大的人之所以伟大,就在于他决不做逼人(bīrén)尊重的人所做出的那种倒(dǎo)人胃口(wèikou)的蠢事。

(刘云喜译《上将和下士》,《青年文摘》1993 年 2 期,共 520 字。)

作品 13 号:

爹(diē)不懂得(dǒngde)怎样表达(biǎodá)爱,使我们一家人融洽(róngqià)相处(xiāngchǔ)的是我妈。他只是(zhǐshì)每天上班下班,而妈则把我们做过的错事开列清单(kāilièqīngdān),然后由他来责骂(zémà)我们。

有一次我偷了一块糖果,他要我把它送回去,告诉(gàosu)卖糖的说是我偷来的,说我愿意替他拆箱(chāixiāng)卸货(xièhuò)作为赔偿。但妈妈(māma)却明白(míngbai)我只是个孩子。

我在运动场打秋千跌断(diēduàn)了腿,在前往医院途中一直(yízhí)抱着我的,是我妈。爹把汽车停在急诊室(zhěnshì)门口,他们叫他驶开,说那空位(kòngwèi)是留给紧急(jǐnjí)车辆停放(tíngfàng)的。爹听了便嚷道:“你以为这是什么(shénme)车？旅游车?”

在我生日(shēngrì)会上,爹总是显得有些(yǒuxiē)不大相称(xiāngchèn)。他只是忙于吹气球,布置餐桌(cānzhuō),做杂务(záwù)。把插着蜡烛(làzhú)的蛋糕推过来让我吹的,是我妈。

我翻阅照相册时,人们总是问:“你爸爸(bàba)是什么样子的?”天晓得！他老是忙着替别人(biéren)拍照。妈和我笑容可掬(xiàoróng－kějū)地一起拍的照片,多得不可胜数(bùkě－shèngshǔ)。

我记得妈妈有一次叫他教(jiāo)我骑自行车。我叫他别放手,但他却说是应该(yīnggāi)放手的时候(shíhou)了。我摔倒(shuāidǎo)之后,妈跑过来扶我,他却挥手要她走开。我当时生气极(jí)了,决心要给他点颜色看。于是我马上爬上自行车,而且自己骑给他看。他只是微笑。我念(niàn)大学时,所有的家信都是妈写的。他除‖了寄支票外,还寄过一封短柬(duǎnjiǎn)给(gěi)我,说因为我没有在草坪(cǎopíng)上踢足球(zúqiú)了,所以他的草坪长得很美。

每次我打电话回家,他似乎(sìhū)都想跟我说话,但结果总是说:“我叫你妈来接。”

我结婚时,掉眼泪的是我妈。他只是大声擤(xǐng)了一下鼻子,便走出(zǒuchū)房间。

我从小到大都听他说:“你到哪里(nǎli)去？什么时候回家？汽车有没有汽油？不,不准去。”爹完全不知道(zhīdao)怎样表达爱。除非……会不会是他已经表达了而我却未能察觉(chájué)?

(〔美〕艾尔玛·邦贝克《父亲的爱》,《读者文摘》1987年12期,共554字。)

作品14号:

读(dú)小学(xiǎoxué)的时候(shíhou),我的外祖母过世了。外祖母生前最疼爱(téng'ài)我,我无法(wúfǎ)排除自己的忧伤,每天在学校的操场上一圈(quān)又一圈地跑着,跑得累倒在地上,扑(pū)在草坪(cǎopíng)上痛哭(tòngkū)。

那哀痛的日子(rìzi),断断续续的持续(chíxù)了很久,爸爸(bàba)妈妈(māma)也不知道(zhīdao)如何安慰(ānwèi)我。他们知道与其骗我说外祖母睡着了(shuìzháole),还不如对我说实话(shíhuà):外祖母永远不会回来了。

“什么(shénme)是永远不会回来呢?”我问着。

“所有时间里的事物(shìwù),都永远不会回来。你的(nǐde)昨天过去,它就永远变成昨天,你不能(bùnéng)再回到昨天。爸爸以前也和你一样小,现在也不能回到你这么(zhème)小的童年了;有一天你会长大,你会像外祖母一样老;有一天你度过了你的时间,就永远不会回来了。”爸爸说。

爸爸等于(děngyú)给(gěi)我一个谜语,这谜语比课本上的“日历(rìlì)挂在墙壁(qiángbì)上,一天撕去一页,使我心里着急(zháojí)”和“一寸光阴一寸金,寸金难买寸光阴”还让我感到可怕;也比作文本上的“光阴似箭,日月如梭”更让我觉得(juéde)有一种说不出的滋味(zīwèi)。

……

时间过得那么(nàme)飞快,使我的小心眼里(xīnyǎnrli)不只是着急,而是悲伤。有一天,我放学回家,看到太阳快落山(luòshān)了,就下决心(xiàjuéxīn)说:“我要比太阳更快地回家。”我狂奔(kuángbēn)回去,站在庭院(tíngyuàn)前喘气的时候,看到太阳‖还露着(lòuzhe)半边脸(bànbiānliǎn),我高兴地跳跃(tiàoyuè)起来,那一天我跑赢了(yíngle)太阳。以后我就时常做那样的游戏,有时和太阳赛跑,有时和西北风比快,有时一个暑假(shǔjià)才能做完的作业(zuòyè),我十天就做完了;那时我三年级(niánjí),常常把哥哥(gēge)五年级的作业拿来(nálái)做。

每一次比赛胜过时间,我就快乐(kuàilè)得不知道怎么(zěnme)形容(xíngróng)。

……

如果将来我有什么要教给我的孩子,我会告诉(gàosu)他:假若你一直和时间比赛,你就可以成功!

([台湾]林清玄《和时间赛跑》,《读者文摘》1987年11期,共547字。)

作品15号:

我在加拿大学习(xuéxí)期间(qījiān)遇到过两次募捐,那情景(qíngjǐng)至今使我难(nán)以忘怀。

一天,我在渥太华(Wòtàihuá)的街上被两个男孩子拦住去路。他们十来岁,穿得整整齐齐(zhěngzheng－qīqī),每人头上戴着个做工精巧(jīngqiǎo)、色彩鲜艳的纸帽,上面写着“为帮助患小儿麻痹(mábì)的伙伴募捐”。其中的一个,不由分说就坐在小凳(xiǎodèng)上给我擦起皮鞋来,另一个则彬彬有礼地发问:“小姐,您(nín)是哪国人?喜欢渥太华吗?”

“小姐，在你们国家(guójiā)里有没有小孩儿(xiǎoháir)患小儿麻痹？谁给他们医疗费？”一连串的问题，使我这个有生以来头一次在众目睽睽(kuíkuí)之下让别人(biéren)擦鞋(cāxié)的异乡人，从近乎狼狈的窘态中解脱出来。我们像朋友(péngyou)一样聊起天儿(tiānr)来……

几个月之后，也是在街上。一些十字路口处或车站坐着几位老人。他们满头银发(yínfà)，身穿各种老式(lǎoshì)军装，上面布满了大大小小形形色色(xíngxíng－sèsè)的徽章、奖章，每人手捧(pěng)一大束(shù)鲜花，有水仙、石竹、玫瑰(méigui)及叫不出名字(míngzi)的，一色(yísè)雪白(xuěbái)。匆匆过往的行人纷纷止步，把钱投进这些老人身旁的白色木箱内，然后向他们微微鞠躬(jūgōng)，从他们手中接过(jiēguò)一朵花。我看了一会儿(yíhuìr)，有人投一两元，有人投几百元，还有人掏出支票填好后投进木箱。那些老军人毫不注意人们捐多少钱，‖一直(yìzhí)不停(bùtíng)地向人们低声道谢。同行(tóngxíng)的朋友告诉我，这是为纪念(jìniàn)二次大战中参战(cānzhàn)的勇士，募捐(mùjuān)救济残废军人和烈士遗孀(yíshuāng)，每年一次；认捐的人可谓踊跃(yǒngyuè)，而且秩序井然(zhìxùjǐngrán)，气氛庄严，有些地方(dìfang)，人们还耐心(nàixīn)地排着队。我想，这是因为他们都知道(zhīdao)：正是这些老人们的流血(liúxuè)牺牲(xīshēng)换来了包括(bāokuò)他们信仰自由在内的许许多多。

我两次把那微不足(zú)道的一点(yìdiǎn)钱捧给他们，只想对他们说声“谢谢(xièxie)”。

(青白《捐诚》，《读者文摘》1991年7月，共550字。)

作品16号：

在我依稀记事的时候(shíhou)，家中很穷，一个月难得吃上(chīshang)一次鱼肉。每次吃鱼，妈妈(māma)先把鱼头夹(jiā)在自己碗里，将鱼肚子(dùzi)上的肉夹下，极仔细地(zǐxìde)捡去很少的几根大刺，放在我碗里，其余的便是父亲的了。当我也吵着要吃鱼头时，她总是说：

“妈妈喜欢(xǐhuan)吃鱼头。”

我想，鱼头一定很好吃的。有一次父亲不在家，我趁妈妈盛饭(chéngfàn)之际，夹了一个，吃来吃去，觉得(juéde)没鱼肚子上的肉好吃。

那年(nànián)外婆从江北(jiāngběi)到我家，妈妈买了家乡很金贵的鲑鱼(guīyú)。吃饭时，妈妈把本属于(shǔyú)我的那块鱼肚子上的肉，夹进了外婆的碗里。外婆说：

“你忘啦？妈妈最喜欢吃鱼头。”

外婆眯缝(mīfeng)着眼，慢慢地挑去那几根大刺，放进我的碗里，并说：“孩子，你吃。”

接着，外婆就夹起鱼头，用没牙的嘴，津津有味(jīnjīn－yǒuwèir)地嗍(suō)着，不时吐(tǔ)出一根根小刺。我一边吃着没刺的鱼肉，一边想：“怎么(zěnme)妈妈的妈妈也喜欢吃鱼头?”

29 岁上，我成了家，另立门户(lìnglìménhù)。生活(shēnghuó)好了，我俩(liǎ)经常(jīngcháng)买些鱼肉之类的好菜。每次吃鱼，最后剩下(shèngxia)的，总是几个无人问津的鱼头。

而立之年(érlìzhīnián)，喜得(xǐdé)千金。转眼女儿(nǚ'ér)也能(néng)自己吃饭了。有一次午餐，妻子夹了一块鱼肚子上的肉，极麻利地(málide)捡去大刺，放在女儿的碗里。自己却夹起了鱼头。女儿见状‖也吵着要吃鱼头，妻说：

“乖孩子，妈妈喜欢吃鱼头。”

谁知女儿说什么(shénme)也不答应(dāying)，非要吃不可。妻无奈(wúnài)，好不容易从鱼肋边(yúlèibiān)挑出点没刺的肉来，可女儿吃了马上吐出，连说不好吃，从此再不要吃鱼头了。

打那以后，每逢(měiféng)吃鱼，妻便将鱼肚子上的肉夹给女儿，女儿总是很艰难(jiānnán)地用汤匙(tāngchí)切下(qiēxià)鱼头，放进妈妈的碗里，很孝顺地说：

“妈妈，您(nín)吃鱼头。”

打那以后，我悟出一个道理(dàoli)

女人作了母亲，便喜欢吃鱼头了。

(陈远松《妈妈喜欢吃鱼头》,《散文》1991 年 5 期，共 556 字。)

作品 17 号：

小学(xiǎoxué)的时候(shíhou)，有一次我们去海边远足(yuǎnzú)，妈妈(māma)没有做便饭，给了我十块钱买午餐。好像走了很久，很久，终于到海边了，大家坐下来便吃饭，荒凉的海边没有商店，我一个人跑到防风林外面去，级任老师要大家把吃剩(chīshèng)的饭菜分给我一点。有两三个男生(nánshēng)留下一点给我，还有一个女生，她的米饭拌了酱油，很香。我吃完的时候，她笑眯眯地(xiàomīmīde)看着我，短头发(tóufa)，脸圆圆的。

她的名字(míngzi)叫翁(wēng)香玉。

每天放学的时候,她走的是经过(jīngguò)我们家的一条小路,带着一位比她小的男孩,可能(kěnéng)是弟弟(dìdi)。小路边是一条清澈(qīngchè)见底的小溪,两旁竹阴(zhúyīn)覆盖(fùgài),我总是远远地跟在她后面(hòumian),夏日的午后(wǔhòu)特别(tèbié)炎热(yánrè),走到半路她会停下来,拿手帕(náshǒupà)在溪水(xīshuǐ)里浸湿(jìnshī),为小男孩擦(cā)脸。我也在后面停下来.把肮脏(āngzāng)的手帕弄湿(nòngshī)了擦脸,再一路远远跟着她回家。后来我们家搬到镇上去了,过几年我也上了中学。有一天放学回家,在火车上,看见斜对面一位短头发、圆圆脸的女孩,一身素净(sùjing)的白衣黑裙(báiyīhēiqún)。

我想她一定(yídìng)不认识(rènshi)我了。火车很快到站了,我随着人群挤向门口,她也走近了,叫我的名字。这是她第一次和我说话。

她笑眯眯的,和我一起走过月台(yuètái)。以后就没有再见过‖她了。

这篇文章收在我出版的《少年心事》这本书里。

书出版后半年(bànnián),有一天我忽然(hūrán)收到出版社转来的一封信,信封(xìnfēng)上是陌生(mòshēng)的字迹(zìjì),但清楚地写着我本名。

信里面说她看到了这篇文章心里非常激动(jīdòng),没想到在离开家乡,漂泊(piāobó)异地这么(zhème)久之后,会看见自己仍然(réngrán)在一个人的记忆里,她自己也深深记得这其中的每一幕,只是没想到越过遥远的时空,竟然(jìngrán)另一个人也深深记得。

……

(苦伶《永远的记忆》,《青年文摘》1993 年 2 期,共 547 字。)

作品 18 号:

那年(nànián)我 6 岁,离我家仅一箭之遥的小山坡旁,有一个早已被废弃(fèiqì)的采石场,双亲从来不准我去那儿(nàr),其实(qíshí)那儿风景(fēngjǐng)十分(shífēn)迷人。

一个夏季的下午,我随着一群小伙伴偷偷上那儿去了。就在我们穿越了一条孤寂(gūjì)的小路后,他们却把我一个人留在原地,然后奔(bēn)向"更(gèng)危险的地带"了。

等(děng)他们走后.我惊慌失措地(jīnghuāng－shīcuò)发现(fāxiàn),再也找不到要回家的那条孤寂的小道了。像只无头的苍蝇(cāngying),我到处乱钻,衣裤上挂满了芒刺。太阳已经落山,而此时此刻,家里一定开始吃(chī)晚餐了，双亲正盼着我回家……想着想着，我不由得背靠着一棵树，伤心地呜呜大哭起来……

突然(tūrán)，不远处传来了声声柳笛(liǔdí)。我像找到了救星(jiùxīng)，急忙(jímáng)循声(xúnshēng)走去。一条小道边的树桩上坐着一位吹笛人，手里还正削(xiāo)着什么(shénme)。走近细看，他不就是被人称为"乡巴佬"的卡廷(kǎtíng)吗？

"你好(nǐhǎo)，小家伙(xiǎojiāhuo)，"卡廷说，"看天气多美，你是出来散步的吧？"

我怯生生(qièshēngshēng)地点点头，答(dá)道："我要回家了。"

"请耐心(nàixīn)等上几分钟，"卡廷说，"瞧，我正在削一支柳笛，差不多就要做好了，完工后就送给你吧！"

卡廷边削边不时把尚未成形(chéngxíng)的柳笛放在嘴里试吹一下。没过多久，一支柳笛便递到我手中。我俩(liǎ)在一阵阵清脆(qīngcuì)悦耳‖的笛声中，踏上了归途……

当时，我心中只充满感激(gǎnjī)，而今天，当我自己也成了祖父时，突然领悟(lǐngwù)到他用心之良苦！那天当他听到我的哭声(kūshēng)时，便判定我一定迷了路，但他并不想在孩子面前扮演"救星"的角色(juésè)，于是吹响柳笛以便让我能发现他，跟着他走出困境(kùnjìng)！卡廷先生(xiānsheng)以乡下人的纯朴(chúnpǔ)，保护了一个小男孩(nánhái)强烈(qiángliè)的自尊。

(唐绿意译《迷途笛音》，《羊城晚报》1991年10月5日，共527字。)

作品19号：

从山沟沟(shāngōugou)里跨进大学那年(nànián)，我才16岁，浑身上下飞扬着土气(tǔqì)。没有学过(méiyǒuxuéguò)英语(yīngyǔ)，不知道(zhīdao)安娜卡列尼娜(kǎliènínà)是谁；不会说普通话，不敢在公开场合讲一句话；不懂得(bùdǒngde)烫发能增加(zēngjiā)女性(nǚxìng)的妩媚(wǔmèi)；第一次看到班上男同学搂着女同学跳舞，吓得心跳脸红……上铺(shàngpù)的丽娜从省城(shěngchéng)来，一口流利的普通话，一口发音吐字皆佳的英语。她见多识广，安娜卡列尼娜当然不在话下，还知道约翰·克里斯朵夫。她用白手绢(shǒujuànr)将柔软的长发往后一束(shù)，用发钳(fàqián)把刘海(liúhǎir)卷弯，她只要一在公开场合出现，男同学就前呼后拥地(qiánhū－hòuyōngde)争献殷勤(yīnqín)。

那时，我对自己遗憾得要命，对丽娜羡慕(xiànmù)得要命。

有一次，丽娜不厌其烦地描述(miáoshù)她八岁(bāsuì)那年如何勇敢地从城西换一趟车走到城东，我突然(tūrán)想到，我八岁的时候(shíhou)独自(dúzì)翻过几座大山，把我养的一头老黄牛从深山里找回来。从此我不再羡慕丽娜。

上大学三年级的时候，女同学好像什么(shénme)事都羡慕男生(nánshēng)，“下辈子再也不做女人”这句话挂在口头……学习成绩(chéngjì)差(chà)了，知识面窄(zhǎi)了羡慕男同学，软弱(ruǎnruò)时哭了就骂自己是个女人没出息(chūxi)，连失恋(shīliàn)也怪自己是个女人，甚至连男人可以在夏天穿短裤、背心(bèixīn)、理短发都羡慕得要死。有一次‖一个男同学跟我推心置腹地(tuīxīnzhìfùde)谈了一个晚上。我知道了男人的好成绩也免不了要死记硬背(sǐjìyìngbèi)，男人的知识(zhīshi)面也不一定宽；知道了男人也哭，知道了男人常常追求女人却(què)又追求不到；知道了男人也羡慕女人可以穿裙子，知道了男人觉得(juéde)自己活得累，男人也说“下辈子不再做男人”……

于是我不再为自己是个女人而遗憾。

(节选自艾菲《我不再羡慕……》，《读者文摘》1989年11期，共526字。)

作品20号：

出差(chūchāi)在外，在一农家(nóngjiā)借宿(jièsù)一夜，放亮时又踏上了一段新路。一阵积水(jīshuǐ)响，老大娘(lǎodàniáng)追出来，拿着(názhe)一把她女儿(nǚ’ér)的小花伞：“带上……”看她那慈祥的目光，霎时(shàshí)，我像是听见(tīngjiàn)了母亲的叮咛(dīngníng)。

路上果然下了大雨，许多人在树下店旁躲着，我撑开(chēngkāi)那把伞，照旧走着，一种说不清却感人至深的温暖(wēnnuǎn)和情感洋溢(yángyì)在我的周围。

途中的一天晚上，我在招待所翻书，读(dú)到一篇《母性》的文章：

我和太太(tàitai)在马来西亚槟榔屿(Bīnglangyǔ)参加一个游览团体。向导带我们到橡胶园参现观割(gē)胶。一个男(nán)童爬上一棵椰树，正打算(dǎsuan)用弯刀割下一个椰子(yēzi)，他母亲便在附近(fùjìn)房子里叫嚷。

我告诉(gàosu)太太：“她说‘孩子，小心啊(xiǎoxīnna)，别把手指割掉’。”

向导惊讶地(jīngyàde)问：“原来你懂马来话。”

我答:“我不懂。不过我了解母亲的叮咛。”

出差回单位后,我把自己伞下的感受和这则故事(gùshi)说给一位长辈听,他的眼睛(yǎnjing)似乎(sìhū)有些湿润(shīrùn)。他说他的母亲早已过世,但母亲那句“好好(hǎohāor)工作,注意身体”的嘱咐(zhǔfu),一句最平常(píngcháng)不过的话,伴随他走过了风风雨雨四十年,成了母亲最珍贵的遗产。

我感动至极(zhìjí)。想起了我的母亲。小时候(shíhou)去上学时,她总在我出门时给我整理(zhěnglǐ)好凌乱(língluàn)的衣服(yīfu)轻轻地叮咛:“走好,听老师话。”

又是一‖个雨天,我骑车去约会(yuēhuì)。中华门城堡下,刚认识(rènshi)不久的女友走到我身边,轻轻地掀下我雨披(yǔpī)的帽子:“看你热得(rède),快把雨披脱下来。”原来,雨早已停了,我额上全是汗。空气清新(qīngxīn)得很,吸入肺腑(fèifǔ)的全是温馨(wēnxīn)。

想到每次约会结束(jiéshù),我推着自行车准备走的时候,她忘不了说一句“骑好,晚上早一点休息(xiūxi)。”于是我认可她了,因为没有爱心的人,是不会为别人(biéren)着想(zháoxiǎng)的。

(言者《轻轻的一声叮咛》,《羊城晚报》1991 年 8 月 27 日,共 538 字。)

作品 21 号:

巴尼·罗伯格是美国缅因州的一个伐木(fámù)工人。一天早晨(zǎochen),巴尼像平时(píngshí)一样驾着吉普车(jípǔchē)去森林(sēnlín)干活(gànhuór)。由于下过一场暴雨,路上到处坑坑洼洼。他好不容易(hǎoburóngyì)把车开到路的尽头。他走下车,拿了斧子和电锯,朝着(cháozhe)林子深处又走了大约(dàyuē)两英里路。

巴尼打量(dǎliang)了一下周围的树木,决定(juédìng)把一棵(yìkē)直径(zhíjìng)超过两英尺的松树锯倒。出(chū)人意料的是:松树倒下时,上端猛地撞在附近的一棵大树上,一下子松树弯成了一张弓,旋即(xuánjí)又反弹(fǎntán)回来,重重地(zhòngzhòngde)压在巴尼的右腿上。

剧烈(jùliè)的疼痛(téngtòng)使巴尼只觉得(juéde)眼前一片漆黑(qīhēi)。但他知道(zhīdao),自己首先要做的事是保持清醒(qīngxǐng)。他试图把腿抽回来,可是办不到。腿给压得死死的,一点也动弹(dòngtan)不得。巴尼很清楚(qīngchu),要是等到(děngdào)同伴下工后发现他不见了再来找他的话,很可能会因流血过多而死去。他只能(zhǐnéng)靠自己了。

巴尼拿起手边的斧子，狠命朝树身砍去。可是，由于用力过猛，砍了三四下后，斧子柄(bǐng)便断了。巴尼觉得自己真的什么(shénme)都完了。他喘了口气，朝四周望了望。还好，电锯就在不远处躺着。他用手里的断斧柄，一点(yìdiǎnr)一点地拨动着电锯，把它移到自己手够得着(gòudezháo)的地方(dìfang)，然后拿起电锯开始锯树。但他发现，‖由于倒下的松树呈45度角，巨大的压力(yālì)随时会把锯条卡住(qiǎzhù)，如果电锯出了故障，那么(nàme)他只能束手(shùshǒu)待毙了。左思右想，巴尼终于决定，只有唯一一条路可走了。他狠了狠心，拿起电锯，对准自己的右腿，进行截肢(jiézhī)……

巴尼把断腿简单包扎(bāozā)了一下，他决定爬回去。一路上巴尼忍着剧痛，一寸一寸地爬着；他一次次地昏迷过去，又一次次地苏醒过来，心中只有一个念头(niàntou)一定要活着回去！

（沈亚刚译《难以想象的抉择》，《读者文摘》1986年1期，共549字。）

作品22号：

蜚声(fēishēng)于世的悉尼(xīní)歌剧院，坐落在澳大利亚著名(zhùmíng)港口城市(chéngshì)悉尼三面环海的贝尼朗岬角(jiǎjiǎo)上。它由一个大基座和三个拱顶(gǒngdǐng)组成，占地逾(yú)18万平方米。远远望去，既像一簇(cù)洁白(jiébái)的贝壳(bèikér)，又像一队扬帆(yángfān)的航船。

说起悉尼歌剧院的建造，还有一段鲜为人知(xiǎnwéirénzhī)的轶事(yìshì)。

1956年，当时的澳大利亚总理凯希尔应(yìng)担任乐团总指挥的好友古申斯的请求(qǐngqiú)，决定(juédìng)由政府(zhèngfǔ)出资在贝尼朗建造一座现代化的歌剧院。有30个国家的建筑(jiànzhù)师送来了223个设计(shèjì)方案，由美国著名建筑师沙里宁等人组成评委会负责(fùzé)选评。评选初期，沙里宁因故未能及时(jíshí)参加。他对初评(chūpíng)出来的10个方案都不满意，便又仔细地审阅了被淘汰(táotài)的213个方案，从中挑选(tiāoxuǎn)出38岁的丹麦建筑师耶尔恩·乌特松设计的方案。独(dú)具慧眼的沙里宁认为，这个设计如能实现，必(bì)将成为非凡的建筑。他最终说服其他评委采纳(cǎinà)了这个方案，使之免遭“胎死腹中”的厄运(èyùn)。

当乌特松的方案于1959年开始付诸实施(fùzhū-shíshī)时，又遇到了拱顶壳面(qiàomiàn)建筑结构和施工技术方面的困难(kùnnan)。经过修改设计后,才使壳面得以继续(jìxù)施工。但当工程(gōngchéng)进行(jìnxíng)到第九年时,坚定不移的支持者凯希尔总‖理去世了,新上台的自由党人以造价超过原估算为由,拒付所欠设计费,企图迫使工程停止(tíngzhǐ)。而此时剧院的主体结构(jiégòu)已经完成,形成骑虎难下、欲罢不能(yùbà－bùnéng)之势。最后经过多方协商(xiéshāng),由政府的三人小组取代乌特松负责工程继续(jìxù)建设。经历了15个艰难的春秋之后,悉尼歌剧院终于在1973年竣工(jùngōng),英国女王伊丽莎白二世专程前往悉尼,参加了10月20日举行的盛大(shèngdà)落成(luòchéng)典礼。

(司徒一凡《悉尼歌剧院建设轶事》,《人民日报》1991年8月18日,共548字。)

作品23号:

燕子(yànzi)去了,有再来的时候(shíhou);杨柳枯了,有再青的时候;桃花谢了,有再开的时候。但是,聪明(cōngming)的,你(nǐ)告诉(gàosu)我,我们的日子(rìzi)为什么(shénme)一去不复返(búfùfǎn)呢?——是有人偷了他们罢(ba):那是谁(shuí)?又藏在何处呢?是他们自己逃走了罢:现在又到了哪里(nǎli)呢?

去的尽管(jǐnguǎn)去了,来的尽管来着;去来的中间,又怎样地(zěnyàngde)匆匆呢?早上我起来的时候,小屋(wū)里射进(shèjìn)两三方斜斜的太阳。太阳他有脚啊(jiǎowa)轻轻悄悄地挪移(nuóyí)了;我也茫茫然跟着旋转(xuánzhuǎn)。于是——洗手的时候,日子从水盆里过去(guòqu);吃饭(chīfàn)的时候,日子从饭碗里过去;默默时,便从凝然(níngrán)的双眼前过去。我觉察(juéchá)他去的匆匆了,伸出手遮挽(zhēwǎn)时,他又从遮挽着的手边过去;天黑(hēi)时,我躺在床上,他便伶伶俐俐(línglínglìlì)地从我身上跨过,从我脚边飞去了。等(děng)我睁开(zhēngkāi)眼和太阳再见,这算又溜走了一日。我掩着面叹息(tànxī)。但是新来的日子的影儿(yǐngr)又开始在叹息里闪过了。

在逃去如飞的日子里,在千门万户的世界里的我能做些什么呢?只有徘徊(páihuái)罢了,只有匆匆罢了;在八千多日(bāqiān－duōrì)的匆匆里,除徘徊外,又剩些(shèngxie)什么呢?过去的日子(rìzi)如轻烟(qīngyān),被微风(wēifēng)吹散(chuīsàn)了,如薄雾(bówù),被初阳蒸融(zhēngróng)了;我留着些什么痕迹(hénjì)呢?我何曾(céng)留着像游丝样的痕迹呢?我赤裸裸来‖到这世界,转眼间也将赤裸裸的回去罢?但不能平的，为什么偏白白(báibái)走这一遭啊(yìzāowa)？

你聪明的，告诉我，我们的日子为什么一去不复返呢？

(朱自清《匆匆》，共453字。)

作品24号：

……西红柿怎样从南美州(nánměizhōu)来到欧洲，传说不一。有人说，在1554年左右，有一位名叫俄罗拉答利的英国公爵(gōngjué)到南美州旅行(lǚxíng)，见到这种色艳(sèyàn)形美的佳果，将之带回大不列颠，作为(zuòwéi)礼物(lǐwù)献给(xiàngěi)伊丽莎白女王，种植在英王的御花园中。因此，西红柿曾(céng)作为一种观赏(guānshǎng)植物(zhíwù)，被称(chēng)为"爱情(àiqíng)苹果。"

虽称"爱情(àiqíng)苹果"，并没有人敢吃它，因为它同有毒(yǒudú)的颠茄(diānqié)和曼陀罗有很近的亲缘关系。本身又有一股臭味(chòuwèir)，人们常警告(jǐnggào)那些嘴馋(chán)者不可误食，所以在一段长时间内无人敢问津。最早敢于吃西红柿的，据说是一位名叫罗伯特·吉本·约瀚逊的人，他站在法庭(fǎtíng)前的台阶上当众吃了一个，从而使西红柿成了食品的一员。此事发生(fāshēng)在大约(dàyuē)一百年(yìbǎinián)前。

1895年，美国商人从西印度群岛运来一批西红柿。按美国当时的法律(fǎlǜ)，输入水果是免交进口税的。而进口蔬菜则必须(bìxū)缴纳(jiǎonà)10%的关税。纽约港的关税官认定西红柿是蔬菜。理由是：它要进入厨房，经过烹制(pēngzhì)，成为人们餐桌上的佳肴(jiāyáo)。商人则认为应属(shǔ)水果，据理力争：西红柿有丰富(fēngfù)的果汁(guǒzhī)，这是一般蔬菜所不具备的；它又可以生食，同一般蔬菜也不一样，形状色泽(sèzé)也都应当属于水果范畴。双方为此‖争执(zhēngzhí)不下，最后只好把它作为被告，送进美国高等法院，接受审判。

经过(jīngguò)审理，法院一致判决："正像黄瓜、大豆和豌豆一样，西红柿是一种蔓生(mànshēng)的果实，在人们通常的谈论中总是把它和种植在菜园中的马铃薯、胡萝卜(húluóbo)等一样作为饭菜用；无论是生吃还是熟食(shúshí)，它总是同饭后才食用的水果不一样。从此，西红柿才法定为蔬菜，成为人们餐桌上的第一佳肴。

(《美国历史上的西红柿案件》，《中国食品》1984年6期，共539字。)

作品 25 号：

马路旁的行人道(xíngréndào)比马路要整整(zhěngzhěng)高出一个台阶(táijiē)，而他简直(jiǎnzhí)还没满一周岁。

他长着两条细弱(xìruò)的小腿，此刻(cǐkè)这两条小腿却怎么(zěnme)也不听使唤(shǐhuan)，老是哆哆嗦嗦(duōduō－suōsuō)地……但两条腿的主人——小男孩(nánháir)想从马路上登上(dēngshàng)人行道的愿望却十分(shífēn)强烈(qiángliè)，而且(érqiě)信心十足(shízú)。

瞧，那只穿着好看袜子的小脚(xiǎojiǎo)已经抬了起来，踩在人行道的边沿上，但孩子还没有下定决心(xiàdìng－juéxīn)登上第二只脚，有那么(nàme)一会儿(yíhuìr)他就那么站着：一只脚在人行道上，而另一只脚还在原处没动。

然而小孩又收回了跨出去的那一步，他似乎(sìhū)在积蓄(jīxù)力量(lìliang)，小男孩就这么站着，既不前进也不后退，只是固执(gùzhí)地注视着自己的前方。

“还小呢，刚刚能走路，就能跨台阶?”路旁一位头发花白的老奶奶(nǎinai)啧(zé)了啧嘴说，“做大人(dàren)的要帮他一把。”

而孩子的妈妈(māma)并没有伸出手去，只是微笑着鼓励说：

“自己上，小乖乖，自己上。”

小脚又一次地踏上了人行道，另一只脚也费力地提到了空中，这回可真是憋足(biēzú)了劲(jìnr)。

“加油！加油！”旁边的小姑娘(xiǎogūniang)喊着。

终于两只脚都站到人行道上去了，这也许是孩子一生(yìshēng)中拿下(náxià)的第一个高地，小胖脸同时绽开了笑容——了不起的胜利(shènglì)！

“好一个登山者！”胡子老爷爷(yéye)幽默(yōumò)地说，他‖摸摸孩子的头，“一开头总是困难(kùnnan)的，但现在总算对付(duìfu)过去了。乖孩子，祝你永远向新的高度进军！”

人生会有多少个第一次啊！

(孙继梓译《第一次》，《父母必读》1992 年 1 期，共 449 字。)

作品 26 号：

自从传言有人在萨文河畔(hépàn)散步时无意发现了金子后，这里便常有来自四面八(bā)方的淘金者。他们都想成为富翁(fùwēng)，于是寻遍了整个河床，还在河床上挖出(wāchū)很多大坑。希望借助它们找到更多的金子。的确(díquè)有一些人找到了,但另外一些人因为一无所得而只好(zhǐhǎo)扫兴(sǎoxìng)归去。

也有不甘心落空(luòkōng)的,便驻扎(zhùzhā)在这里(zhèli),继续(jìxù)寻找。彼得·弗雷特(fúléitè)就是其中一员。他在河床附近买了一块没人要的土地,一个人默默地(mòmòde)工作(gōngzuò)。他为了找金子,已把所有的钱都押在这块土地上。他埋头苦干了几个月,直到土地全变成了坑坑洼洼,他失望(shīwàng)了——他翻遍了整块土地,但连一丁点(yìdīngdiǎnr)金子都没看见。

六个月后,他连买面包的钱都没有了。于是他准备离开这儿(zhèr)到别处去谋生(móushēng)。

就在他即将(jíjiāng)离去的前一个晚上,天下起了倾盆(qīngpén)大雨,并且一下就是三天三夜。雨终于停了,彼得走出小木屋(mùwū),发现眼前的土地看上去好像和以前不一样:坑坑洼洼(kēngkeng－wāwā)已被大水冲刷(chōngshuā)平整(píngzhěng),松软的土地上长出一层绿茸茸(lǜrōngrōng)的小草。

"这里没找到金子,"彼得忽有所悟地说,"但这土地很肥沃(féiwò),我可以用来种花,并且拿到镇上去卖给那些富人,他们一定会买些花装扮他们华丽的客‖厅。如果真是这样的话,那么(nàme)我一定会赚许多钱,有朝一日(yǒuzhāo－yírì)我也会成为富人……"

于是他留了下来。彼得花了不少精力(jīnglì)培育花苗,不久田地里长满了美丽娇艳的各色鲜花。

五年以后,彼得终于实现了他的梦想——成了一个富翁。"我是唯一的一个找到真金的人!"他时常不无骄傲地告诉(gàosu)别人(biéren),"别人在这儿找不到金子后便远远地离开,而我的'金子'是在这块土地里,只有诚实(chéngshí)的人用勤劳才能(cáinéng)采集(cǎijí)到。"

(陶猛译《金子》,《解放日报》1991年7月26日,共553字。)

作品27号:

墙壁(qiángbì)上,一只虫子在艰难(jiānnán)地往上爬,爬到一大半,忽然(hūrán)跌落(diēluò)了下来。

这是它又一次失败(shībài)的记录(jìlù)。

然而,过了一会儿(yíhuìr),它又沿着墙根,一步一步地往上爬了。第一个人注视着这只虫子,感叹地说:

"一只(yìzhī)小小的虫子,这样的执着(zhízhuó)、顽强;失败了,不屈服(qūfú);跌倒了,从头干;真是百折不回啊(ya)!

我遭到了一点挫折(cuòzhé),我能气馁(qìněi)、退缩(tuìsuō)、自暴自弃吗?

难道我还不如这只虫子?!”

第二个人注视它,禁不住(jīnbuzhù)叹气说:

“可怜的虫子!这样盲目地爬行,什么(shénme)时候(shíhou)才能爬到墙头呢?只要稍微改变一下方位,它就能很容易地爬上去;可是它就是不愿反省(fǎnxǐng),不肯看一看。唉——可悲的虫子!”

反省我自己吧:我正在做的那件事一再失利,我该学得聪明(cōngming)一点,不能(bùnéng)再闷(mēn)着头蛮干一气了——我是个有头脑(tóunǎo)的人,可不是虫子。

第三个人询问智者:

“观察同一只虫子,两个人的见解和判断截然(jiérán)相反,得到(dédào)的启示迥然(jiǒngrán)不同。可敬的智者。请您(qǐngnín)说说(shuōshuo),他们哪一个对呢?”

智者回答:“两个人都对。”

询问者感到困惑:

“怎么(zěnme)会都对呢?

您是不愿还是不敢分辨是非呢?”

智者笑了笑,回答道:

“太阳在白天放射(fàngshè)光明,月亮在夜晚投洒青辉,——它们是相反的;你能不能告诉(gàosu)我:太阳和月亮,究竟(jiūjìng)谁(shuí)是谁非?‖

……但是,世界并不是简单的是非组合体。同样观察(guānchá)虫子,两个人所处的角度(jiǎodù)不同,他们的感觉和判断就不可能一致,他们获得的启示也就有差异(chāyì)。

你只看到两个人之间的异,却没有看到他们之间的同:他们同样有反省和进取的精神。

形式(xíngshì)的差异,往往蕴含(yùnhán)着精神实质(jīngshen-shízhì)的一致;表面的相似(xiāngsì),倒可能掩蔽(yǎnbì)着内在(nèizài)的不可调和(tiáohé)的对立(duìlì)……”

(伊人《启示的启示》,《读者文摘》1987年1期,共530字。)

作品28号：

很早很早以前，猫(māo)并不吃老鼠(lǎoshu)。

有一只猫和一只老鼠住到了一起。

冬天快到了，它们买了一坛子猪油准备过冬吃。老鼠说："猪油放在家里，我嘴馋(zuǐchán)，不如藏(cáng)到远一点(yìdiǎnr)的地方(dìfang)去，到冬天再取来吃。"猫说："行啊(nga)。"它们趁天黑(hēi)，把这坛子猪油送到离家十里远的大庙里藏起来。

有一天，老鼠突然(tūrán)说："我大姐要生(shēng)孩子，捎信(shāoxìn)让我去。"猫说："去吧，路上要小心狗。"

天快黑了，老鼠回来了，肚子吃的鼓鼓的，嘴巴(zuǐba)油光光的。猫问："你大姐生了啥呀?""生个白胖小子。""起个什么(shénme)名字(míngzi)?"老鼠转一转(zhuànyizhuàn)眼珠说："叫，叫一层(yīcéng)。"

又过了十来天，老鼠又说："我二姐又要生孩子，请我去吃饭。"猫说："早去早回。"老鼠边答应(dāying)边往外走。

天黑了，老鼠回来了，腆着肚子，满嘴都是油。猫问："你二姐生了啥呀?""生了个白胖丫头(yātou)。""起个什么名字?""叫一半"。

又过了七、八天，老鼠又说："我三姐生孩子，请我吃饭。"猫说："别回来晚了。"

天大黑时，老鼠回来了，一进屋带来一股油味(yóuwèir)，对猫说："我三姐也生了个白胖小子，起名(qǐmíng)叫见底。"

三九天到了，一连下了三、四天的大雪(dàxuě)。猫说："快过年(guònián)了，什么食儿(shír)也找不到，明天咱把猪油取回来吧。"

第二天一早，老鼠走在前边(qiánbiānr)，猫跟在后边，奔(bèn)大庙走去。

到了大庙里，‖猫第一眼就看到过梁上满是老鼠的脚印(jiǎoyìn)，坛子像被开过。猫急忙(jímáng)打开坛子一看，猪油见底了。猫一下子全明白(míngbai)了，瞪(dèng)圆双眼大声(dàshēng)说："是你给吃见底了?"老鼠刚张口，见猫已经扑(pū)过来，就转身(zhuǎnshēn)跳下地。猫紧追它，眼看就要被猫追上了，一急眼，老鼠钻到砖缝(zhuānfèng)里去了。

后来，老鼠见猫就逃，猫见老鼠就抓。

(《"猫"和"老鼠"》，"容声杯"全国普通话广播大赛规定稿件第四十号，共516字。)

作品 29 号：

一次，仪山禅师洗澡。

水太热了点(rèlediǎnr)，仪山让弟子(dìzǐ)打来冷水(lěngshuǐ)，倒进(dàojìn)澡盆(zǎopén)。

听师父(shīfu)说，水的温度已经刚好，看见桶里还剩(shèng)有冷水，做弟子的就随手倒掉了。

正在澡盆里的师父眼看弟子倒掉剩水，不禁(bùjīn)语重心长地(yǔzhòng－xīnchángde)说："世界上的任何东西(dōngxi)，不管是大是小，是多是少，是贵是贱，都各(gè)有各的用处，不要随便就浪费了。你刚才随手倒掉的剩水，不就可以用来浇灌花草树木吗？这样水得其用，花木草树也眉开眼笑，一举两得，又何乐(lè)而不为呢？"

弟子受师父这么(zhème)一指点，从此便心有所悟，取法号为"滴水和尚(héshang)"。

万物(wànwù)皆有所用，不管你看上去多么(duōme)卑微(bēiwēi)像棵草，渺小得像滴(dī)水，但都有它们自身存在的价值(jiàzhí)。

科学家发明(fāmíng)创造，石破天惊(shípò－tiānjīng)，举世瞩目(zhǔmù)，然而，如果没有众人智慧的积累(jīlěi)，便就终将成为空中楼阁(lóugé)，子虚乌有。

鲁迅的那段话也掷(zhì)地有声："天才并不是自生自长在深林荒野里的怪物，是由可以使天才生长的民众产生、长育(zhǎngyù)出来的，所以没有这种民众，就没有天才。"

"落花(luòhuā)水面皆文章，好鸟(niǎo)枝头亦朋友(péngyou)。"当年(dāngnián)朱熹(zhūxī)就曾(céng)这样说过。

如果你处在(chǔzài)社会(shèhuì)的低层(dīcéng)——相信这是大多数，请千万不要自卑，要紧的还是打破偏见，唤起自信。问题不在于人家(rénjia)‖怎么看，可贵的是你的精神(jīngshen)面貌如何？

三百六十行，行行出状元。关键还是在于，怎样按照你的实际(shíjì)，为社会，为人类多作贡献，从而在这个世界上找到自己的一片绿洲，一片天空。

(《珍视自己存在的价值》，"容声杯"全国普通话广播大赛规定稿件第九号，共 470 字。)

作品 30 号：

江南(jiāngnán)有位书生，他父亲在国子监(guózǐjiàn)里当助教

(zhùjiào),他也随父亲住在京城(jīngchéng)。有一天,他偶然路过寿字大街,见有一间书肆,便走了进去。书肆里有一个少年(shàonián)书生,挑中(tiāozhòng)了一部《吕氏春秋》,点数(shǔ)铜钱交钱时,不小心,一个铜钱掉在地上(dìshang),轱辘(gūlu)到一边(yìbiānr)去了,少年并没有发觉(fājué)。江南书生看见了,暗中把钱踩在脚下,没有作声(zuòshēng)。等买书少年走后,他俯下身子把铜钱拾了起来,装入自己衣袋中。他以为自己做得巧妙,没人看见。其实旁边坐着的一位老者,早就看见了,老者忽地(hūde)起来,问他姓啥名什(xìngshá – míngshén)。书生办了昧心(mèixīn)事,只得(zhǐdé)如实(rúshí)说出自己的姓名。老者听罢,冷笑(lěngxiào)一声走了。

后来这个书生读书倒(dào)也刻苦(kèkǔ),进了誊录馆(ténglù－guǎn),接着(jiēzhe)拜求选举,被授予江苏常熟县县尉(xiànwèi)职务(zhíwù)。他春风得意(déyì),整理行装(xíngzhuāng)赴任途中,投递名片去拜见上司(shàngsi),这时候(shíhou),汤公任江苏巡抚,一见递上来的名片,就传话说不见。书生多次求见,一次也见不到汤公的面儿(miànr)。巡捕传达汤公的话:“你的名字(míngzi)已经被写到弹劾(tánhé)书上了!”书生一听愣了(lèngle),便问:“下官因何事被弹劾?”巡捕传说:“只一个字——贪。”书生考虑,一定是弄错(nòngcuò)了,于是急切(jíqiè)要求面见巡抚大人陈述理由。

巡捕进去禀报(bǐngbào)后,汤公还是不见,仍‖让巡捕出来传话说:“你不记得前几个月在书肆中发生的事了吧。当秀才(xiùcai)时,就把一个小钱儿(xiǎoqiánr)看得像命一样,如今侥幸(jiǎoxìng)当了地方(dìfang)官,手中有了权柄(quánbǐng),能不托箱(tuōxiāng)探囊,拼命(pīnmìng)搜刮(sōuguā),作头戴乌纱的窃贼(qièzéi)吗? 你赶紧解职回去吧。”

这时书生才明白(míngbai),以前在书肆中询问姓名、讥笑他的老者,就是今天的巡抚大人(dàrén)。

(《贪得一钱丢了官》,“容声杯”全国普通话广播大赛规定稿件第三十号,共516字。)

作品31号

说来也许你不信。在英国,有一个真实(zhēnshí)的用铁链(tiěliàn)锁山的故事(gùshi)。

英国威尔斯有个谷口(gǔkǒu)村,村外有座小山。山下有一家酒店、两家快餐店、两个咖啡(kāfēi)馆和一个书店。由于风吹雨打日晒,小山不时落下(luòxià)石块,威胁(wēixié)着顾客(gùkè)和村民的安全。

一天,村民集合(jíhé)在小山下,看到它摇摇欲坠的样子,担心它总有一天要倾倒(qīngdǎo)下来,把村庄压碎(yāsuì)。于是经过商量(shāngliang),他们锻铸了一条巨大的粗铁链,把整座小山锁起来,后来,人们称(chēng)之为"锁山艺术"。

没想到这一锁,竟(jìng)锁了60年。小山再也没有崩(bēng)下石头(shítou),也没有倒塌(dǎotā)。

但是,到了1982年,本村年轻人对这古老的"锁山艺术"产生(chǎnshēng)了怀疑,他们再一次开会,研究一个防止山塌的新方法。

1983年4月,苏格兰一家专门治理有倒塌危险山石的公司接受(jiēshòu)了任务,前来协助(xiézhù)解决谷口村的难题(nántí)。该公司采用了村民的传统工艺,耗资100万英镑,搭(dā)起了250英尺高的棚架(péngjià),在山石上钻了(zuànle)数百个小孔,筑起(zhùqǐ)了20个山石固定网。这些铁链和铁网,就像一副护身盔甲(kuījiǎ)一样,把摇摇欲坠(yáoyáoyùzhuì)的小山牢牢围住。

1984年7月19日早上八点,强烈(qiángliè)的地震摇动了整个谷口村。当时发生的是里氏五点五级(wǔdiǎn－wǔjí)地震,村民以为小‖山必倒无疑,结果(jiéguǒ)它却岿然(kuīrán)不动。

从此以后,谷口村的锁山艺术远近闻名,竟成了英国一个旅游点。

(裘艺《锁山艺术》,《艺术世界》1986年第四期,共439字。)

作品32号:

我初至英国剑桥,便听说米顿路120号有位慈祥好客(hàokè)的中国太太(tàtai),她在自己家中专为中国人开办了英语角(yīngyǔjiǎo),每个星期一晚上八时零五分开始,十时半结束(jiéshù)。

半年后,我换了新居离她较近,且工作不如以前忙碌(mánglù),便渐渐成了英语角的常客。由于平时宽厚而又友善(yǒushàn)的英国朋友(péngyou)对我不算很蹩脚(biéjiǎo)的英语,总能表现出良好的绅士风度,久而久之,我竟(jìng)自我感觉良好而得意(déyì)起来。可第一次上张太太家,一分钟便被无情(wúqíng)地指出(zhǐchū)了三个实实在在的发音错误(cuòwù)!

在英语角,我们不仅得到了英语语法、发音、生词和习惯(xíguàn)用语方面的提高,更能够(nénggòu)交流信息(xìnxī),增进(zēngjìn)友谊(yǒuyì)。英语角的客人(kèren)中,有学术水平(xuéshù－shuǐpíng)颇高的博士(bóshì),也有旅游者和语言学校的学生(xuésheng)。其中大部分(bùfen)来自大陆(dàlù)和台湾,少数来自港澳等地区。学生一批批来,一批批去,其直接(zhíjiē)结果(jiéguǒ)便是张太太每年都收到难以胜数(shèngshǔ)的信件和贺年卡(hèniánkǎ)。

英语角的内容(nèiróng)天南地北(tiānnán－dìběi),五彩纷呈(fēnchéng),其气氛融洽可以说达到哑巴(yǎba)也想唱歌的程度(chéngdù)。一次在爱情专题讨论会上,一位来自台湾的博士伤心地向众人诉说:为了考验相爱四年的女友,他故意编写了一封绝交信,没料到真的被女友一脚踹‖得(chuàide)粉碎性骨折(gǔzhé)……正当大家七嘴八舌地为他出谋划策时,我满含同情地看着他说:我在湖北有一位秋水回转、亭亭玉立(tíngtíng－yùlì)的未婚妻——“停停!”张太太打断道:“没有结婚的,不能称之为妻。”想不到英语还真有比中文更(gèng)保守的地方(dìfang)。

如果问在英语角有什么(shénme)铭心刻骨的特殊(tèshū)收获(shōuhuò),我的第一感觉便是真正(zhēnzhèng)领略(lǐnglüè)到了血(xuè)浓(nóng)于水的华夏情。

(文国艺《张太太的英语角》,《人民日报》(海外版)1993年5月25日,共528字。)

作品33号:

离开家乡已经六年了,在梦里也想念(xiǎngniàn)那条小河。我在那里(nàli)长大,在那里经历风雨,小河知道(zhīdao)童年(tóngnián)的我所经历(jīnglì)的一切(yíqiè)。

小时候(shíhou),我喜欢站在小河边看哥哥(gēge)、姐姐(jiějie)在河里游泳,他们一会儿(yíhuìr)游入水底,在水中捉(zhuō)迷藏(mícáng),一会儿浮出水面,泼水打仗。我好羡慕(xiànmù)他们啊。一次,我见他们向远处游去,幼小的我带着好奇(hàoqí)走入水中,恍惚(huǎnghū)在梦境(mèngjìng)中一般,幸好(xìnghǎo)母亲发觉(fājué)我不在岸上,又见水中直泛水泡,不会游泳的母亲费了许多力气(lìqi)将我从死神手中拉了回来。

当时母亲怀着我的小弟弟(dìdi),由于救我时费力紧张,喝了(hēle)不少水,一下就病倒(bìngdǎo)了,经医生治疗也不见好转(hǎozhuǎn)。躺在床上的母亲,怕我再走到河里去,让哥哥姐姐看着(kānzhe)我,还吩咐他们一有空(kòngr)就教(jiāo)我学游泳,我一有进步,母亲就显得

(xiǎnde)很高兴，可她的病一点也没好。

就在那年(nànián)秋天，母亲离我们去了，小弟弟一生下来不哭也不动，也追随母亲去了。为了我的生存，母亲去了，弟弟也去了。母亲生育(shēngyù)了我，又从死神手中救了我。她给(gěi)了我两次生命。临终前，她拉着我们兄妹四人的手，眼里流露(liúlù)出的尽是爱，她为了我们，没有(méiyǒu)怨言，倾泻(qīngxiè)给我们的是全部的爱！

母亲去世后，我便常站在河边，幻‖想着能从小河里看到母亲。她是从小河走向那个世界的，那轻轻的流水声多像母亲温柔的语声，那缓缓拍打(pāidǎ)堤岸(dī'àn)的河水，多像母亲温柔的手。

长大了，我也常去河边，高兴时去，烦恼(fánnǎo)时也去。清静(qīngjìng)柔顺的河水，就像母亲充满爱的目光(mùguāng)，我带去的欢乐(huānlè)便愈加(yùjiā)热烈(rèliè)，我带去的烦恼也烟消云散。

如今我离去了，小河被我远远地抛在故乡，可我永远地思念着你，小河。

(马如琴《小河》，《光明日报》1993年12月13日，共542字。)

作品34号：

蓝蓝的天空白云飘，我想飞身上天把这洁白(jiébái)的云轻轻(qīngqīng)摘下(zhāixia)献给(gěi)妈妈(māma)，作(zuò)她的围巾。雪梅峰上雪梅开，我不畏路险风萧萧(xiāoxiāo)，也要把雪梅摘下献给我伟大的妈妈。

小鸟啾啾(jiūjiū)细柳枝(liǔzhī)。春花遍地开。妈妈每在新春之前，总是要为自己定下一个计划，今年要在那亩地开辟(kāipì)一片瓜地，让瓜结得(jiēde)大大的，甜甜的，让儿女们假期(jiàqī)美美地(měiměide)吃上好瓜；或者在田埂(tiángěng)上种些高粱(gāoliang)、玉米，好让儿女们过节能(néng)吃上(chīshang)甜甜的高粱饴(yí)、香喷喷(xiāngpēnpēn)的玉米棒。妈妈总是想着让我们能吃上可口美味的东西(dōngxi)，从不说她要吃什么(shénme)。

全家团圆，妈妈忙前忙后，总像有使不完的劲。儿女们叫妈妈休息(xiūxi)一下，妈妈却(què)倔强(juéjiàng)而喜悦。妈妈虽银丝飘飘，却心明眼睛(yǎnjing)亮。每每饭后茶余，把我们集中(jízhōng)在一边，询问学习、生活、人际关系(guānxi)。我们进步时，妈妈就满脸微笑，温柔地表扬我们；当我们沮丧(jǔsàng)失落(shīluò)时，妈妈就谆谆(zhūnzhūn)教导，循循善诱，犹如春天雨露，滋润着我们的心田。

孩子将要远行，昏暗的灯光下，妈妈手拿(ná)针钱，密密(mìmì)缝补着(féngbǔzhe)孩子的衣服(yīfu)。妈妈眼睛不好，总是缝一针，落(là)两针。她那轻轻的叹息(tànxī)声，飘至我的心中，我总是泪湿枕巾。

离家几千里，每每眺望(tiàowàng)远方，我似乎看见我的妈‖妈站在小山坡上，手搭(dā)凉棚(liángpéng)，在寻找着，凝视(níngshì)着，盼望儿女们归来。我时时在梦中望见妈妈展开双臂，呼唤着我，向我走来，我跳床而起，向妈妈扑去……

妈妈给了我们坚强的性格(xìnggé)，上进(shàngjìn)的精神(jīngshen)，我的妈妈是世上最好的妈妈。

(王胜厚《献给母亲的歌》,《人民日报》(海外版)1993年12月18日，共485字。)

作品35号：

我是山里的孩子，七岁那年(nànián)，妈对我说："你不能(bùnéng)再白吃(báichī)饭了。"她把我带到一头大水牛跟前。于是，我的一段童年便和一条用麻线搓成(cuōchéng)的牛绳(niúshéng)拴在了一起。

牧童们都喜欢骑到牛背上让牛儿(niú'er)驮着(tuózhe)走。学军的那头老水牛，颇通人性(rénxìng)。谁骑它不用爬，只要踩到它的头顶(tóudǐng)上，再喊上一声："伸角！"它便会把头一抬，轻轻地(qīngqīngde)把你送上宽宽的背脊(bèijǐ)。

最有趣的是在酷暑(kùshǔ)的中午，带着牛儿去水里游泳(yóuyǒng)。太阳热热地(rèrède)晒着，蝉儿(chán'er)高唱，稻花飘香。为了不弄湿(nòngshī)衣裤，我们一律(yílǜ)脱光身子，在银色的浪花里嬉戏(xīxì)。会游的，畅快地与水里的牛儿为伴，游来游去，累了就爬到牛背上让牛驮着游来游去。不会游的，则在水浅的河边，两手支着水底的沙石，或抓着岸边的水草、藤蔓(téngwàn)，双脚胡乱地敲击(qiāojī)水面，我就是这样学会游泳的。

可是，放牛的日子里，也常有人们(rénmen)的苦难(kǔnàn)给我们幼小的心灵带来重轭(zhòng'è)。

一天傍晚，我踏进家门，昏暗的油灯下，妈递给我一个竹篮(zhúlán)，篮子里放着十来个红薯。"给康公家送去，他们还没吃晚饭呢。"妈说。我没说话，默默地照办了。

我放了整整(zhěngzhěng)一年的牛，因为八岁那年我幸运(xìngyùn)地上学了，只在课余偶尔牵牵那根牛绳。

放牛的日子里，我似‖乎没有感受到什么大的苦难，但我那多愁善感的心灵(xīnlíng)却镌(juān)上了人们被苦难灼干(zhuógān)的眼睛。从山里走到都市，我一直(yìzhí)用心灵装填着这些苦痛。然而，如今想来，这些苦痛已经不再是苦痛了，而是一种心灵感悟的财富！这也许是我一直保持了放牛时那颗欢乐的心灵的缘故。

（华宣飞《放牛的日子》，《北京日报》1994 年 2 月 17 日，共 508 字。）

作品 36 号：

清晨(qīngchén)起来，拉开窗帘，一个银亮的世界展现在我眼前。我一看见这纯白的雪片，就只想(zhǐxiǎng)尽快(jǐnkuài)扑进(pūjìn)这雪白(xuěbái)的世界。

妈妈(māma)送我走出家门，并三番五次地叮嘱(dīngzhǔ)我路上(lùshang)小心。我只顾观赏雪景，自然觉得妈妈罗嗦(luōsuo)。"回去吧，真烦人！"便头也不回地上路了。

"妈妈，快，快拉我跑！"

雪地中一位年轻(niánqīng)的母亲拉着身后的小女儿(nǚ'ér)跑着，笑着。忽然，母亲脚下(jiǎoxià)一滑，摔倒在雪地上。我忙跑过去拉起她，她却不顾自己，而是马上扶起坐在地上的小女儿。女儿也很懂事地给妈妈拍去头发(tóufa)上的雪，轻轻地问了一声："妈妈，您疼不疼？"母亲由衷(yóuzhōng)地笑了，笑得那么(nàme)舒心。

望着雪片纷飞中母女俩(liǎ)紧紧相偎(wēi)的身影(shēnyǐng)，我的脑海(nǎohǎi)立刻(lìkè)映出(yìngchū)了十年前似曾(sìcéng)相似的一幕(yímù)：那时，我也曾十分(shífēn)乖巧地为妈妈拍雪，扶妈妈走路。可十年后同样的雪天，我却只顾自己的兴致(xìngzhì)把妈妈的关心搁(gē)在一边。也许妈妈并未留意我的话，但十七岁的我应该理解父母的苦心，因为在他们的眼里我永远是个长不大的孩子。

也许刚才的那位母亲摔得很重，可小女儿简单的一句"妈妈，您疼不疼"，便已化解了她的疼痛(téngtòng)。不管外界多冷，一股股暖流(nuǎnliú)也会涌上心头，这便是世上最动‖人的欣慰，也是像雪一样纯的真情。

雪花飘呀飘，我目送那对母女远去，便急切(jíqiè)地回转(huízhuǎn)身，我要回家去对父母说："爸爸(bàba)、妈妈，雪大路滑，当心啊(dāngxīnna)！"

（曹展《雪花飘呀飘……》，《北京日报》1994 年 1 月 19 日，共 454 字。）

作品37号：

记得我13岁时，和母亲住在法国东南部的耐(nài)斯城。母亲没有丈夫(zhàngfu)，也没有亲戚(qīnqi)，够清苦(qīngkǔ)的，但她经常(jīngcháng)能拿出(náchū)令人(lìngrén)吃惊(chījīng)的东西(dōngxi)，摆在我面前。她从来不吃肉。一再说自己是素食者(sùshízhě)。然而有一天，我发现母亲正仔细地(zǐxìde)用一小块碎面包擦那给我煎牛排(niúpái)用的油锅。我明白(míngbai)了她称(chēng)自己为(wéi)素食者的真正(zhēnzhèng)原因。

我16岁时，母亲成了耐斯市美蒙旅馆的女经理。这时，她更忙碌(mánglù)了。一天，她瘫在椅子上，脸色苍白，嘴唇(zuǐchún)发灰。马上找来医生，做出诊断：她摄取(shèqǔ)了过多的胰岛素。直到这时我才知道(zhīdao)母亲多年一直(yìzhí)对我隐瞒(yǐnmán)的疾痛——糖尿病(tángniàobìng)。

她的头歪向枕头一边，痛苦地用手抓挠(zhuānao)胸口。床架上方，则挂着一枚我1932年赢得(yíngdé)耐斯市少年乒乓(pīngpāng)球冠军(guànjūn)的银质奖章。

啊，是对我的美好前途的憧憬(chōngjǐng)支撑(zhīchēng)着她活下去，为了给她那荒唐的梦至少加一点真实(zhēnshí)的色彩，我只能(zhǐnéng)继续(jìxù)努力(nǔlì)，与时间竞争(jìngzhēng)，直至1938年我被征入空军。巴黎很快失陷(shīxiàn)，我辗转调到英国皇家空军。刚到英国就接到了母亲的来信，这些信是由在瑞士的一个朋友(péngyou)秘密(mìmì)地转到伦敦，送到我手中的。

现在我要回家了，胸前佩带着醒目(xǐngmù)的绿黑两色的解放十字绶带，上面挂着五六枚‖我终身难忘(nánwàng)的勋章，肩上还佩带着军官肩章。到达(dàodá)旅馆时，没有一个人跟我打招呼(zhāohu)。原来，我母亲在3年半以前就已经离开人间了。

在她死前的几天中，她写了近250封信，把这些信交给她在瑞士的朋友，请这个朋友定时寄给我。就这样，在母亲死后的3年半的时间里，我一直从她身上吸取着力量(lìliang)和勇气——这使我能够继续战斗到胜利(shènglì)那一天。

(〔法国〕罗曼·加里《我的母亲独一无二》，《中华周报》1994年1月15日，共536字。)

作品 38 号:

一位高棉的华侨把他的两个儿子送到我这里来,要求教(jiāo)他们学国语。这两个孩子都是美国出生(chūshēng)的,只会说英语。我问他为什么(shénme)想让孩子学国语,他说:"是中国人嘛!不会说母语总是不好的,而且 21 世纪肯定(kěndìng)会是中国人的世纪,到那时才学国语就晚了。"

这是一位华侨的一片心意。

我主张在国外(不只是在美国)的中国孩子,都应该(yīnggāi)学点(xuédiǎnr)中文。

首先:"是中国人嘛!不会说母语总是不好的。"在美国的华人当中,有些(yǒuxiē)是要等到(děngdào)事业(shìyè)有所成就(chéngjiù)之后再回国,有些人已经(yǐjing)拿到(nádào)了绿卡(lǜkǎ)。据了解,在得到(dédào)绿卡的人群中,准备进一步加入美国籍的只是少数(shǎoshù),多数人是希望在得到绿卡之后,能够(nénggòu)"来去自由",所以对于这些绿卡持有者来说,他们现有的身份是华侨,华侨的孩子还是应该学些中文才好,否则(fǒuzé)一旦你要回国,由于语言不通,会遇到许多麻烦(máfan)。

如果你已经入了美国籍,但作为华裔,学一点儿(yìdiǎnr)中文还是有好处的。随着中国国际地位的不断提高,世界各地区逐步(zhúbù)掀起了"学汉语热",中国的文化正逐步为(wéi)世界所了解所接受(jiēshòu),中国的工农业产品正逐步跨入更多国家的国门,很多外国人原来对中国一无所知,或者只 ‖ 知道(zhīdao)一些被歪曲了的形象(xíngxiàng)。但是今天的中国毕竟(bìjìng)不同于往昔(wǎngxī)了。

不少在外国已经生活了几十年的外籍华人,他们看到新中国在世界上影响(yǐngxiǎng)越来越大,都纷纷要到中国去进行学术交流,去培养科技人才,去投资办厂办学,会中文成为一大优势。还有中国孩子到了要找伴侣的时候(shíhou),很多人还是愿意(yuànyi)找中国人,会讲中国话,是一种最好的沟通方式。

(王浚国《在国外的中国孩子应学点中文》,《人民日报》(海外版)1993 年 12 月 25 日,共 540 字。)

作品 39 号:

在闽西南(mǐnxīnán)苍苍茫茫的崇山峻岭(jùnlǐng)之中,点缀着数以千计的圆形土楼,充满神奇的山寨气息(qìxī)。这就是被誉为"世界民居奇葩(qípā)"、世上独一无二(dúyīwú'èr)的神话般的山区建筑(jiànzhù)模式(móshì)的客家(kèjiā)人民居。

他们的居住地大多在偏僻(piānpì)、边远的山区，为了防卫盗匪的骚扰和土著的排挤，便营造"抵御性"的营垒式住宅(zhùzhái)，并不断进步发展，在土中掺(chān)石灰，用糯米(nuòmǐ)饭、鸡蛋清作粘合剂(niánhéjì)，以竹片(zhúpiàn)、木条(mùtiáo)作筋骨(jīngǔ)，夯(hāng)筑起墙厚1米、高15米以上的土楼。它们大多为3至6层楼，100至200多间房如柑瓣状均匀(jūnyún)布列各层(bùliè－gècéng)，宏伟状观。大部分土楼历经两三百甚至五六百年的地震撼动、风雨侵蚀(qīnshí)以及炮火攻击(gōngjī)而安然无恙(wúyàng)，显示了传统技术文化的魅力(mèilì)。

客家先民们崇尚圆形，把圆形当(dàng)天体之神来崇拜。主人认为圆是吉祥(jíxiáng)、幸福(xìngfú)和安宁(ānníng)的象征，这些都体现了土楼人家的民俗(mínsú)文化。圆墙的房屋均按八卦形布局排列，卦与卦之间设(shè)有防火墙，整齐(zhěngqí)划一，充分显示它突出(tūchū)的内向性(nèixiàngxìng)、强烈(qiángliè)的向心力、惊人(jīngrén)的统一性。

客家人在治家、处事(chǔshì)、待人、立身等方面无不体现儒家的思想及其文化特征(tèzhēng)。有一座土楼，先辈希望子孙和睦相处(xiāngchǔ)，以和为贵，便用正楷大字写成对联刻‖在大门上："承前祖德勤和俭，启后子孙读(dú)与耕。"强调了儒家立身的道德规范。楼内房间大小一模一样(yìmú－yíyàng)，他们不分贫富、贵贱，每户人家均等分到底层至高层各一间房，各层房屋的用途达到惊人的统一，底层是厨房兼饭堂，二层当贮(zhù)仓，三层以上作卧室(wòshì)，二、三百人聚居一楼，秩序井然(zhìxù－jǐngrán)，毫无混乱。土楼内所存在的儒家文化遗风，让人感到中华民族(mínzú)传统文化的蒂固根深。

(节选自张雨生《世界民居奇葩》，共545字。)

作品40号：

南方北方(běifāng)的溶洞，我看过许多处，觉得(juéde)唯有云南建水县的燕子洞独具特色(dújùtèsè)。

洞内景观(jǐngguān)分水旱两路，水路可有碧流(bìliú)的泸江(lújiāng)穿洞而过，洞中许多溶岩(róngyán)形成(xíngchéng)的生动形象，姿态万千地(zītàiwànqiānde)展现在灯光(dēngguāng)之中，让人看得眼花缭乱(yǎnhuāliáoluàn)。旱路有一条绝壁(juébì)长廊(chángláng)，藏有不少碑文石刻，还有一处天然舞厅，五六十人翩翩起舞是绰绰有余

(chuòchuòyǒuyú)的。

常年(chángnián)歌舞在洞中,劳作(láozuò)在洞中的是那许多呢喃(nínán)穿飞的燕子,它们辛辛苦苦地把窝巢建筑(jiànzhù)在悬崖绝壁,这一向被人们称之为神奇的景观。

燕子的巢便是山珍美味中的燕窝,与熊掌鱼翅享有同等(tóngděng)声誉。燕窝所以贵重,除其营养价值(yíngyǎngjiàzhí)外,还在于其少,更在于其难采,所以到燕子洞参观的人,最难得(nándé)的机缘(jīyuán)是观看采燕窝。每年春分时节,燕子纷纷飞归洞中,为了保护燕子繁衍(fányǎn),一直(yìzhí)到入秋(rùqiū)是不允许采燕窝的,入秋后新一代小燕飞去暖和(nuǎnhuo)地方(dìfang)过冬,采燕窝的活动才开始。采燕窝要靠人矫健的手脚(shǒujiǎo),在五十多米高的悬崖绝壁间攀缘,抬手动足都随时有险情(xiǎnqíng)发生,观看的人也都为采燕窝的人捏着(niēzhe)一把汗。

采集(cǎijí)高手一天能采5公斤燕窝,他们说,那艰险自己也担一份心呢!不过需要的是大胆细心、‖镇定(zhèndìng)。采燕窝的绝技,一代代地传下来了,可真是一方水土养一方人啊(na)。

采下燕窝之后,要经过加工才能(cáinéng)成为(chéngwéi)佳品。如今来燕子洞的游人可以品尝到燕窝稀粥(xīzhōu),在这里,贵重的燕窝已经是一种普及(pǔjí)的食品了。

我赞美燕窝,赞美采燕窝人的勇敢和高超技巧,然而,我更加(gèngjiā)赞美建窝筑巢的那些不辞辛劳又具有奉献(fèngxiàn)精神的燕子。

(钦文《神奇的燕子洞》,《北京日报》1994年1月30日,共529字。)

作品41号:

记得(jìde)一位伟人说过:母亲是女儿(nǚ'ér)心中的太阳。

我是太阳底下最幸福(xìngfú)的人。

我母亲是位普通工人,长年患病,病史(bìngshǐ)几乎(jīhū)与我同龄。她身材瘦小,性格(xìnggé)温柔而倔强(juéjiàng),年届不惑,看起来比实际(shíjì)年龄(niánlíng)略显苍老。憔悴的面容,记录(jìlù)了命运(mìngyùn)多舛(chuǎn)的坎坷经历(jīnglì)。为了排除母亲久病卧床的孤寂(gūjì),为了回报圣洁(shèngjié)的母爱,在春暖(nuǎn)花开的日子(rìzi)里,我用"小飞鸽"自行车驮着母亲到郊外散心。

郊处的景色真美啊(yā)!湛蓝(zhànlán)的天空,像一池倒映

(dàoyìng)的湖水;清新(qīngxīn)的空气,似醇酒的芳香,令人心旷神怡(xīnkuàng－shényí)。我一边吃力地(chīlìde)蹬着(dēngzhe)车,一边当导游,向母亲介绍改革(gǎigé)开放给农村(nóngcūn)带来的巨大变化。我的衬衫和后背(bèi)贴(tiē)在了一起,额头沁出(qìnchū)一层汗珠。爬上一道陡坡,准备跨越一条铁道(tiědào)。我弯腰弓背,喘着粗气,小心翼翼地行驶。突然,车子在水泥(shuǐní)的路基上颠簸了一下,我的身体失去(shīqù)了平衡(pínghéng)。就在车倒人翻的一刹那(yíchànà),我猛然(měngrán)地侧过头,用自己的身体挡住了母亲,母亲安然无恙(wúyàng),我却觉得眼前一黑,下颌(xiàhé)被坚硬(jiānyìng)的铁轨磕伤(kēshāng),殷红(yānhóng)的鲜血顿时淌了下来。母亲潸然泪下(shānránlèixià):"好玉玉,妈难为你啦……"我用手帕(shǒupà)擦去母亲腮边的泪水,打趣地说:"磕破点皮,没关系(guānxi)。这不正好多了个'酒窝(jiǔwōr)'吗!"母‖亲破涕为笑,笑声中包含着诚挚(chéngzhì)的母爱——至高无尚的永恒(yǒnghéng)之爱!

后来,我的下颌果然留下一道疤痕——充满人间亲情的爱痕。从这道值得自豪的孝痕上,我感悟到了做人的真正价值(jiàzhí)。

(节选自庞秀玉《爱痕》,《北京日报》1994年4月10日,共471字。)

作品42号:

家乡的桥是我梦中(mèngzhōng)的桥。

家乡村边有一条河,曲曲(qūqū)弯弯,河中架一弯石桥(shíqiáo),弓样的小桥横跨(héngkuà)两岸。

每天,不管是鸡鸣晓月,日丽中天,还是月华泻地,小桥都印下串串足迹(zújì),洒落(sǎluò)串串汗珠。那是乡亲为了(wèile)追求多棱(duōléng)的希望,兑现(duìxiàn)美好的遐想(xiáxiǎng)。弯弯小桥,不时荡过轻吟(qīngyín)低唱,不时露出(lòuchū)舒心的笑容。

因而,我稚小的心灵(xīnlíng),曾(céng)将心声献给小桥:你是一弯银色的新月,给人间普照光辉;你是一把闪亮的镰刀,割刈(gēyì)着欢笑的花果;你是一根晃悠悠(huàngyōuyōu)的扁担(biǎndan),挑起(tiāoqǐ)了彩色的明天!哦,小桥走进我的梦中。

我在飘泊(piāobó)他乡的岁月,心中总涌动(yǒngdòng)着故乡的河水,梦中总看到弓样的小桥。当我访南疆(nánjiāng)探北国(běiguó),眼帘闯进座座雄伟的长桥时,我的梦变得丰满(fēngmǎn)了,增添(zēngtiān)了赤橙(chìchéng)黄绿青蓝紫。

弯弯的小桥,是我梦中的桥吗?

30多年过去了,我戴着满头霜花回到故乡,第一紧要的便是去看望小桥。

啊!小桥呢?小桥躲起来?河中一道长虹,浴着朝霞(yùzhezhāoxiá)熠熠(yìyì)闪光。哦,雄浑的大桥敞开胸怀,汽车的呼啸、摩托的笛音(díyīn)、自行车的叮铃(dīnglíng),合奏着进行交响乐;南来的钢筋、花布,北往的柑橙、三鸟,绘出交流欢跃(huānyuè)图……

满桥豪笑满桥歌啊(ya)!蜕变(tuìbiàn)的桥,传递了家乡进步的消息(xiāoxi),透露(tòulù)了‖家乡富裕(fùyù)的声音。时代的春风,美好的追求,我蓦地(mòdi)记起儿时唱给小桥的歌,哦,明艳艳的太阳照耀了,芳香甜蜜的花果捧来了,五彩斑斓(bānlán)的月拉开了!

我心中涌动的河水,激荡(jīdàng)起甜美的浪花。我仰望一碧(yíbì)蓝天,心底轻声呼喊:"家乡的桥呀(wa),我梦中的桥!"

(郑莹《家乡的桥》,《人民日报》(海外版)1994年2月19日,共497字。)

作品43号:

我上小学(xiǎoxué)的时候(shíhou),日子(rìzi)过得很苦。学校是一座小土庙,破破烂烂的,冬天里四面进风,学生们就常常冻了手脚(shǒujiǎo)。寒冷的早晨(zǎochen)我们读着(dúzhe)书,窗外亮亮的阳光一照,我们就急切地(jíqiède)盼着下课了。铃声(língshēng)一响,学生们蜂涌(fēngyǒng)而出,跑进干冷(gānlěng)的阳光里,站在教室(jiàoshì)前,跺跺脚,脚暖了,就沿墙根一字排开,中间站个大个,两边人数相等。一齐往中间挤,咬牙,弓腿,喊号子,挤掉了帽子是顾不及(gùbují)捡的,绷断(bēngduàn)了线做的腰带,也只能(zhǐnéng)硬撑(chēng)着,一来二去,身体就暖和(nuǎnhuo)起来,甚至冒出汗来。这种游戏,我们叫挤油(jǐyóur),天天要做的。

那时做老师的并不反对我们这一活动。记得教(jiāo)我们数学的老师,年龄(niánlíng)不大,个头不小,冬天戴一顶油乎乎的破军帽,帽檐(màoyánr)皱皱巴巴。他教我们学小数时,把0.24读成零点二十四,是过了一天又让我们读作0.24的。他常常靠墙根一站,两手向自己一挥,"来",学生们便一涌而上,好像总是挤不动他,上课铃一响,他猛地(měngde)抽身而去,学生们便倒成(dǎochéng)一片。

语文老师是上了年纪的,姓佘,面黑(hēi),不苟言笑,据说私熟

(sīshú)底子厚实(hòushi)。他当然不挤油了,总是提前走进教室,写一些成语要我们抄背,诸如"爱屋及乌"、"入木三分(rùmù－sānfēn)之类"。开课前总先提问题,我们最怕‖的就是头十分钟,回答(huídá)不出来,他就会拿眼(náyǎn)瞪着你(dèngzhenǐ),半天说一句:"挤油的劲(jìnr)呢? 站着!"

那时学生穿的小袄都是自家纺的棉布,粗糙(cūcāo),易坏,在凹凸(āotū)不平的黄土墙上磨不多久,就会露出黑黄的棉絮,回家总少不了挨骂:"又在墙上磨痒痒(yǎngyang)了。"喝斥(hēchì)好像并没有减少了挤油的次数,孩子快乐起来的时候,什么(shénme)都敢忘记。

这是我童年时代最有趣的游戏。

(刘宗礼《"挤油"》,《文汇报》1994年4月4日,共534字。)

作品44号:

从今年除夕(chúxī)起,我很认真地(rènzhēnde)看了由中央电视台首播的电视剧《猴娃》,深深地被剧中的人物(rénwù)命运和情节(qíngjié)所打动。近日,我又一次观赏了该剧,感慨颇多。

记得六十年代初,由绍剧表演艺术大师六龄童(liùlíngtóng)主演的绍剧《孙悟空(Sūn WùKōng)三打白骨精(báigǔjīng)》风靡(fēngmǐ)全国(quánguó),誉满海外。毛泽东主席先后三次观看了他们父子的演出并挥毫作诗《七律——和(hè)郭沫若(guō Mòruò)同志》,留下了"金猴奋起千钧棒,玉宇澄清(chéngqīng)万里埃"的千古绝唱(juéchàng)。祖籍(zǔjí)绍兴(Shàoxīng)的周恩来总理,在观看了家乡的绍兴戏后,高兴地抱起了"猴娃"天星合影(héyǐng)留念(liúniàn),称他小六龄童(后来即成为天星的艺名),这既是对他继承父业(jìchéngfùyè)的鼓励,也是对他艺术上的肯定(kěndìng)。我曾经(céngjīng)五次看过"猴娃"在剧中扮演的可爱动人的"小传令猴",他的表演常常博得(bódé)同行(tóngháng)和观众的热烈掌声(rèlièzhǎngshēng)。生活中的"猴娃"聪颖(cōngyǐng)活泼(huópo),机敏过人,每次见着我总是阿姨长阿姨短地说个不停(bùtíng),他曾不止一次地说就喜欢看阿姨您演的评剧,百看不厌。可万万没有想到,这么一位在艺术上日趋辉煌、前途不可估量的小"猴娃",竟然(jìngrán)被白血病(báixuèbìng)这个病魔无情地夺走了生命(shēngmìng),年仅16岁。他的英年(yīngnián)早逝,着实(zhuóshí)令人痛惜(tòngxī)不已。

又一个16年,值得(zhíde)大家欣慰的‖是"猴娃"的小弟弟(dìdi)天来(即六小龄童),发奋拼搏(fāfènpīnbó),刻苦努力(kèkǔnǔlì),在大型电视连续剧《西游记》中扮演的孙悟空获得了巨大的成功，终于完成(wánchéng)了兄长临终前的最后嘱托(zhǔtuō)，成为名扬中外、妇孺(fùrú)皆知的新一代美猴王。

衷心地感谢拍摄(pāishè)单位让广大电视观众看到了这么一部成功的佳作。《猴娃》给青少年指引了一条成才的路，也使我深深感到：人的生命在于奉献(fèngxiàn)。

“猴娃”的艺术永存。

(新凤霞《生命在于奉献——电视连续剧〈猴娃〉观后》，《北京晚报》1994年4月19日，共545字。

作品45号：

今年(jīnnián)四月，我到广东从化温泉小住了几天。那里(nàli)四围是山，环抱着一潭春水。那又浓(nóng)又翠的景色，简直(jiǎnzhí)是一幅(yìfú)青绿(qīnglǜ)山水画。刚去的当晚(dàngwǎn)是个阴天，偶尔倚着(yǐzhe)楼窗一望，奇怪啊(ya)，怎么(zěnme)楼前凭空(píngkōng)涌起那么(nàme)多黑黝黝(hēiyōuyōu)的小山，一重(yīchóng)一重的，起伏(qǐfú)不断？记得楼前是一片园林，不是山。这到底是什么(shénme)幻景呢？赶到天明一看，忍不住笑了。原来是满野的荔枝树，一棵连一棵，每棵的叶子都密得不透缝(bútòufèng)，黑夜看去，可不就像小山似的(shìde)！

荔枝也许是世界上最鲜最美的水果。苏东坡曾写过这样的诗句：“日啖(dàn)荔枝三百颗，不辞长(cháng)作岭南(lǐngnán)人。”可见荔枝的妙处。偏偏我来得不是时候(shíhou)，荔枝刚开花。满树浅黄色的小花，并不出众。新发的嫩叶(nènyè)，颜色淡红，比花倒(dào)还中看(zhōngkàn)些。从开花到果子成熟(chéngshú)，大约(dàyuē)得(děi)三个月，看来我是等不及(děngbují)在这儿(zhèr)吃鲜荔枝了。

吃鲜荔枝蜜，倒是时候。有人也许没听说过这稀罕物儿(wùr)吧？从化的荔枝树多得像汪洋大海，开花时节(shíjié)那蜜蜂(mìfēng)满野嘤嘤嗡嗡(yīngyīngwēngwēng)，忙得忘记早晚。荔枝蜜的特点是成色纯，养分多。住在温泉的人多半喜欢吃这种蜜，滋养身体。热心肠的同志送给我两瓶。一开瓶子塞儿(sāir)，就是那么一股甜香；调(tiáo)上半杯一喝，甜香里带着‖股清气，很有点(diǎnr)鲜荔枝的味儿(wèir)。喝着这样的好蜜，你会觉得生活都是甜的呢。

我不觉动了情，想去看看(kànkan)一向不大喜欢(xǐhuan)的蜜蜂(mìfēng)。

荔枝林深处，隐隐露出(lòuchū)一角(yìjiǎo)白屋，那是温泉公社的养蜂场，却取了个有趣的名儿(míngr)，叫“养蜂大厦(dàshà)”。一走近“大厦”，只见(zhǐjiàn)成群结队(jiéduì)的蜜蜂出出进进，飞去飞来，那沸沸扬扬的情景(qíngjǐng)会使你想，说不定蜜蜂也在赶着建设(jiànshè)什么新生活呢。

(杨朔《荔枝蜜》，共573字。)

作品46号：

在苍茫的大海上，风聚集(jùjí)着乌云。在乌云和大海之间，海燕像黑色(hēisè)的闪电高傲地(gāo'àode)飞翔。

一会儿(yíhuìr)翅膀碰(pèng)着海浪，一会儿箭一般地直冲云霄，它叫喊着——在这鸟儿(niǎo'ér)勇敢的叫喊声里，乌云听到了欢乐。

在这叫喊声里，充满着对暴风雨的渴望(kěwàng)！在这叫喊声里，乌云感到了愤怒(fènnù)的力量(lìliàng)、热情(rèqíng)的火焰和胜利(shènglì)的信心。

海鸥在暴风雨到来之前呻吟着，——呻吟着，在大海上面(shàngmian)飞窜，想把自己对暴风雨的恐惧，掩藏到大海深处。

海鸭也呻吟着，——这些海鸭呀，享受不了生活的战斗的欢乐；轰隆隆(hōnglōnglōng)的雷声就把它们吓坏了。

愚蠢的企鹅，畏缩(wèisuō)地把肥胖的身体躲藏在峭崖底下……只有那高傲的海燕，勇敢地、自由自在地，在翻起白沫(báimò)的大海上面飞翔。

乌云越来越暗，越来越低，向海面压下来；波浪(bōlàng)一边歌唱，一边冲向空中去迎接(yíngjiē)那雷声。

雷声轰响。波浪在愤怒的飞沫中呼啸着，跟狂风争鸣(zhēngmíng)。看吧，狂风紧紧抱起一堆巨浪，恶狠狠地扔(rēng)到峭崖上，把这大块的翡翠摔成尘雾和水沫。

海燕叫喊着，飞翔着，像黑色的闪电，箭一般地穿过乌云，翅膀刮(guā)起波浪的飞沫。

看吧，它飞舞着像个精灵(jīnglíng)——高傲的、黑色的暴风雨的精灵，——它一边大笑，它一边高叫……它笑那‖些乌云，它为欢乐而高叫！

这个敏感的精灵，从雷声的震怒里早就听出困乏(kùnfá)，它深信乌云遮不住太阳，——是的，遮不住的！

风在狂吼……雷在轰响……

一堆堆的乌云像青色的火焰(huǒyàn)，在无底的大海上燃烧。大海抓住金箭似的(shìde)闪电，把它熄灭(xīmiè)在自己的深渊里，闪电的影子，像一条条的火舌(huǒshé)，在大海里蜿蜒(wānyán)浮动，一晃(huǎng)就消失(xiāoshī)了。

——暴风雨！暴风雨就要来啦！

这是勇敢的海燕，在闪电之间，在怒吼的大海上高傲地飞翔。这是胜利的预言家在叫喊：

——让暴风雨来得更猛烈(měngliè)些吧！……

(高尔基《海燕》，共578字。)

作品47号：

住在十几层(shíjǐcéng)的高楼上，每天都能凭窗(píngchuāng)远眺(yuǎntiào)，俯瞰(fǔkàn)着广袤(guǎngmào)和辽阔(liáokuò)的世界。

黎明时分(shífèn)，张望着东方白茫茫(báimāngmāng)的云雾中，一轮血色(xuèsè)的太阳，从多少耸立(sǒnglì)着的高楼背后冉冉(rǎnrǎn)升起，觉得(juéde)它离自己好近啊(na)，还猜测着纵横交错排列成一长串队伍的高楼里，也应该有数不清的人们，同样都热情澎湃地(péngpàide)欢呼它艳丽的光焰。比起在大平原上、浩瀚的海边，或峰峦的顶巅(dǐngdiān)观望日出(rìchū)，心中竟有着完全不同的感受，那儿(nàr)是寂寞(jìmò)的、孤独(gūdú)的、忧郁(yōuyù)的，这儿(zhèr)却是热闹的、昂扬的、欢乐的。

站在高楼里面(lǐmian)，眺望左右前后的高楼，比起在马路上翘首仰视，要从容镇静和悠闲自在(zìzai)得多。那方方正正伸向空中的大厦，真像古代庄严的城堡，而在它旁边矗立(chùlì)着的多少高楼，却像挺拔的峭岩、圆圆的宝塔、漂亮(piàoliang)的戏台，或者是启碇(qǐdìng)远航的轮船。

我曾有多少回踯躅(zhízhú)于北京(běijīng)的大街小巷，我多么(duōme)喜爱仰望北京城里蓊郁(wěngyù)和葱茏的树木。那一片嫩绿(nènlǜ)的杨柳，使我想起青春(qīngchūn)的光泽(guāngzé)，那伸向半空的榆树，和覆盖着茵茵草地的梧桐树，使我想起繁茂的人生；而一簇簇苍翠和浓密的松柏，却又使我想起沉重和坚韧的日子。可是当我在高楼上俯视大地时，簇拥‖在一座座大厦的周围，替它们点缀着色彩的树木，竟变得十分的细小，似乎在观赏盆景里纤巧(xiānqiǎo)的树枝。

在今天飞腾的年代里，高楼大厦像雨后的春笋那样，纷纷冒出了地面。这洋溢着立体感的美景，显示了北京已经成为真正的大都市。

（节选自林非《高楼远眺》，《北京日报》1994 年 5 月 12 日，共 494 字。）

作品 48 号：

仲夏，朋友(péngyou)相邀游十渡。在城里住久了，一旦进入山水之间，竟(jìng)有一种生命(shēngmìng)复苏(fùsū)的快感。

下车后，我们舍弃了大路，挑选一条半隐半现在庄稼(zhuāngjia)地里的小径，弯弯绕绕地(wānwān－ràoràode)地来到了十渡渡口。夕阳(xīyáng)下的拒马河慷慨地撒出一片散金碎玉，对我们表示欢迎(huānyíng)。

岸边山崖上刀斧痕犹存的崎岖小道，高低凸凹(tū'āo)，虽没有"难(nán)于上青天"的险恶(xiǎn'è)，却也有踏空了滚到拒马河洗澡的风险。狭窄(xiázhǎi)处只能手扶岩石贴壁而行。当"东坡草堂"几个红漆大字赫然出现在前方岩壁时，一座镶嵌在岩崖间的石砌茅草屋同时跃进眼底。草屋被几级石梯托得高高的，屋下俯瞰着一弯河水，屋前顺山势辟出了一片空地(kòngdì)，算是院落吧！右侧有一小小的蘑菇(mógu)形的凉亭，内设石桌石凳，亭顶褐黄色的茅草像流苏般向下垂泻，把现实和童话串成了一体。草屋的构思者最精彩的一笔，是设在院落边沿的柴门和篱笆(líba)，走近这儿(zhèr)，便有了"花径不曾缘客扫，蓬门今始为君开"的意思。

当我们重登凉亭时，远处的蝙蝠(biānfú)山已在夜色下化为剪影，好像就要展翅扑来。拒马河趁人们看不清它的容貌时豁开了嗓门儿(sǎngménr)韵味十足地唱呢！偶有不安分的小鱼儿(xiǎoyúr)和青蛙蹦‖跳成声，像是为了强化这夜曲的节奏。此时，只觉世间唯有水声和我，就连偶尔从远处赶来歇脚的晚风，也悄无声息(qiāowúshēngxī)。

当我渐渐被夜的凝重与深邃(shēnsuì)所融蚀，一缕新的思绪涌动时，对岸沙滩上燃起了篝火(gōuhuǒ)，那鲜亮的火光，使夜色有了躁动感。篝火四周，人影绰约(chuòyuē)，如歌似舞。朋友说，那是北京的大学生们，结伴来这儿度周末的。遥望那明灭无定的火光，想象着篝火映照的青春年华，也是一种意想不到的乐趣。

（节选自刘延《十渡游趣》，《北京日报》1994 年 5 月 9 日，共 553 字。）

作品 49 号：

夕阳落山(xīyáng－luòshān)不久，西方的天空，还燃烧着一片橘红(júhóng)色的晚霞。大海，也被这霞光染成(rǎnchéng)了红色，而且比天空的景色(jǐngsè)更要壮观。因为它是活动的,每当一排排波浪(bōlàng)涌起(yǒngqǐ)的时候(shíhou),那映照在浪峰(làngfēng)上的霞光,又红又亮,简直(jiǎnzhí)就像一片片霍霍(huòhuò)燃烧着的火焰(huǒyàn),闪烁着,消失(xiāoshī)了。而后面(hòumian)的一排,又闪烁着,滚动着,涌了过来。

天空的霞光渐渐地(jiànjiànde)淡下去了,深红的颜色变成了绯红,绯红的又变为浅红。最后,当这一切红光都消失了的时候,那突然(tūrán)显得高而远了的天空,则呈现(chéngxiàn)出一片肃穆(sùmù)的神色。最早出现的启明星,在这蓝色的天幕(tiānmù)上闪烁起来了。它是那么大,那么亮,整个广漠的天幕上只有它在那里(nàli)放射(fàngshè)着令人注目(zhùmù)的光辉,活像一盏悬挂在高空的明灯(míngdēng)。

夜色加深,苍空中的“明灯”越来越多了。而城市各处的真的灯火也次第亮了起来,尤其是围绕(wéirào)在海港周围山坡上的那一片灯光,从半空倒映(dàoyìng)在乌蓝的海面上,随着波浪,晃动(huàngdòng)着,闪烁着,像一串流动着的珍珠,和那一片片密布(mìbù)在苍穹(cāngqióng)里的星斗(xīngdǒu)互相辉映,煞(shà)是好看。

在这幽美的夜色中,我踏着软绵绵的沙滩,沿着海边,慢慢地向前走去。海水,轻轻地抚摸着细软的沙滩,发出温柔‖的刷刷声。晚来的海风,清新而又凉爽。我的心里(xīnli),有着说不出的兴奋(xīngfèn)和愉快。

夜风轻飘飘地吹拂(chuīfú)着,空气中飘荡着一种大海和田禾相混合(hùnhé)的香味,柔软的沙滩上还残留着白天太阳炙晒(zhìshài)的余温。那些在各个(gègè)工作岗位上劳动了一天的人们,三三两两地来到这软绵绵的沙滩上,他们浴着(yùzhe)凉爽的海风,望着那缀满了星星的夜空,尽情地说笑,尽情(jìnqíng)地休憩(xiūqì)。

(节选自峻青《海滨仲夏夜》,共 540 字。)

作品 50 号:

对于一个在北平(běipíng)住惯的人,像我,冬天要是不刮风(guāfēng)便觉得(juéde)是奇迹(qíjì);济南(jǐ’nán)的冬天是没有风声(fēngshēng)的。对于一个刚由伦敦(lúndūn)回来的人,像我,冬天要能看得见日光(rìguāng),便觉得是怪事;济南的冬天是响晴(xiǎngqíng)的。自然,在热带(rèdài)的地方(dìfang),日光是永远那么(nàme)毒(dú),响亮的天气,反有点(diǎnr)叫人害怕。可是,在北中国的冬天,而能有温晴的天气,济南真得(zhēnděi)算个宝地。

设若(shèruò)单单是有阳光，那也算不了出奇(chūqí)。请闭上眼睛(yǎnjing)想：一个老城(chéng)，有山有水，全在天底下晒着阳光，暖和(nuǎnhuo)安适(ānshì)的睡着，只等春风来把它们唤醒(huànxǐng)，这是不是理想的境界(jìngjiè)？小山整把济南围了个圈儿(quānr)，只有北边缺(quē)着点口儿(kǒur)。这一圈小山在冬天特别(tèbié)可爱，好像是把济南放在一个小摇篮里，它们安静(ānjìng)不动地低声地说："你们放心吧，这儿准保暖和。"真的，济南的人们在冬天是面上含笑的。他们一看那些小山，心中便觉得有了着落(zhuóluò)，有了依靠。他们由天上看到山上，便不知不觉地想起："明天也许就是春天了吧？这样的温暖，今天夜里山草也许就绿起来(lǜqilai)了吧？"就是这点幻想不能一时实现，他们也并不着急(zháojí)，因为这样慈善的冬天，干什么还希望别的呢！

最妙的是下点小雪呀。看吧，山上的矮松越发的青黑(qīnghēi)，‖树尖上顶着一髻儿(jìr)白(bái)花，好像日本看护(kānhù)妇。山尖(shānjiānr)全白了，给蓝天镶上一道银边(biānr)。山坡上，有的地方雪厚点，有的地方草色还露着(lòuzhe)；这样，一道儿(yīdàor)白，一道儿暗黄，给山们穿上一件带水纹(shuǐwénr)的花衣；看着看着，这件花衣好像被风儿(fēng'ér)吹动，叫你希望看见一点更美的山的肌肤。等到(děngdào)快日落的时候(shíhou)，微黄的阳光斜射在山腰上，那点薄雪(báoxuě)好像忽然(hūrán)害羞，微微露出点粉色。就是下小雪吧，济南是受不住大雪的，那些小山太秀气(xiùqi)。

(节选自老舍《济南的冬天》，共564字。)

第七讲　说话

一　说话

说话，顾名思义是用言语表达自己的思想。普通话水平测试中的说话，就是给定说话题目，要求应试者无任何文字凭借的情况下，单向说话3分钟，考查应试人说普通话的能力和达到的规范程度。这一项在普通话水平测试中占的比重大，体现了普通话水平测试的目的，是为了提高应试者应用普通话进行口语交际的能力。在一定意义上说，我们进行大量的语言基础训练和朗读练习，都是为说话服务的。

说话的根本特点体现在“说”字上，它和读、念、讲、背诵都不同。说话要求的是生活化口语，其特点是：发音准确，吐字清楚；选词用语少带或不带书面语色彩，不用方言词汇，不带方言语法习惯，语义准确明白；根据表达的目的把握轻重缓急、抑扬顿挫，语言表达连贯流畅；内容丰富。

二　说话训练

“说话”测试，无文字凭借，测前需要做好有关“说”的各项练习，这样才能在说话过程中从容应对。

1. 词语规范练习

① 从每组词中选出普通话规范词语

谈谈闲	说闲话	谝闲传	聊天儿	摆龙门阵	
唠嗑	拍嘴鼓	白话			
提起来	拎起来	提溜起来			
洗面	沐面	揩面	洗脸		
双胞儿	双棒儿	双胞胎	双生子		
老面	面酵子	面头	面肥	起子	酵子
爹爹	爹	阿爹	爸爸	阿伯大	
厨屋	灶屋	厨房	伙房	灶火	

手巾	绢头	手捏仔	汗巾	手绢儿
手巾仔				

② 指出下列句中的普通话代词

啥	什么	么子	啥子	
咋个	咋	咋咋	怎么	咋着
你	侬	我	阿拉	伊他
哪点儿	哪达	啥浪	哪里	啊达
这达	这块儿	这里	格啷厢	

③ 从下列词语中选出普通话的“子尾词”

梨子	栗子	啥子	李子	妹子
街子	椅子	打摆子	屉子	麻雀子
鸡子	辣子	粉面子	鸡娃子	鸭子
耗子	脸蛋子	刷子	茅子	半拉子
锁子	镜子	宅子	门子	刀刀子

④ 从下列词语中选出普通话的“头尾词”

灶头	码头	名头	擦头
宅头	花头	挡头	纸头
屋头	热头	来头	讲头
夜头	鼻头	竹头	甜头
锅头	房头	里头	木人头

⑤ 从下列词语中选出普通话的“儿化词”

杏儿	虫虫儿	冰棍儿	床沿儿
邪门儿	自个儿	麦挺儿	猫娃儿
取灯儿	大前儿	今儿	够本儿
谁个儿	饱嗝儿	手巾儿	前年个儿
找茬儿	面叶儿	擦黑儿	背抄手儿
好好儿	草草儿	皮皮儿	猫罐儿

⑥ 对比下列普通话词语和方言词语的词素排列次序

普通话词语	方言词语
喜欢	欢喜
诚实	实诚
热闹	闹热
规定	定规
监牢	牢监

比较	较比
腐乳	乳腐
应该	该应
公鸡	鸡公
佯装	装佯
客人	人客
流传	传流

⑦ 对译训练

将家乡话中与普通话词义相同而词形不同或词形相同而词义不同的词语一一进行对译。

示例：

方言词————对译成————	普通话
耍水	游泳
盖的	被子
颇烦	讨厌、麻烦
日头、热头	太阳
酸	醋
皮缝(fèng)蚂	蚂蚁
蛾蛾	蝴蝶
捻弄	修理
脏物	垃圾
米饭	粥
狗狗、蛋蛋(对小孩的爱称)	宝贝儿
盖盖	盖子

2. 语法规范练习

① 将普通话规范量词填写在括号里

一管笔(　　)	一个树(　　)
一张门(　　)	一挂车(　　)
一泡灯(　　)	一根猪(　　)
一只鱼(　　)	一匹山(　　)
一夫田(　　)	一只人(　　)
一粒星(　　)	一砖肉(　　)
一只客人(　　)	一个事情(　　)
一条钥匙(　　)	

②指出下列句子中使用普通话规范数量词的句子

a. 这台洗衣机一千六百元。

这台洗衣机一千六。

这台洗衣机千六元。

b. 一共有一十六只鸭子。

一共有十六只鸭子。

c. 二百一十三个方案被淘汰了。

二百十三个方案被淘汰了。

d. 这里有一百一十块瓷砖。

这里有一百十块瓷砖。

e. 我家住在两层。

我家住在二层。

f. 下午两点三刻。

下午二点三刻。

g. 现在的比分是二比六。

现在的比分是两比六。

h. 我有两本辞典。

我有二本辞典。

③ 指出下列句子中使用普通话规范语气助词的句子

a. 他正吃饭者哩。

b. 你看这孩子写得多认真哪!

c. 人呢? 都到哪里去了?

d. 先生,好舒服好漂亮哦!

e. 我说过我不会唱的呀!

f. 你走路小心一点嘎!

g. 我们一定要争取呀!

h. 小事情我从来不计较的啦!

i. 比从前省得多哉! 蕉要吗?

④ 指出下列句子中使用普通话规范叹词的句子

a. 哇,我今天好高兴哦!

b. 啊,太美啦!

c. 嘎,太好瞧了!

d. 啊波,好贵哟!

e. 哎,大家快来看哪!

⑤ 从下列句子中找出语法符合普通话规范的句子

a. 这件事我不晓得。
这件事我知不道。
这件事我晓不得。
这件事我不知道。

b. 这沙发坐得三个人。
这沙发会坐三个人。
这沙发能坐三个人。
这沙发会坐得三个人。

c. 不要客气,你先头走。
不要客气,你走在先。
不要客气,你先走。
不要客气,你走去先。
不要客气,你走先。

d. 拿一张报纸到我。
给一张报纸给我。
报纸一张给我。
给我一张报纸。
给张报纸我。
把张报纸我。

e. 我说得过他。
我说他得过。
我说得他过。

f. 这盘菜咸不?
这只菜啊咸?
这盘菜咸吗?

提示:

在训练中要特别注意普通话的量词与名词的搭配、词语重叠形式、语序等方面与方言的区别。

3. 言语自然流畅练习

(1) 选用口语色彩较浓的词语

一般说,口语语体的词比较浅显、朴素、自然,富有生活气息。书面语体的词语比较严谨、庄重、简洁。本项测试不能凭借书面材料,也不是口头作文,只要求具有鲜明的口语色彩。

判断下列词语哪些常用于口头，哪些常用于书面：

聊天—谈话	畏惧—害怕	看—观看	心—心扉
遗忘—忘记	恐吓—吓唬	愤怒—生气	口角—顶嘴
穷—贫穷	吝啬—小气	来—莅临	冷—寒冷
住—居住	飞—飞翔	哭—啼哭	丢掉—遗忘
长相—容貌	擅长—拿手	爸爸—父亲	便—就
和—与	嘴—口腔		

(2) 选择口语化句式

口语语体的常用句式和书面语体的常用句式存在着一定的差别。一般情况下，口语句式比较松散，多短句，较少使用关联词语，经常使用非主谓句，较多使用追加和独立语，句间关联不密切，停顿较多，语气词较多，修饰成分较少。

试比较下列各组句子，分析它们在语体风格上有什么不同？在句式构成方面有什么不同？

① 前面来了一个高个子、大眼睛、穿一身灰布衣服的人。
前面来了一个人，高个子，大眼睛，穿一身灰布衣服。

② 中国人民是勤劳的勇敢的伟大的人民。
中国人民是勤劳的人民，是勇敢的人民，是伟大的人民。

③ 他们都是怀有远大理想而又德才兼备、志愿到祖国最需要的地方去、把青春献给伟大祖国的应届大学毕业生。

④ 他们都是应届大学毕业生，怀有远大的理想，德才兼备，志愿到祖国最需要的地方去，把青春献给伟大的祖国。

(3) 避免口头禅

口语化表达的重要特点是简洁、明快，但由于组织语言的即时性，有时候不可避免的会出现短暂的思维滞后。这时，不少应试人往往会以一些无表意作用的口头词为思维提供缓冲的时间，以便组织下面要说的话。在一段口语中，偶尔出现这样的情况是正常的，但当这些词语在言语表达中形成定势，机械地、反复地出现，就形成“口头禅”。口头禅不仅提供大量无用的信息，更使句子支离破碎，严重影响语意的完整性和流畅度。

找出下面常见的口头禅中，你自己口语里习惯使用的，在日常口语交际中有意识地避免它们的出现。

嗯……嗯	呀—呀	这个	这一个	那个
那种	那么	然后	后来	反正
是	不是	是吧	是吗	对吧

对吗　　对不对　　就是　　就是说　　基本上
啊……啊　　当然　　当然啦
本来本来嘛　　……的时候

三 说话题目指导

面对50个说话题目,主要解决好“说什么”和“怎样说”两大问题。

1. 分类审题,抓住关键(50个说话题目分为3大类)

① 说人记事类

说人的话题有:

我的爸爸、我的妈妈　　我最好的朋友
我最尊敬的老师　　我最尊敬的人

这类题目要围绕“人”来说。从对人的所作所为的叙述中,提炼出“他”与其他人不同的个性特征,以及“他”对你的影响。

记事的话题有:

我最感兴趣的一件事　　我最得意的一件事
最难忘的一件事　　记忆深刻的故事
我的童年　　童年趣事
我的一个愿望　　我的一个梦想
一次难忘的旅行　　一个愉快的假日

这类题目是围绕“事”来说,要说出时间、空间、人物,事情发展的线索以及通过这件事给你的启示是什么或引起什么样的思考。

② 介绍说明类

介绍的话题有:

家乡风光　　家乡新变化
家乡的气候　　家乡的风俗
我的家庭　　我所在的集体
我的学习生活　　我的读书生活
我的业余生活　　我的业余爱好
我的职业(或专业)　　我的家乡话
我心目中的教师职业　　我的拿手菜

这类题目要说出介绍对象的一般情况。介绍要有一定的时空或逻辑顺序,必要时可以略带感情色彩,抒发自己对介绍对象的热爱。

说明的话题有:

给我深刻印象的一部电影　　我最爱读的一部小说
我最爱听或唱的一首歌　　我喜爱的体育运动
我最喜爱的一种小动物　　我最喜欢的一种花卉(或树木)

这类题目要指出说明对象的性质和特点。可以先说明这类事物是什么,然后说出你喜欢这类事物的原因。要说得合情合理,令人信服。

③ 评述感想类

评述的话题有:

谈谈社会公德　　谈谈邻里关系
谦虚是美德　　说勤俭
谈谈对某一社会现象的看法　　广告评说

这类题目要求对各种各样的思想认识作出分析、评述,以帮助人们明辨是非,弘扬正气,具有很强的现实性和针对性。结构上一般采用“引(对评介对象的引述)——议(对所评述的对象进行阐述与评价)——结(结论)”的方式。

感想类的话题有:

自然环境和我　　商品质量和我
我看语言美　　学习普通话的体验
一句格言给我的启示
漫谈一种自然(风、霜、云、雾、雪)
一部电影(或电视剧)的观后感
怎样跟同学(或同事)相处

这类题目要说出自己对客观事物的感受、体会或收获。说时不仅要从客体说起,直说到主体“我”,更重要的是要说出“我”和客体之间的联系以及这种联系给人的启迪。

2. 围绕中心,展开话题

说话首先要确定说什么,围绕什么主体和主旨来说。如“我的业余爱好”这个题目,中心词是“爱好”。自己喜欢做的事儿不止一种,但应该选取自己感受最深刻的事作话题。“爱好”又是“业余”的,是工作学习之外的,这又限定了“爱好”的范围,展开话题时可以选取某个角度或侧面,说明一定的事理,切忌离题万里。

3. 自然叙述,口语化强

说话要多用短句,少用长句。这样可以保持思维的连贯性,减少语句错误。尤其是不能用很长的修饰语,话语平实。多用口语词,避免使用方言词语。不可故意追求文词华丽,尽量说得通俗易懂。要避免罗嗦、重复、口头禅；不用读书调、背书调来说话。

做到以上几点，关键是平时要坚持讲普通话，养成讲普通话的习惯，使其成为自然。以平时讲普通话的心态去应试，一定会取得良好的效果。

四　50个说话题目

每次应给两个内容有较大差别的题目，由应试人任选一题。

1. 我的学习生活
2. 我的业余生活
3. 我的业余爱好
4. 我的爸爸
5. 我的妈妈
6. 我尊敬的老师
7. 我最尊敬的人
8. 我的童年
9. 我的一个愿望
10. 我最要好的朋友
11. 我喜爱的体育运动
12. 最难忘的一件事
13. 一次难忘的旅行（旅游）
14. 我和电视
15. 学习普通话的体验
16. 我的家乡话（或谈谈最熟悉的一种方言跟普通话相比，有些什么特点，可以从语音、语法、词汇不同的方面选一个侧面）
17. 家乡新变化（新貌）
18. 家乡的气候
19. 家乡的风俗（民俗礼仪、文化背景、重要节日活动等）
20. 家乡风光
21. 怎样跟同学（或同事）相处
22. 谈谈社会公德
23. 谈谈邻里关系
24. 漫谈一种自然现象（风、霜、云、雾、雪）
25. 给我深刻印象的一部电影
26. 我最爱读的小说

27. 我最爱听(或最爱唱)的一首歌
28. 我看语言美
29. 我的拿手菜(色香味制作)
30. 记忆深刻的故事(童话、传说)
31. 广告评说
32. 说勤俭
33. 谦虚是美德
34. 我的职业(或专业)
35. 我心目中的教师职业
36. 我最感兴趣的一件事
37. 自然环境和我
38. 商品质量和我
39. 我最喜爱的一种小动物
40. 我的家庭
41. 一个愉快的假日
42. 一句格言给我的启示
43. 我所在的集体
44. 我的读书生活
45. 我的一个梦想
46. 我最得意的一件事
47. 一部电影(或电视剧)的观后感
48. 谈谈自己对某一社会现象的看法
49. 童年趣事
50. 我最喜欢的一种花(或树木)

参考书目

1　周祖谟.汉语拼音字母学习法.语文出版社,1998

2　宋欣桥.普通话语音训练教程.商务印书馆,2004

3　杜青.普通话语音学教程.中国广播电视出版社,1999

4　张颂.朗读学.北京广播学院出版社,1999

5　郑燕萍.普通话训练、测试教程.中国广播电视出版社,2001

6　徐世荣.普通话正音手册.文字改革出版社,1980

7　徐世荣.拼音字母发音辨正.文字改革(月刊)连载(共17次),1959

8　黄伯荣、廖序东.现代汉语.甘肃人民出版社,1983

9　白继忠.普通话水平测试培训教程.甘肃教育出版社,1998

10　教师口语.国家教育委员会师范教育司组编.教育部师范教育司组织修订.语文出版社,2004

11　普通话水平测试实施纲要.国家语言文字工作委员会普通话培训测试中心编.2004

后记

自1998年至今,应学校语言文字工作的需要,我先后参加了省级普通话水平测试员培训班,国家级普通话水平测试员培训班(32期),相继取得了省级和国家普通话水平测试员资格。此后除在校担任中国语文、现代汉语、财政应用文写作、教师口语等课程的教学外,还参与了学生普通话测试培训工作。在校外,长期担任各类教师普通话培训测试工作。无论是自己学习,还是帮助他人学习,都深感语音所具备的看不见,摸不着,又枯燥的特征,为学习者带来很大的难度。如何使学习者学习起来感到较为直观,并能把语音知识和丰富多彩的语言表达实际结合起来,尽快掌握普通话语音,提高普通话水平,一直是我的一个愿望,也是编著此书的目的。希望它能给那些需要学习普通话,渴望提高普通话水平的人带去切实的帮助。在此书即将出版之际,我特别感谢甘肃省人大常委会副主任孙效东先生在百忙之中为本书作序,同时感谢脱正中、高秀琴、谷凌云几位老师,辛劳校对,才使本书顺利出版。

语言文字工程浩繁复杂,我掌握的只是沧海一粟,书中不妥和纰漏之处,恳请专家及同仁们校正。

编著者